suhrkamp taschenbuch
wissenschaft 580

Wiener Kreis – Schriften zum Logischen Empirismus
Herausgegeben von H. L. Mulder (Amsterdam),
R. Hegselmann (Essen), A. J. Kox (Amsterdam),
F. Stadler (Wien)

Moritz Schlick war eine der herausragenden Persönlichkeiten des sogenannten Wiener Kreises, der manchmal auch als »Schlick-Zirkel« bezeichnet wird. Aus diesem Kreis ging eine philosophische Konzeption hervor, die heute unter Namen wie »Logischer Empirismus«, »Neopositivismus« o. ä. bekannt ist. Schlick ist Autor von Arbeiten zu so verschiedenen Themen wie Relativitätstheorie, Quantenmechanik, Erkenntnistheorie und Ethik. Die in diesem Band vorliegende Arbeit Schlicks geht auf eine Vorlesung aus dem Wintersemester 1933/34 zurück. Es gibt keine Veröffentlichung Schlicks, aus der so umfassend, bündig und eingängig jene philosophischen Positionen hervorgehen, die Schlick kurz vor seiner Ermordung im Jahre 1936 einnahm. Schlick hatte geplant, diese Vorlesung zu veröffentlichen.
Mit diesem Band eröffnet der Suhrkamp Verlag einen Schwerpunkt »Wiener Kreis«, in dessen Rahmen wichtige unveröffentlichte Arbeiten und Dokumente aus der Frühphase des Logischen Empirismus ebenso wie eine Reihe heute praktisch unzugänglicher Publikationen früherer Jahrzehnte zugänglich gemacht werden sollen.
Von den Schriften Moritz Schlicks liegen in der Reihe »suhrkamp taschenbücher wissenschaft« bereits vor: *Allgemeine Erkenntnislehre* (stw 269) sowie *Fragen der Ethik* (stw 477).

Moritz Schlick
Die Probleme der Philosophie in ihrem Zusammenhang

Vorlesung aus dem
Wintersemester 1933/34
Herausgegeben von
Henk L. Mulder, Anne J. Kox
und Rainer Hegselmann

Suhrkamp

CIP-Kurztitelaufnahme der Deutschen Bibliothek
Schlick, Moritz:
Die Probleme der Philosophie
in ihrem Zusammenhang :
Vorlesung aus d. Wintersem. 1933/34
/ Moritz Schlick. Hrsg. von Henk L. Mulder ... –
1. Aufl. – Frankfurt am Main :
Suhrkamp, 1986. –
(Suhrkamp-Taschenbuch Wissenschaft ; 580)
ISBN 3-518-28180-1
NE: GT

suhrkamp taschenbuch wissenschaft 580
Erste Auflage 1986

Satz: Wagner GmbH, Nördlingen
Druck: Nomos Verlagsgesellschaft, Baden-Baden
Printed in Germany
Umschlag nach Entwürfen von
Willy Fleckhaus und Rolf Staudt

1 2 3 4 5 6 – 91 90 89 88 87 86

Inhalt

Wiener Kreis – Schriften zum Logischen Empirismus

DIE PROBLEME DER PHILOSOPHIE IN IHREM ZUSAMMENHANG

Wiener Kreis – Schriften zum Logischen Empirismus

Eine derjenigen Strömungen, die die philosophische Entwicklung des 20. Jahrhunderts am entscheidendsten geprägt haben, ist jene, die in den 20er Jahren von den Mitgliedern des sog. *Wiener Kreises* entworfen, schrittweise ausgearbeitet, später weltweit bekannt wurde und insbesondere in den englischsprachigen und skandinavischen Ländern zahlreiche Mitstreiter und Anhänger fand. Gebräuchliche Bezeichnungen für diese philosophische Strömung sind »Logischer Empirismus«, »Logischer Positivismus«, »Neopositivismus« oder auch »Analytische Philosophie«. Bekannt wurde der Logische Empirismus vor allem dadurch, daß er sich negativ-kritisch gegen die philosophische Tradition richtete und selber dann ein Verständnis von Philosophie ausarbeitete, nach dem Philosophie im Prinzip in logischer Analyse aufgeht. Zu den führenden Mitgliedern des Wiener Kreises sind neben Moritz Schlick – man sprach manchmal auch vom »Schlick-Zirkel« – insbesondere zu rechnen: Rudolf Carnap, Herbert Feigl, Philipp Frank, Hans Hahn, Bela Juhos, Victor Kraft, Karl Menger, Otto Neurath und Edgar Zilsel.
Wenngleich im deutschsprachigen Raum entstanden, ist das Schicksal der Philosophie des Wiener Kreises gerade in Österreich und Deutschland – in Berlin wurden insbesondere durch Kurt Grelling, Carl Gustav Hempel und Hans Reichenbach ganz verwandte philosophische Anliegen verfolgt – eher tragisch. Teils aus rassischen, teils aus politischen Gründen mußte die überwiegende Mehrheit der Vertreter des Logischen Empirismus Deutschland nach 1933 bzw. Österreich in der Zeit nach 1934 und dann insbesondere nach 1938 verlassen. Hans Hahn starb unerwartet und früh 1934. Moritz Schlick wurde am 22. Juni 1936 in der Wiener Universität von einem Studenten erschossen. Lediglich Victor Kraft und Bela Juhos blieben in Österreich, verloren jedoch ihre akademischen Positionen. Der u. a. von Mitgliedern des Wiener Kreises zur Verbreitung einer wissenschaftlichen Weltauffassung ins Leben gerufene Verein Ernst Mach – Moritz Schlick war Vorsitzender des Vereins – wurde 1934 ebenso verboten wie dessen Schriftenreihe. Ab 1937 konnte das wichtigste Publikationsorgan des Logischen Empirismus, die Zeitschrift

»Erkenntnis« (hrsg. von Hans Reichenbach und Rudolf Carnap), nicht mehr in Deutschland erscheinen. Ende der 30er Jahre gab es in Deutschland und Österreich keine Vertreter des Logischen Empirismus mehr, die auch nur untergeordnete akademische Positionen innegehabt hätten.

Nach dem Zusammenbruch der nationalsozialistischen Schrekkensherrschaft gab es weder in Österreich noch in Deutschland eine Anknüpfung an die durch Nationalsozialismus und Austrofaschismus zerstörten empiristischen Positionen. Die Universitäten wurden beherrscht von jenen philosophischen Strömungen, die auch unter dem Nationalsozialismus in der Regel eher problemlos hatten vertreten werden können. So kam es zu dem recht aufschlußreichen Phänomen, daß zwar die Machtübernahme des Nationalsozialismus für die philosophische Entwicklung eine Zäsur darstellte, sein politischer und militärischer Zusammenbruch hingegen nicht. Auch in der Folgezeit kehrte keiner der empiristischen Emigranten in seine Heimat zurück.

Katastrophale Konsequenz davon war, daß die Wiederentdekkung der eigenen logisch-empiristischen Tradition wie auch die Rezeption der zwischenzeitlichen Weiterentwicklung dieser Positionen in der Bundesrepublik und Österreich erst sehr spät und langsam in Gang kam. Geradezu verheerend hat sich in diesem Zusammenhang der in Soziologie und Philosophie geführte ›Positivismusstreit‹ ausgewirkt, in dem von seiten der Kritischen Theorie, insbesondere durch Adorno und Horkheimer, ein Positivismusbild gezeichnet wurde, das vermutlich für mehrere Studentengenerationen leitend wurde, gleichwohl aber schon bei oberflächlicher Lektüre der einschlägigen Texte aus dem Logischen Empirismus als bloßes Zerrbild erkannt werden kann. Noch heute stellen in der – natürlich weiterentwickelten – Tradition des Logischen Empirismus stehende Philosophen eine verschwindende Minderheit dar – in auffälligem Kontrast zur argumentativen Stärke dieser Position.

Einer angemessenen Rezeption und Wiederentdeckung der logisch-empiristischen Traditionen steht auch heute noch entgegen, daß zahlreiche vor Jahrzehnten publizierte Texte heute praktisch unzugänglich sind, viele Texte, die einmal zur Publikation bestimmt waren, durch äußere Zeitumstände bedingt, nicht publiziert werden konnten und zusammen mit äußerst wichtigen anderen Dokumenten – so z. B. umfangreichen Korrespondenzen und Tagebüchern – in Archiven schlummern. Es ist insbesondere dieser Mißstand, der in den folgenden Jahren durch Editionen im Rahmen eines Schwerpunkts ›Wiener Kreis‹ (innerhalb der Reihe stw) beseitigt werden soll, womit zugleich in systematischer Weise an verschiedene Editionen von Arbeiten wichtiger Vertreter des Wiener Kreises, die bereits im Suhrkamp Verlag veröffentlicht wurden, angeknüpft wird. Besonderes Gewicht soll darauf gelegt werden, Texte und Dokumente zugänglich zu machen, die bisher überhaupt unveröffentlicht sind. Wir eröffnen den Schwerpunkt mit einer Arbeit von Moritz Schlick, die auf eine im Wintersemester 1933/34 gehaltene Vorlesung zurückgeht. Schlick wollte diese Vorlesung publizieren; seine Ermordung ließ diesen Plan jedoch unverwirklicht bleiben. U. a. sollen in den nächsten Jahren im Rahmen des Schwerpunkts veröffentlicht werden: die Arbeiten von Hans Hahn zu Problemen des Empirismus, insbesondere im Zusammenhang von Logik und Mathematik (Herausgeber: Brian F. McGuinness), die Arbeit »Das Kausalgesetz und seine Grenzen« von Philipp Frank (Herausgeber: A. J. Kox), die Korrespondenz zwischen Rudolf Carnap und Otto Neurath (Herausgeber: Henk L. Mulder, Marie Neurath, Rainer Hegselmann), die Korrespondenz zwischen Rudolf Carnap und Hugo Dingler (Herausgeber: Gereon Wolters), die 9 Hefte der logisch-empiristischen Schriftenreihe »Einheitswissenschaft« (Herausgeber: Brian F. McGuinness), eine Auswahl aus der umfangreichen Korrespondenz, die Schlick u. a. mit Carnap, Reichenbach, Scholz, Schrödinger, Menger, Einstein, Planck und anderen geführt hat (Herausgeber: Henk L. Mulder, Rainer Hegselmann). Der Schwerpunkt insgesamt wird durch H. L. Mulder, R. Hegselmann, A. J. Kox und F. Stadler betreut. Jeder einzelne Band, der im Rahmen des Schwerpunkts veröffentlicht wird, hat dann einen oder mehrere Editoren, die sich speziell um ihn kümmern.

Bei den bisher unveröffentlichten Arbeiten und Dokumenten, die im Rahmen des Schwerpunkts ›Wiener Kreis‹ veröffentlicht werden sollen, handelt es sich zum überwiegenden Teil um Bestände aus dem Wiener-Kreis-Archiv, das von der Wiener-Kreis-Stiftung bei der Königlich-Niederländischen Akademie der Wissenschaften in Amsterdam unterhalten wird. Der Aufbau des Archivs geht auf Henk L. Mulder zurück, der in jahrelanger Forschungsarbeit die Frühgeschichte des Wiener Kreises zu erforschen suchte und sich dabei insbesondere um die Rettung und

Auffindung von Dokumenten, von denen er vermutete, daß jedenfalls ein Teil den Krieg und die kriegsbedingten Wirren überstanden haben könnte, bemühte. Diese Forschungsarbeiten und die Suche nach möglicherweise noch existierenden Dokumenten wurden dabei angeregt durch den bekannten niederländischen Philosophen und Logiker Everet Beth, dessen Schüler Henk L. Mulder war. Erfolg dieser mühsamen und detektivischen Kleinarbeit war, daß sich heute im Wiener-Kreis-Archiv unter anderem der praktisch vollständige Nachlaß von Moritz Schlick und Otto Neurath befindet.

Was Moritz Schlick betrifft, so ist das früheste erhalten gebliebene Dokument ein Aufsatz des Achtzehnjährigen, ein Lebenslauf, den er im Sommer des Jahres 1900, kurz vor seiner Reifeprüfung am Luisenstädtischen Realgymnasium in Berlin, schrieb. Er erklärt darin u. a., bis auf die Ethik, die er jedoch als Naturwissenschaftler betreiben wolle, sei die Philosophie für ihn erledigt und er wolle Mathematik und Physik studieren. Weiter sind alle Studienbücher des Studenten Schlick erhalten geblieben, so daß wir genau feststellen können, wann, wo und bei wem er ein bestimmtes Fach studierte. Es existiert eine große Anzahl handgeschriebener Vorlesungen aus den Jahren, in denen er als Privatdozent und Professor an den Universitäten Rostock (1911-1921) und Kiel (1921-1922) tätig war; weiterhin sind die nach Stenogrammen ausgearbeiteten Texte von Vorlesungen aus den Jahren 1932-1936, die Texte von einigen unveröffentlichten Vorträgen vorhanden, und dann – als Kernstück des Nachlasses und als unschätzbare Quelle wertvollster Informationen – Hunderte von Briefen seiner Korrespondenz aus den Jahren 1904 bis 1936. Kopien aller dieser Dokumente wurden dem Archiv dankenswerterweise von Schlicks Tochter, Frau Barbara van de Velde-Schlick, zur Verfügung gestellt.

Was Otto Neurath betrifft, so war er angesichts der vorrückenden deutschen Truppen kurz nach der Kapitulation der Niederlande am 14. Mai 1940 zusammen mit seiner späteren Frau, Marie Reidemeister, nach England geflohen und hatte alle seine persönlichen Unterlagen zurücklassen müssen. Niederländische Freunde konnten diese Unterlagen über den Krieg und die Besatzungszeit hinweg retten und gaben sie nach Kriegsende zurück. Dankenswerterweise überließ Marie Neurath (Otto Neurath starb im Dezember 1945) dem Archiv insbesondere die gesamte

Korrespondenz, die Neurath in den Jahren 1934-1945 führte; auch diese Korrespondenz hat einen unschätzbaren Informationswert.
Mit der Bildung eines Schwerpunktes ›Wiener Kreis‹ verfolgen wir auch das Ziel, in Zusammenarbeit mit dem Suhrkamp Verlag die vielleicht interessantesten Bestände des Wiener-Kreis-Archivs einer breiteren Öffentlichkeit zugänglich zu machen.

H. L. Mulder (Amsterdam), R. Hegselmann (Essen), A. J. Kox (Amsterdam), F. Stadler (Wien)

Die Probleme der Philosophie in ihrem Zusammenhang

1. Einleitung

»Die philosophischen Probleme – *in ihrem Zusammenhang*« – durch diesen Zusatz soll ungefähr das angedeutet werden, was man früher ein »System der Philosophie« nannte. Man sah auch die Antworten auf die philosophischen Fragen »in ihrem Zusammenhang«, d. h., man nahm an, daß sie in der Form eines Systems dargestellt werden können.

Wir wollen zunächst sagen, was ein solches System eigentlich ist: Alle großen Denker der Vergangenheit haben philosophische Systeme aufgestellt oder wenigstens versucht, solche Systeme zu entwickeln, ja man hat sie gerade deshalb große Denker genannt, weil sie imstande gewesen sind, ihre Gedanken über philosophische Fragen in ein System zu bringen, zu einem abgerundeten Gebäude auszugestalten. Wie die Geschichte zu lehren scheint, ist es keine einfache Sache, die vielgestaltigen und wirren Fragen, die man philosophische Fragen nennt, und auch ihre Beantwortung so zu gestalten, daß daraus ein System entsteht.

»System« nennt man ein in sich zusammenhängendes Ganzes. Auf unsere Betrachtungen angewendet soll das heißen, daß wir die Fragen und Antworten als ein zusammenhängendes Ganzes darstellen möchten, und das hat man früher ein »System« der Philosophie genannt. Die erste Aufgabe unserer Betrachtungen soll die Klarlegung der Gründe sein, warum wir diesen Ausdruck nicht mehr gebrauchen wollen, warum es uns unmöglich erscheint, in dem Sinne ein »System der Philosophie« aufzustellen, in dem das Wort »System« immer gebraucht wird.

Was verstehen wir eigentlich unter »System«, unter einem in sich geschlossenen Ganzen? Auf dem Gebiete, mit dem wir es zu tun haben, scheint dasjenige, das zu einem Ganzen zusammengeschlossen werden soll, aus Erkenntnissen zu bestehen. Es gibt ja Systeme von Erkenntnissen, d. h. Gruppen von wahren Sätzen, die zusammengeschlossen werden können, oder richtiger gesagt, die schon von Natur aus in systematischer Weise zusammenhängen, weil diese Erkenntnisse von ein- und demselben Gegenstande handeln, oder von denselben Gegenständen, oder weil diese Erkenntnisse auf dieselbe Art und Weise, durch dieselbe Methode entstanden sind. Ein solches System, ein solches zusammenhängendes Ganzes von untereinander verbundenen Erkenntnissen ist am besten einem Organismus vergleichbar; dieser hat ja das Besondere, daß seine einzelnen Teile nicht voneinander unabhängig sind, sondern daß sie alle zusammenhängen und zusammenwirken und daß der einzelne Teil nur aus dem Zusammenhang des Ganzen heraus verstanden werden kann, da er nur so eine eigene Natur und Wirksamkeit entfaltet. Dies ist das beste Bild dafür, was man unter einem »System« versteht. – Es gibt also Systeme von Erkenntnissen, und diese pflegen wir mit dem Namen »Wissenschaften« zu bezeichnen. Eine Wissenschaft hat ihren eigentlichen Zweck um so vollkommener erreicht, je inniger der Zusammenhang der einzelnen Erkenntnisse in diesem System ist.

Wir können deutliche Unterschiede machen zwischen Gruppen von Erkenntnissen, deren einzelne Erkenntnisse voneinander abhängig sind, d. h., eine von der andern abgeleitet wird, und solchen, deren einzelne Sätze nur lose zusammenhängen (dadurch nur, daß sie vom selben Gegenstande handeln), nicht auseinander abgeleitet sind. Aber nicht nur die einzelnen Erkenntnisse innerhalb einer Wissenschaft, auch die Wissenschaften hängen untereinander wieder zusammen, sie verschmelzen zu einem System der Wissenschaften. In der neueren Zeit, einschließlich der Gegenwart, wurde die Frage nach dem System der Philosophie immer so aufgefaßt, als würde es sich da um einen Zusammenhang von Wahrheiten handeln, der etwas mit dem System der Wissenschaften zu tun hat, vielleicht einen Teil dieses Systems der Wissenschaften bildet.

Die Philosophie wird ja in den meisten Lehrbüchern als eine Wissenschaft bezeichnet, und wenn sie das wäre, dann müßte es in der Tat ein System der Philosophie geben. Denn die Philosophie würde ja dadurch, daß sie Wissenschaft wäre, systemisiert sein müssen, um den Forderungen, die wir an die Wissenschaft stellen, zu genügen. Denn je mehr die Erkenntnisse einer Gruppe miteinander verschmolzen sind, desto mehr fühlen wir uns veranlaßt, diese Gruppe von Erkenntnissen als eine Wissenschaft zu bezeichnen. Der Ausdruck »die philosophischen Probleme *in ihrem Zusammenhang*« würde sich, wenn die Philosophie Wissenschaft wäre, von selbst verstehen und keiner weiteren Erläuterung bedürfen. Betrachtet man aber die Philosophie als eine Wissenschaft im selben Sinne wie die andern Wissenschaften, so kommt man in gewisse Schwierigkeiten in bezug auf das Verhältnis der Philosophie zu den übrigen Wissenschaften. Denn die einzelnen Wissenschaften sind ja dadurch ausgezeichnet, daß jede von ihnen von einem und demselben Gebiet handelt (wie z. B. die Mineralogie von den Gesteinen, die Geschichte von den Ereignissen, die sich innerhalb des menschlichen Geschlechtes auf der Erde abgespielt haben etc.). Also: Die Wissenschaften sind Systeme von Erkenntnissen, die durch einen gemeinsamen Gegenstand zusammengehalten werden.

Wenn wir die Philosophie als Wissenschaft bezeichnen, ist die erste Frage: Wovon handelt denn die Philosophie? Welches sind die Gegenstände, um die es sich handelt, wenn wir philosophische Probleme aufstellen? Wenn man systematische Werke über Philosophie aus der neueren Zeit aufschlägt, so findet man diesbezüglich keine Übereinstimmung der Meinungen. Der verbreitete Glaube, den man auch jetzt noch findet, ist, daß man ein bestimmtes Gebiet von »philosophischen Fragen« von andern Gebieten abgrenzen kann, die andere Fragen behandeln. Obgleich die Schwierigkeit, die Philosophie von den andern wissenschaftlichen Fragen abzugrenzen und abzusondern, deutlich zu sehen ist, ist man doch immer bei der Ansicht geblieben, daß es ein besonderes Gebiet philosophischer Erkenntnisse gibt (wie es z. B. ein Gebiet geographischer Erkenntnisse gibt), daß also die Philosophie ein *Fach* sei. Man kann ja durch einen Blick auf das Äußerliche bestärkt werden, durch die Art, wie man in der Schule von der Philosophie zu sprechen pflegt: Es sieht aus wie ein bestimmt umgrenztes Gebiet von Fragen, die sich durch etwas auszeichnen, das sie eben zu *philosophischen* Fragen macht und nicht zu historischen oder mathematischen. Es herrschen aber die verschiedensten Meinungen darüber, wie dieses Gebiet der philosophischen Fragen abzugrenzen sei. Jedoch haben viele deutlich gefühlt, daß die sogenannten philosophischen Fragen einen besonderen, eigentümlichen Charakter haben, der sie von anderen Fragen, wie wir sie sonst in der Wissenschaft zu stellen pflegen, unterscheidet. Versuche, dieses verschwommene Gefühl nun in eine begriffliche Formulierung zu bringen, finden wir in den verschiedenen Bemühungen der Philosophen, Versuche zu sagen, was das Eigentümliche der philosophischen Fragen eben sei, was wir unter Philosophie verstehen.

Man hat gefühlt, daß die philosophischen Fragen den übrigen

wissenschaftlichen Fragen nicht gleichwertig, nicht gleich- oder nebengeordnet sind, daß das Gebiet der philosophischen Fragen nicht in gleichem Maße autonom ist. Der philosophische Charakter hebt diese Fragen über die wissenschaftlichen Fragen hinaus, man fühlt sie als übergeordnet oder, anders formuliert, die philosophischen Fragen sind die allgemeinsten Fragen, zu denen der menschliche Geist vordringt, wenn er von Wissenschaft oder vom täglichen Leben ausgeht und immer weiter und weiter Erkenntnisse zu gewinnen sucht.

Man sagte immer, Philosophie sei eine Wissenschaft, die den sogenannten Sonderwissenschaften übergeordnet ist, weil sie eher fundamental sei, ihre Fragen wichtiger seien als die Fragen der anderen Wissenschaften. Worin diese Wichtigkeit besteht, wurde mehr gefühlt und konnte nicht formuliert werden. Man glaubte, diese Wichtigkeit darin zu sehen oder zu erklären, daß man sagte, die Philosophie habe es mit den prinzipiellsten, allgemeinsten Fragen zu tun. Eine von den vielen Formulierungen ist deshalb: »Philosophie ist die Wissenschaft von den Prinzipien«. Man hat gefühlt, daß es bei der sogenannten »philosophischen« Fragestellung sich um Dinge handelt, denen man sich nur in einer besonders feierlichen Stimmung nähern kann; zum Philosophieren gehört eine gewisse Einstellung, die nicht alltäglich ist, die gewisse Anforderungen an den Menschen stellt. An die philosophischen Fragen muß man mit einem besonderen Ernst herantreten. Auch die Wissenschaft erfordert Ernst, aber die einzelnen wissenschaftlichen Verfahrensweisen kann man dann auch mehr technisch-mechanisch vollziehen, sobald man geübt ist. Zum Philosophieren ist eine Erhebung, eine besondere Einstellung nötig, sonst erreicht man nicht das, was man dadurch erreichen will; man muß eine besondere Bereitschaft und Aufgeschlossenheit für gewisse Dinge besitzen, mit ganzer Seele dabei sein. Zur Philosophie ist nicht nur eine bestimmte Einstellung und Bereitschaft nötig wie zu jeder Wissenschaft auch, sondern mehr noch, eine Erhebung über jeden Preis von Wünschen und Interessen, um den Eingang in die heilige Halle der Philosophie zu finden. Die Philosophie ist also keine Fachwissenschaft von derselben Art und vom selben Charakter wie die andern Wissenschaften, sie ist vielleicht eine Art Weisheit, eine Kunst, etwas zu tun. Das ahnte man wohl, und es wurde auch mehr oder weniger verschwommen ausgesprochen.

Es wurde auch vielfach die Meinung vertreten, daß die Philosophie gar keine Wissenschaft im eigentlichen Sinne sei, weil sie eine Wissenschaft von den Lebensfragen und Werten sei, jedenfalls zum Leben in einer besonderen Beziehung stehe. Im allgemeinen aber hielt man daran fest, daß es sich doch um eine Wissenschaft handle, d. h., daß die Philosophie in derselben Weise nach Wahrheit strebe wie die andern Wissenschaften und daß der Erfolg der Philosophie der sei, in einer ganz besonderen Weise Wahrheiten auszusprechen, die eben die Antwort auf die philosophischen Fragen seien; dann wäre die Philosophie ein System dieser philosophischen Wahrheiten, also ein System von Erkenntnissen. Man hatte gesagt, daß in der Philosophie Erkenntnisse allgemeinster Art zusammengeschlossen seien, zu denen der Mensch auf verschiedenstem Wege kommen kann (durch die Wissenschaften, durch Intuition, durch Lebenserfahrung) und daß diese sich irgendwie formulieren und zu einem System zusammenschließen ließen. Diese Anschauung hat man auch zum Ausdruck gebracht, indem man sagte, daß die Philosophie die Welt- und Lebenserfahrung bereichere, daß die Philosophie also die Darstellung einer Weltanschauung sei (das Wort »Weltanschauung« kennt nur die deutsche Sprache, und es ist besonders gefühlsbetont); die Betonung auf dem Worte »Weltanschauung« würde dann die Philosophie von den andern Wissenschaften unterscheiden. (Daß die Philosophie dem Institute den Namen gegeben hat, in dem man die Wissenschaften lehrt, nämlich der »philosophischen« Fakultät, ist auch ein Anzeichen dafür, daß man die Philosophie den Wissenschaften als etwas Besonderes gegenüberstellt und übergeordnet hat.)
Wenn man der Ansicht ist, daß die Philosophie eine Wissenschaft sei, nimmt man damit auch an, daß sie so wie die andern Wissenschaften in verschiedene Teile und Gebiete zerfällt, die man absondern und für sich behandeln könne; so hat man schon früher die Frage nach einer Unterteilung der Philosophie (als scheinbarer Wissenschaft) erhoben. Wir finden schon bei den alten Griechen in einer etwas späteren Zeit Gedanken, die auf eine gewisse Einteilung der Philosophie hinzielen; es wurde auch oft darüber spekuliert, wie sich z. B. Platon die Philosophie eingeteilt gedacht hat. Im Laufe der Entwicklung hat sich dann eine gewisse Terminologie ausgebildet, man hat so gesprochen, als ob es innerhalb der Philosophie, deren Besonderheit ihre

Universalität ist, einzelne Gebiete zu unterscheiden gäbe und hat sie in verschiedene Bezirke eingeteilt, die ihre eigene Problemlage haben: Logik, Erkenntnis-Theorie, Ethik, Ästhetik, Metaphysik, Religions-, Geschichts-, Naturphilosophie usw. Man pflegt in den meisten Lehrbüchern diese Einteilung zu machen und die verschiedenen Gebiete der Philosophie nacheinander behandelt zu finden. Aber diese Behandlungsweise ist dem wahren Wesen der Philosophie durchaus unangemessen. – Den Zusammenhang zwischen diesen einzelnen Gebieten herzustellen, darin soll die Aufgabe des Systematikers der Philosophie bestehen. Die großen Denker vereinigen durch irgendeine geniale Idee diese verschiedenen Gebiete zu einem zusammenhängenden Ganzen so, daß in der Logik, Ethik u.s.f. dieselben Grundgedanken hervorzutreten scheinen. Das ist die übliche Auffassung der Philosophie, nach der sie ein Gebäude von wahren Sätzen ist.
Es ist nicht zu leugnen, daß die Philosophie einen Zug der Allgemeinheit hat; tatsächlich aber liegt die Sache so, daß die Besonderheit der philosophischen Fragen nicht durch den Hinweis auf die Allgemeinheit erschöpft ist und nicht dadurch verstanden werden kann.
Anführung einiger Definitionen der Philosophie, wie sie in bekannten Lehrbüchern vorliegen:
Wilhelm Wundt sagte z. B.: »Die Philosophie besteht in der Zusammenfassung unserer einzelnen Erkenntnisse zu einer die Forderungen unseres Verstandes und die Bedürfnisse unseres Gemütes befriedigenden Lebensauffassung.«
Wilhelm Jerusalem: »Philosophie ist die Denkarbeit, welche in der Absicht unternommen wird, die tägliche Lebenserfahrung und die wissenschaftliche Forschung zu einer einheitlichen und widerspruchslosen Weltanschauung zu vereinigen, die geeignet ist, die Bedürfnisse des Verstandes und die Forderungen des Gemütes zu befriedigen«. Jerusalem bezeichnet die Philosophie hier also als »Denkarbeit«, aber er zieht dann nicht die entsprechende Konsequenz daraus und behandelt die Philosophie doch als Wissenschaft.
Oswald Külpe hat der Philosophie drei Aufgaben zugeschrieben: erstens Ausbildung einer wissenschaftlich begründeten Weltansicht (dieser Teil ist Metaphysik benannt); zweitens Untersuchungen der Voraussetzung einer Wissenschaft (»Wissenschaftslehre« oder Ethik und Logik); drittens Vorbereitung neuer ein-

zelwissenschaftlicher Erkenntnis (charakteristisch für die Auffassung Külpes).

Das sollten nur Beispiele dafür sein, wie die Philosophie gewöhnlich beschrieben wird: Es ist immer von einer wissenschaftlichen Synthese die Rede; es wird damit wohl etwas getroffen, das zur Philosophie gehört, aber es wird in einer irrtümlichen Weise ausgesprochen. – Wir werden später sehen, was dem Wahres zugrunde liegt.

Was ist damit gesagt, wenn man die Philosophie die allgemeinste Wissenschaft nennt? Das philosophische Streben wäre dann nichts anderes als ein auf die Spitze getriebenes wissenschaftliches Streben, eine neue wissenschaftliche Lehre. Wir aber fühlen, daß die philosophischen Probleme nicht bloß diesem Erkenntnisstreben entspringen, sondern daß ihnen eine besondere Unruhe zugrunde liegt, die in einer ganz besonderen Weise gestillt werden muß, nicht auf die Weise, in der wissenschaftliche Erkenntnisse gewonnen werden. Diese besondere Art von Unruhe ist für die Philosophie kennzeichnend.

Sie ist verschieden von dem Drang nach Forschung in der Wissenschaft. Es entsteht dadurch auch ein anderes Verhältnis zwischen dem Philosophen und seinen Schülern, verschieden von dem Verhältnis eines anderen Gelehrten zu seinen Schülern. Der Philosoph kann nicht in demselben Sinne Resultate mitteilen, die dann die Sätze werden, aus denen ein philosophisches »System« besteht. Der Philosoph muß gleichsam vordenken, die andern müssen mitdenken. Äußerlich werden wohl gewisse Sätze ausgesprochen, man trachtet diese Sätze zu verstehen; es ist dies aber etwas anderes als die bloße Mitteilung von Erkenntnissen: Der Philosoph bemüht sich, eine gewisse Einstellung zu erzeugen. Wir werden erkennen, was das Besondere der philosophischen Probleme ist, und auch, warum wir darauf verzichten müssen, ein »System« der Philosophie im üblichen Sinne aufzustellen. Zugleich werden wir sehen, daß wohl etwas einem System ähnliches gemacht werden kann, daß die philosophischen Probleme irgendwie zusammenhängen und eine geschlossene Einheit bilden, nur in einem andern Sinne wie in den Wissenschaften, kein Gebäude von Erkenntnissen wie in den Wissenschaften, kein Zusammenschluß von wahren Sätzen.

Man spricht von »Philosophie« und meint da gewöhnlich genau zu wissen, was das ist, was man darunter versteht; man weiß es aber meist nicht. Wir wollen uns nun an Hand von Beispielen eine etwas konkretere Auffassung davon verschaffen, welches die Fragen und ihre Behandlung sind, wie sie in der Philosophie vorliegen.

Charakteristisch für die Philosophie ist eine besondere Art geistiger Unruhe, die von der wissenschaftlichen Unruhe verschieden ist. Spricht man von der Philosophie und der Art ihrer Fragestellung, so pflegt man gewöhnlich Platon und Aristoteles zu zitieren; ein berühmtes Wort Platons, das auch von Aristoteles wiederholt wurde, ist: »Die Philosophie entspringt aus einer Verwunderung des Denkers über die Welt.« Meint diese »Verwunderung« (*thauma*) nun dasselbe, was wir mit »philosophischer Unruhe« gemeint haben? Nicht ganz, denn zur Zeit, als Platon lehrte, wurde der Unterschied zwischen Wissenschaft und Philosophie überhaupt noch nicht gemacht und konnte nicht gemacht werden, weil Philosophie und Wissenschaft noch nicht in einem Stadium waren, daß sie sich gegeneinander schon irgendwie abgehoben hätten. Dieses *thauma,* wodurch die Philosophie entstand, ist noch etwas Undifferenziertes und ebenso die wissenschaftliche Neugierde. Zur alten Zeit war ein Philosoph eben ein Forscher. Die ältesten, wie Thales und Anaximander, waren eben Naturforscher in unserem heutigen Sinne, sie dachten nach über die Art, wie Gestirne beschaffen sind, über die Substanzen der verschiedenen Stoffe, usw. Das sind Fragen, mit denen sich heute die Naturwissenschaften beschäftigen. Also kann man die »Verwunderung« von Platon und Aristoteles nicht mit dem identifizieren, was wir als »philosophische Unruhe« bezeichnen, obwohl diese sicher schon in jener enthalten ist.

Alle Fragen, die der Mensch überhaupt stellt, philosophische und wissenschaftliche, haben ihren Ursprung im täglichen Leben. Der Mensch muß im täglichen Leben, um überhaupt existieren zu können, sich schon gewisse Kenntnisse verschaffen, im Besitze gewisser Erkenntnisse sein (wie Feuer gemacht wird z. B., wie man wilde Tiere abwehrt etc., denn auch dazu gehören Erkenntnisse); man muß sich auf Ereignisse vorbereiten können, die in der Natur eintreten. Erkenntnisse sind also schon auf primitivster Stufe nötig, und die wissenschaftlichen Erkenntnisse sind von diesen Erkenntnissen des täglichen Lebens nicht der Art, sondern nur dem Grade nach verschieden. Es liegt da nichts Neues vor, sondern hat sich in natürlicher Weiterführung aus dem täglichen

Leben entwickelt. Die Mittel, die der Mensch von Geburt mitbringt, um in der Welt zu existieren, sind so beschaffen, daß er sich in der Welt zunächst zurechtfinden kann. Der Mensch hat die Erkenntnisfähigkeit, um das zu tun, was zu seiner Erhaltung und seinem Schutze nötig ist. Dann kommt das Stadium, wo diese Erkenntnisse mit Hilfe der Sprache mitgeteilt werden können.
Das Vermögen der Erkenntnis, das mit dem Vermögen der Sprache zusammenhängt, ist gewissermaßen ein unendliches Vermögen, das zur Lösung einer unbeschränkten Zahl von Fragen geeignet erscheint, und es kann weiter so ausgebildet werden, daß es zur Beantwortung von Fragen reicht, die nicht mehr nur zur Erhaltung des Lebens nötig sind. Der in der Kultur bereits vorgeschrittene Mensch hat Zeit zu grübeln, er fragt bloß, um zu fragen, und er antwortet auf diese Fragen nur der Freude an der Antwort wegen. Aber die wissenschaftliche Neugierde ist auch heute noch nicht sehr verbreitet, die meisten Menschen sind ohne Erkenntnisdrang.
In der Stunde, da zum ersten Male um des bloßen Fragens und Antwortens willen gefragt wurde, entstand die Wissenschaft. Sie ist ein Weiterfragen über das tägliche Leben hinaus. Das gilt zunächst auch von den philosophischen Fragestellungen. Sie entstehen dadurch, daß man mit dem Vermögen, Fragen zu stellen, hinausgreift über die Bezirke des täglichen Lebens.
Ein Beispiel: Man lernt Geige spielen und wirft die Frage auf, ob man auch richtig spielt. Was meint man nun selbst oder der Lehrer mit »richtig« spielen? Es kann heißen, ob man die Finger richtig führt, den Bogen richtig hält, dem Ton die entsprechende Qualität gibt und sonst noch mehr. Es kommt da das Wort »richtig« vor, das hier eine ganz bestimmte Bedeutung hat, über die man nicht weiter nachzudenken braucht; man weiß, was man meint, wenn man sagt, daß man den Finger »richtig« hält: Es heißt eben, den Vorschriften entsprechend. Man kann aber auch noch anders fragen; z. B. ob es für mich richtig ist, gerade heute Geige zu spielen oder ob es überhaupt für mich richtig ist (in Anbetracht meiner Begabung, der anderen Pflichten und Interessen), Geige zu spielen. Da hat das Wort »richtig« noch eine andere Bedeutung: Während es bei der ersten Frage einfach eine Art technische Bedeutung hatte, hat es bei der Frage: »Ist es für mich überhaupt richtig, daß ...?«, eine andere Bedeutung: Es ist eine andere Art von Frage, eine moralische; eine solche Frage

aber wird in einer philosophischen Disziplin behandelt, wie man früher gesagt haben würde, in der Moralphilosophie.

Wenn man sich mit solchen Fragen beschäftigt wie: »Sollten Menschen überhaupt dies oder jenes tun?«, kommt man auf ein ganz allgemeines Gebiet. Hier scheint der Sprung aus dem täglichen Leben direkt ins philosophische Gebiet hinüber gemacht zu werden, und zwar nicht über wissenschaftliches Gebiet. Es ist einfach die Übertragung derselben Frage von einem speziellen in ein allgemeines Gebiet. Es tritt auf einmal eine andere Einstellung ein; dieselben Worte werden plötzlich so verwendet, daß daraus eine andere Frage entsteht, die dann oft sehr schwer zu beantworten ist. Man muß dann schon alles mögliche in Betracht ziehen, über das man nur in ernsten Stunden seines Lebens nachdenkt, man kommt in eine ganz andere Sphäre hinein, man spürt eine eigentümliche Art der Beunruhigung... die philosophische Beunruhigung. Diese schließt sich in unserem Beispiel an einen Satz an, der das Wort »richtig« oder »gut« enthält (»Ist es gut für die Menschheit...?«). Es handelt sich hier um einen erklärungsbedürftigen Gebrauch des Wortes »gut« oder »richtig«, und wir sind damit tatsächlich in den Bereich der Ethik vorgedrungen, einen Bereich, den man als philosophischen zu bezeichnen pflegt.

Eine solche Frage wie: »Was ist das richtige Handeln?« ist typisch für eine philosophische Fragestellung; es ist eine ganz allgemeine Frage. Aber es ist nicht bloß die Allgemeinheit der Frage, die die philosophische Beunruhigung auslöst, denn es gibt auch allgemeine Fragen, bei denen das absolut nicht der Fall ist; also muß noch etwas anderes da eine Rolle spielen. – Man sieht, daß ein und derselbe Satz auf ganz verschiedene Art und Weise gefragt werden kann und man sich je nachdem in ganz anderen Sphären bewegt, deren eine eben die philosophische ist.

Noch ein Beispiel: Man hört in einem Konzert ein Stück von Bach und eines von Beethoven und fragt nun, welches Stück schöner war. Darauf kann manchmal gleich die Antwort erfolgen, daß z. B. Beethoven besser gefallen habe. Die Frage kann also auf eine Art gestellt werden, daß keine philosophische Beunruhigung entsteht. Die Frage kann aber auch nicht so, sondern ernster gemeint sein: »Welche Musik *ist* nun schöner?« Es ist ein richtiges Gefühl, wenn wir den Eindruck haben, daß das eine Frage ist, die man *so* nicht stellen kann: Es muß erst gesagt werden, wie

man das Wort »schön« eigentlich verstehen soll. Das Wort »schön« kann eben noch in einem anderen als in obigem Sinne verwendet werden.
Man sieht, daß da in der Fragestellung etwas nicht in Ordnung ist – es ist eben die philosophische Fragestellung, und in obigem Falle hätte nun die Ästhetik die Aufgabe festzustellen, was das heißt, daß ein Musikstück »schöner« ist als das andere. Man kommt dann zur Frage, was Schönheit überhaupt sei – es ist die Frage von Platon.
Ein drittes Beispiel aus dem täglichen Leben: Es erzählt jemand, daß er in der Nacht seinen verstorbenen Freund in seinem Zimmer gesehen habe. Jeder weiß, was es heißt, daß man seinen Freund gesehen hat. Aber seinen verstorbenen Freund gesehen zu haben – in dieser Zusammenstellung kann man nur annehmen, daß der Erzähler geträumt habe. Beharrt der Erzähler aber darauf, wach gewesen zu sein, so kann man nur annehmen, daß er eine Halluzination gehabt, den Freund nicht wirklich gesehen habe. Also jemanden gesehen haben, das versteht man. Aber jemanden Verstorbenen gesehen haben – zu dieser Behauptung verhält man sich in sonderbarer Weise, man hat sich mit der Sache irgendwie auseinanderzusetzen. Entweder nimmt man an, daß der Mensch sich geirrt habe, daß er nämlich doch nur geträumt hat oder daß er eine Halluzination hatte, d.h., sich den Anblick des verstorbenen Freundes nur auf Grund psychischer Zustände eingebildet hat. Der Betreffende kann also subjektiv seine Behauptung für wahr halten, in Wirklichkeit kann sie doch falsch sein. Man kann also nach der Wahrheit dieses Ausspruches fragen, wir haben also den Gegensatz von wahr und falsch, und damit kommt man in den Bereich der Erkenntnislehre und Logik. Das Problem tritt auf, wenn sich der eine genötigt sieht, denselben Satz für »wahr« zu halten, den der andere für »falsch« hält.
Wir haben aber in obigem Beispiel noch ein zweites Gegensatzpaar, den Unterschied zwischen »wirklich« und »eingebildet«. Es werden alle möglichen Argumente angeführt, welche auf gewissen Voraussetzungen beruhen, die sich darum drehen, was es eigentlich heißt, daß jemand »wirklich« dagewesen sei; es ist die Frage des Unterschiedes zwischen Wirklichkeit und Schein, und diese Frage, die im täglichen Leben eine Rolle spielt, führt weiter zu den Fragen der Metaphysik oder Ontologie (Lehre vom Seienden).

Dieser besprochene Fall führt uns auf eine natürliche, zwanglose Weise dazu, den Gegensatz zwischen »wahr« und »falsch« und zwischen »Wirklichkeit« und »Schein« im täglichen Leben zu sehen, wie auch den Umstand, daß diese Fragen im täglichen Leben eine Rolle spielen und da einen ganz eindeutigen und guten Sinn haben. Z. B. weiß man bei Gerichtsprozessen ganz genau, was mit »Wahrheit« und »Falschheit« gemeint ist. Auch weiß man, wie man im täglichen Leben Fragen von »Wirklichkeit« und »Schein« zu beantworten hat; z. B. überzeugt man sich von Wirklichkeit oder Schein einer Fata Morgana, indem man hingeht und zusieht, wie es sich verhält.

Wenn wir aber über das Gebiet des täglichen Lebens hinausgehen und weiter fragen, so knüpft sich sofort an diese selben Worte oder Begriffsgegensätze »Wahrheit–Falschheit«, »Wirklichkeit–Schein« eine eigentümliche Beunruhigung, sie werden zu den Fragen, die wir die »philosophischen« nennen. Was heißt es, wenn der Physiker sagt, die Atome sind wirklich? Sind sie wirklich oder bloße Gedankenkonstruktionen? Da sind wir in einem andern Bereich, treten in eine andere Situation, und es ist nur unsere Aufgabe festzustellen, worin das Eigentümliche dieser Situation besteht. Wir werden zu zeigen haben, wie sich also diese Fragen und Probleme ergeben, die wir die »philosophischen« nennen.

Für gewisse philosophische Gebiete kann man ihre Quellen schon im täglichen Leben feststellen: die ethischen Fragen drehen sich um den Gebrauch der Wörter »gut« oder »richtig«; die ästhetischen Fragen um den Gebrauch des Wortes »schön«; die erkenntnistheoretischen Fragen um den Gebrauch von »wahr« und »falsch«; die ontologischen oder metaphysischen Fragen um »Wirklichkeit« und »Schein«.

Diese Darstellung soll also nicht dogmatisch aufgefaßt werden, sie ist nur ein Hinweis, wie man zu den Fragen dieser Gebiete, die nebeneinander aufgezählt zu werden pflegen, kommt. Wir wollen hier noch nicht entscheiden, ob es berechtigt ist, diese Gebiete nebeneinander zu stellen oder überhaupt zu unterscheiden. Jedes dieser vier Gebiete dreht sich also um den Gebrauch eines Wortes oder, wie wir später sagen wollen, um die Grammatik eines Wortes.

Es waren dies nur einige Beispiele, die die Entstehung der philosophischen Situation gezeigt haben. Der Kern dieser Beispiele besteht darin, daß wir daran sehen, wie gewisse Worte im täglichen Leben vorkommen und da klar, einwandfrei und verständlich gebraucht werden, daß wir aber auf Probleme stoßen, wenn wir die Fragestellung, die im täglichen Leben vorliegt, verallgemeinern; man gerät da plötzlich in die philosophische Sphäre, falls die erforderliche Einstellung noch mit vorhanden ist.

2. Der Gegensatz zwischen Schein und Wirklichkeit – historischer Überblick

Es ist Erfahrungstatsache, daß im täglichen Leben oft Irrtümer oder Täuschungen vorkommen, und diese Tatsache können wir mit dem Worte »Schein« bezeichnen, den richtiggestellten Irrtum hingegen, die feststehende Tatsache, mit dem Worte »Wirklichkeit«. Das Gegensatzpaar »Schein« und »Wirklichkeit« hat also seine Berechtigung – sonst wären diese Worte gar nicht gebildet worden – und seinen bestimmten Anwendungsbereich: Überall, wo wir uns täuschen können, kommt die Frage von Wirklichkeit und Schein zur Sprache, überall, wo wir uns irren, die Frage von Wahrheit und Falschheit.

Wenn wir das Phänomen der Täuschung ergründen wollen, fragen, wie es kommt, daß man etwas für wirklich halten kann, das dann nicht da ist (oder umgekehrt), sehen wir, daß da gewöhnlich zwei verschiedene Antworten darauf gegeben werden, die schon im Altertum gegeben worden sind. Erste Antwort: Die sinnliche Wahrnehmung gibt uns kein richtiges Bild von den Dingen, also ist die sinnliche Wahrnehmung irgendwie nicht zuverlässig. Zweite Antwort: Aller Irrtum, alle Täuschung, alle falschen Aussagen kommen dadurch zustande, daß unser Verstand nicht vollkommen genug ist, seine Aufgabe nicht ganz zu erfüllen vermag, seine Auffassung auf einen falschen Schluß zurückzuführen ist, auf eine mißglückte Tätigkeit dieser Vernunft.

Gegen letztere Auffassung spricht folgendes: Ein Irrtum kann, wo er vorliegt, durch eine Überlegung korrigiert werden, also durch das, was wir einen Verstandesschluß nennen können; der gehabte sinnliche Eindruck wird also durch verstandesmäßige Überlegungen korrigiert (z. B. die bekannte Aristotelische Täuschung mit der Erbse u. a.).

Die ältesten Philosophen haben zunächst die Meinung gehabt, daß es der Verstand sei, der uns besser vor Irrtum bewahren könne als die Sinne, und haben deshalb geschlossen, daß sichere, echte Wahrheiten nur durch den Verstand zu erlangen sind und wir uns auf die Sinne nicht verlassen können. – Das ist nun ein großer Gedankensprung, ein gefährlicher und unberechtigter

Schritt. Er beruht darauf, daß wir durch den Verstand oft Irrtümer korrigieren können, die aus der Sinneswahrnehmung zu stammen scheinen. In der niederen Entwicklung werden die ersten Schritte immer kühn und über große Denkräume hinweg gemacht. Daher findet man bei den Philosophen der frühen Zeit die Ansicht, daß den Sinnen gar nicht zu trauen sei, daß das Finden echter Wahrheiten eine rein verstandesmäßige Angelegenheit sei. Man versucht nun, sich mit dem Verstande von dem Rechenschaft zu geben, was der Mensch erlebt, und dann werden die Dinge genauer, mit wissenschaftlicher Neugierde, betrachtet.

Die wissenschaftliche Neugierde unterscheidet sich von den Fragestellungen des täglichen Lebens dadurch, daß sie sich auf Dinge richtet, bei welchen im täglichen Leben kein Anlaß ist, sich zu beunruhigen; es wird nach dem wirklichen Tatbestand, dem wahren Sachverhalt auch da gefragt, wo keine Täuschung vorliegt. Nun wird die Frage von der Zuverlässigkeit der Sinneswahrnehmung auch auf Dinge übertragen, wo wir im täglichen Leben nicht von Täuschungen sprechen. Z. B. sieht ein Farbenblinder einen roten Gegenstand nicht rot, seine Sinne täuschen ihn. Denselben roten Gegenstand sieht man im Dunkeln überhaupt nicht rot, weil man im Dunkeln nur Helligkeitsgrade, aber keine Farben unterscheiden kann. Da kann nun die Frage auftauchen: »Ist in der Dunkelheit der Gegenstand noch rot oder nicht?« – Es gibt so manche Punkte, wo der Philosoph zu weiteren Fragen geführt wird und dann den Eindruck hat, daß er sich auf die Sinne nicht verlassen kann, weil er den Verstand immer noch mit zu Rate ziehen muß. So entsteht die Meinung, daß es nicht geht, den Sinnen allein zu trauen, man sagt, daß verschiedene Dinge vielleicht nicht so sind, sondern uns nur so scheinen. Das ist sogar die Sprache unserer modernen Naturwissenschaft, die z. B. sagt, daß ein Gegenstand gar nicht rot ist, daß da nur elektrische Schwingungen bestehen. Man zweifelt also an sinnenmäßiger Erkenntnis und schiebt dem Verstande die Entscheidung darüber zu, was Wirklichkeit und was Schein ist. Der Verstand bemächtigt sich nun der alltäglichen Dinge, auch derjenigen, wo von Täuschung nicht die Rede sein kann. Beispiele sind die Frage nach der Bewegung, Achilles mit der Schildkröte oder der fliegende Pfeil. Man suchte sich den Bewegungsvorgang durch Denken klar zu machen, ohne sich aber bewußt zu sein,

was man unternahm, wenn man die Bewegung durch Denken, verstandesmäßig, begreifen wollte. »Wenn der Verstand die Bewegung aus lauter Momenten der Ruhe bestehend begreifen will, die nebeneinandergeschaltet sind, so ist das doch ein Widerspruch im Begriff der Bewegung; da aber doch nur dem Verstande zu trauen ist und nicht den Sinnen, so muß man sagen, daß es Bewegung gar nicht gibt, daß es nur Schein ist, daß sich etwas bewegt...«. So haben die alten griechischen Philosophen wirklich geschlossen, die Philosophen in den letzten Jahrzehnten des 6. Jahrhunderts v. Chr., die Eleaten (Xenophanes, Parmenides, Zenon). Ihre Gedankenbildung führte zu einem merkwürdigen Weltbilde. Dieses Weltbild aber hat durch die ganze Geschichte der Philosophie gewirkt und eigentlich die Herrschaft behalten. Es besteht da eine eigentümliche Tendenz zu philosophieren, die Tendenz, einen Gedanken bis zu seiner letzten Spitze zu verfolgen, wo er nicht mehr weitergeht.
Der Gedanke war der, daß die Täuschung oder der Irrtum auf Rechnung der mangelhaften Wahrnehmung der Menschen zu setzen ist und korrigiert werden muß durch verstandesmäßige Tätigkeit. Das führte dazu, daß man den Verstand als einzige Quelle der Wahrheit ansah. Diesen Gedanken findet man wieder bei den Rationalisten (*ratio*, die Vernunft), nur daß diese den Gedanken schon ganz klar und bewußt aussprechen. In alten Zeiten wurde dieser Gedanke weniger klar ausgesprochen, und zwar mit den Worten: Denken gleich Sein; d. h. in unserer Sprache, daß das Denken allein die Wahrheit über das Sein herauszubringen vermag. Damals wurde auch nicht ausdrücklich gesagt, was unter »Verstand« oder »Vernunft« zu verstehen sei. Der Gedanke »Denken gleich Sein« führte dazu, daß man mit Hilfe der Vernunft nicht nur Täuschungen zu korrigieren, sondern mit ihr alles, was uns das tägliche Leben darbietet, zu erklären suchte. Es mißlang aber den eleatischen Philosophen sogar, einen so alltäglichen Begriff wie den der Bewegung mit Hilfe der Vernunft zu analysieren und die Folge davon war, daß man schloß, ein Vorgang, der sich nicht widerspruchslos mit dem Verstande begreifen ließe, sei eben selbst widerspruchsvoll, und so existiere er gar nicht, er sei bloßer Schein. Die wahre Wirklichkeit sei eben anders beschaffen, ohne Bewegung, Verschiebung, Veränderung oder Wechsel. Man sagte weiter, daß ein Ding überhaupt nicht verschiedene Eigenschaften haben könne. (Ein

Beispiel: Die Kreide kann nicht zugleich weiß und schwer sein. Noch bei Herbart hat der Gedanke eine Rolle gespielt, wie es komme, daß ein und dasselbe Ding verschiedene Eigenschaften haben könne.) Die griechischen Philosophen, die diese Lehre vom absoluten, ruhenden, unterschiedslosen Sein schufen, haben dieses als eine überall gleichbeschaffene Kugel bezeichnet (was nur der Versuch eines anschaulichen Bildes sein soll).

Die Eleaten sind in der Geschichte der Philosophie die ersten, die den Gegensatz zwischen Schein und Wirklichkeit zu einem philosophischen Prinzip erhoben haben und aussprachen, daß das wahre Sein von dem, was wir wahrnehmen, gänzlich verschieden sei. Diese Auffassung ist typisch metaphysisch, daher sind die Eleaten die ersten Metaphysiker. Unter Metaphysik oder Ontologie hat man die Lehre vom wahren Sein verstanden, im Gegensatz zum Schein. Dieser Gegensatz regte die einzelnen Philosophen zu verschiedenen Lösungsversuchen an (Platon: »ontos on« = das Seiend-Seiende, also das wahrhaft Seiende). –

Parmenides hat ein großes Lehrgedicht in zwei Teilen verfaßt: 1. Teil: Die Lehre vom wahrhaft Seienden; 2. Teil: Die scheinbare Wirklichkeit (das ist eine reine Beschreibung des Kosmos). Eine Verbindung zwischen beiden Teilen ist von Parmenides nicht geschaffen worden, und auch später konnte das Verhältnis zwischen Schein und Wirklichkeit nie befriedigend erklärt und beantwortet werden.

Die beschriebenen Gedankenketten gehen also davon aus, daß die Vernunft, der Verstand, die Irrtümer korrigiert und ausmerzt. Man kann auch der gegenteiligen Ansicht sein, daß aller Irrtum in der Wissenschaft und im Leben, wo immer, nur auf Rechnung der Überlegung zu setzen ist, auf die reine Vernunft. Man möchte glauben, daß dieser Standpunkt der Wahrheit näher kommt, was wir auch später bestätigt finden werden.

Die Sinne im eigentlichen Sinne können uns nie täuschen. Wenn wir auf Grund unserer Wahrnehmungen eine Behauptung aufstellen, kann sie nur durch eine nachträglich zugefügte Interpretation des Verstandes falsch werden. Wenn z. B. ein Stab im Wasser gebrochen erscheint, so gründet sich das auf eine Gesichtswahrnehmung; tatsächlich gehen die Lichtstrahlen so, daß ein bestimmter Eindruck erzeugt werden muß – er muß nur richtig verstanden werden. Ein falscher Schluß wäre zu meinen, daß der Stab auch für das Tastgefühl gebrochen sei. Nur das Schließen aus dem, was wir sehen, kann zu falschen Meinungen führen. Wer sagt uns denn, daß wir aus den Gesichtswahrnehmungen der Fata Morgana schließen müssen, daß dort tatsächlich etwas ist? Nur der Schluß aus dem Verstande führt zu Irrtümern. – Bei dieser Auffassung ist man nicht so leicht geneigt, zwischen Schein und Wirklichkeit zu unterscheiden, obwohl man es da auch tun könnte.

Es bestehen also die beiden Möglichkeiten, entweder die Sinneswahrnehmung oder den Verstand als Quelle aller Täuschungen und Irrtümer anzusehen, entweder Sinneswahrnehmung oder Verstand als allein befähigt zur Erkenntnis der wahren Wirklichkeit zu halten.

Platon hat die Gedanken der Eleaten wohl benützt, er wurde dadurch sicher zu seinen eigenen Gedanken hingeleitet, aber er kann sich doch nicht entschließen, die Welt, wie wir sie mit unseren Sinnen wahrnehmen, für bloßen Schein zu halten: Platon unterscheidet eben zwei Welten, die reale Welt und die Welt der Ideen; diese beiden Welten unterscheiden sich durch den Grad ihrer Realität. Dieser Gedanke der Unterscheidung zweier Welten ist typisch für jede Metaphysik und spielt weiterhin in der Philosophie eine große Rolle. (Wir können uns besser mit dem Gegensatz von Schein und Wirklichkeit auseinandersetzen, wenn wir sehen, wie diese Gedanken bei großen Denkern dargestellt wurden.)

Platon wurde zu seiner Ideenlehre durch Sokrates' Einfluß geführt. Seine Gedanken nahmen Ausgang davon, daß wir, wenn wir Worte verwenden, doch mit diesen Worten etwas bezeichnen wollen. Wenn diese Worte eine Bedeutung haben sollen, so müsse es etwas geben, das sie schlechthin verkörpert; z. B. liegt die Bedeutung der Worte »schön«, »Schönheit« in etwas, das schlechthin schön ist: So kommt man zum Gedanken der »Idee der Schönheit«; diese gibt dem Worte erst seine Bedeutung, die nicht in den einzelnen »schönen« Dingen der Welt zu finden sein kann, sondern eben nur in dieser Idee. Daher muß es eine andere Welt geben als die, in der wir leben, eine Welt der echten Wirklichkeit, die Welt der Ideen. Platon nimmt an, daß unsere Seelen sich früher schon in dieser Welt befunden haben und wir die Ideen daher kennen. – Jedem Worte entspricht nun eine Idee, die in einem zeitlosen Reiche der ewigen Wirklichkeit vorhanden ist und von der unsere Gegenstände nur Abschattungen sind, nur

Anteil daran haben; die Dinge tragen nur Ausstrahlungen der Ideen an sich. Zu beantworten, welcher Art das Verhältnis des Reiches der Ideen zu den Dingen der Erscheinungswelt sei, darauf wurde weniger Wert gelegt, und alle derartigen Versuche sind, wie die Geschichte der Philosophie uns zeigt, mißglückt. – Platon unterscheidet also verschiedene Grade oder Arten der Wirklichkeit: Wirklichkeit ersten Ranges hat die Ideenwelt, Wirklichkeit nur zweiten Ranges unsere Erscheinungswelt, die Welt, in der wir leben.

Eine andere Art, die Welt der Wirklichkeit der Welt der Erscheinung gegenüberzustellen, findet Demokrit, ein etwas älterer Zeitgenosse Platons, und gemeinsam mit ihm sein Vorgänger Leukippos. Es ist eine Art, die in der neuen Zeit von einer Interpretation der wissenschaftlichen Erforschung der Natur ausgeht. Demokrit und Leukipp sind Schöpfer des Gedankens der Atomtheorie: Nach ihrer Ansicht unterscheidet sich die wirkliche Welt von der scheinbaren wesentlich. Die wirkliche Welt besteht aus Atomen, die sich im leeren Raume bewegen; alles übrige ist Schein. Diese Atome haben nur ein Minimum von Eigenschaften, Gestalt und Größe. Außer den Atomen und ihrer Bewegung im leeren Raume existiert alles übrige bloß in der menschlich unvollkommenen Weltauffassung.

Die Gedanken, die Demokrit zu dieser Weltauffassung führten, waren dieselben wie die, die in der neueren Wissenschaft dazu führen, also z. B. Gedanken wie diese: Kommt eine Farbe einem Gegenstand wirklich zu, oder ist die Farbe nur in unserem Bewußtsein? Ist es eine Folge verschiedener Einwirkungen auf unsere Empfindungsorgane, daß sich der Gegenstand uns so zeigt? Das farblose Bild der modernen Physik kann man so interpretieren: An den Gegenständen, die rot sind, ist kein Rot, sondern es gehen von ihnen nur elektrische Schwingungen aus, die auf unsere Sinnesorgane so einwirken, daß im Bewußtsein diese Farbe erzeugt wird; an den Gegenständen selbst ist nichts. Mit Hilfe derselben Argumente werden nun die Qualitäten der Sinneswahrnehmungen als bloß subjektiv erklärt, d. h., in der damaligen Sprechweise als bloßer Schein. – Diese Auffassung ist von der Platons ganz verschieden, aber gleicherweise vom Verstande ausgehend.

Dies sind die beiden verschiedenen Ausprägungen des Gedankens der Gegenüberstellung von »Sein« und »Schein«, die in der späteren Zeit weiter gewirkt haben: die Platons, die idealistische (so genannt, weil das wahre Sein die Gedanken, Ideen sind) und die realistische oder sogar materialistische Anschauung des Demokrit, der das Sein nach dem Vorbilde der festen Körper auffaßte, deren Eigenschaften wir zwar aufnehmen, von denen wir aber alles weglassen, was dem Verstande nicht wesentlich erscheint.

In der Folge gewinnt die demokritische Auffassung Oberhand und ist in direkter Linie in die moderne Auffassung übergegangen. Platons Auffassung hat dann an Bedeutung verloren, um allerdings in der neueren Zeit in allen möglichen Modifikationen aufzuleben. In der ganzen Zeit von den Eleaten bis zu uns ist der Gegensatz zwischen Schein und Wirklichkeit die wahre Quelle des Philosophierens gewesen. – Wir werden sehen, daß es diesen Gegensatz gar nicht gibt und daß er nur einem Mißbrauch unserer Ausdrucksweise entspringt, einem Mißbrauch, den wir ausschalten können, wenn wir unsere Ausdrucksweise korrigieren. Wir werden sehen, daß die philosophischen Probleme immer auf folgenden Prozeß zurückgehen: auf die Übertragung von Worten, Gegensätzen aus dem täglichen Leben auf etwas anderes, das erst vom Philosophen konstruiert wird. Alle Philosophien sind durch eine Überschreitung der natürlichen Grenzen unserer Sprache gekennzeichnet.

Der Gedanke der Eleaten, für die sich das wahre und echte Sein in dem erschöpfte, was die Vernunft darüber auszusagen vermag, ist in späterer Zeit erhalten geblieben: Es wird immer zwischen dem echten, innersten Kern der Dinge unterschieden und dem Schein, der Oberfläche; aber der Zugang von einem zum anderen wird immer schwieriger. Bei Kant, dem modernen Philosophen, ist das Reich der echten, wahren Wirklichkeit überhaupt unerkennbar. Kant macht den Gegensatz von Schein und Wirklichkeit mit größter Schärfe. Er vermeidet bloß das Wort »Schein« für die Wirklichkeit zweiten Grades und setzt dafür »Erscheinung«, weil es nicht der Schein im Sinne des täglichen Lebens ist, sondern weil innerhalb der Erscheinungen des täglichen Lebens dieser Unterschied wieder auftauchen kann. Der Prozeß zwischen Täuschung und Richtigstellung spielt sich innerhalb des Reiches der Wirklichkeit ab, und diese wird nun das Reich der Erscheinung genannt. Der Unterschied, der Wandel in der Philosophie wird dadurch gekennzeichnet, daß auch ein neues Wort eingeführt wird.

Die Motive, die Kant zur Gegenüberstellung von Erscheinung und Wirklichkeit geführt haben, sind im Grunde dieselben, wie wir sie schon früher kennengelernt haben. Auch die eigentümlichen Spekulationen der Eleaten über die Bewegung sind noch bei Kant, gleichsam schattenhaft, erkennbar, denn nach Kant ist von den »Dingen-an-sich« überhaupt nichts aussagbar. Den Ausdruck »Ding-an-sich« gab es schon vor Kant. Es ist kein speziell technischer Terminus, sondern heißt eben: ein Ding, wie es an sich ist, im Gegensatz dazu, wie dieses Ding in unserer Auffassung erscheint; also eine ganz natürliche Wortbildung. Die »Dinge-an-sich« sind also nicht eines oder viele, nicht in Raum und Zeit, noch sonst etwas. Das erinnert an das eleatische »Sein«: Für das »Ding-an-sich« gelten auch nicht die Begriffe der Bewegung, der Einheit, Vielheit oder andere. Wir wollen hier die Gleichheit beider Anschauungen darstellen; es bestehen aber zwischen ihnen auch bedeutende Unterschiede: Kant stellt die Behauptung auf, daß wir über das »Ding-an-sich« überhaupt nichts wissen und sagen können, während es bei den Eleaten positive Behauptungen sind, die über das wahre Sein gemacht werden. Das Gleichartige aber ist der Gegensatz von Schein (Erscheinung) und Wirklichkeit, und dieser ist es, wodurch der Begriff der Metaphysik in unsere Philosophie hineinkommt. Die Leichtfertigkeit, mit der dieser Gegensatz in die Philosophie eingeführt wird, ist Quelle zahlreicher Irrtümer.

Zu jeder »Erscheinung« gehört dreierlei: 1. das Erscheinende, das »Ding-an-sich«; 2. derjenige, dem es erscheint, das »Ich« oder Subjekt; 3. die Erscheinung, das Objekt oder die Natur, die wahrnehmbare, sichtbare Welt.

Es entsteht nun die Frage, wie das Subjekt in die Welt der Erscheinungen, zu der es ja auch gehört, einzuordnen ist. Kant hilft sich auf eine böse Weise, indem er sagt, das Ich, mit all seinen Sinnen, Gefühlen, ist auch nur Erscheinung von irgend etwas Unbekanntem!

Die meisten Bemühungen der Denker galten immer der Kenntlichmachung des Verhältnisses zwischen den Dingen und dem Ich, dem sie erscheinen, und auf diesem Gebiete liegen die meisten Streitpunkte der Metaphysik. Auch in der Gegenwart spielt dieser Gegensatz bei den Überlegungen der vielen verschiedenen Schulen eine sehr große Rolle: Sehr deutlich ist dies z. B. zum Ausdruck gekommen bei Bradley. Hier bekommt dieser

Gegensatz eine eigentümliche, charakteristische Ausbildung, wir finden hier alle Irrtümer, die auf Einführung dieses Gegensatzes beruhen, in reinster und prägnantester Form ausgeprägt. Es ist sehr schwierig, diesen Gegensatz in irgendeiner plausiblen Form zu beschreiben. Diesbezüglich finden wir bei Bradley eine Verwandtschaft mit Hegel. Es wird bei beiden gleicherweise geschlossen, daß die »Erscheinungen« »Erscheinungen von etwas« sind. So erhalten sie einen Grad von Wahrheit, sie sind »ein Aspekt der Wirklichkeit« mit allen aus dieser Unvollkommenheit resultierenden Widersprüchen.

So sind die verschiedenen Grade der Wahrheit entstanden: Da uns das wahre Wesen der Wahrheit verborgen ist und wir nur die Erscheinungen kennen, so sind diese Erscheinungen nie ganz, nur teilweise wahr. Es ist uns nur ein Aspekt der Wirklichkeit gegeben, wahre Wirklichkeit liegt für uns jenseits aller Aspekte, absolute Wahrheit ist uns vollkommen versagt. Wir haben nur eine Annäherung, teilweise Wahrheit.

Bei den Eleaten, bei Bradley, Hegel wird behauptet, daß die Wirklichkeit widerspruchsvoll sei, und daher müßten wir eine widerspruchslose Wirklichkeit aufsuchen, diese liege aber jenseits unserer Aspekte, nichts sei ganz wahr, es sei nur teilweise Einsicht möglich. – Damit ist in die Philosophie ein sehr verzweifelter Gedanke eingezogen, der mit dem, was wir »Logik« nennen, in keiner Weise verträglich ist.

Bei Kant bleibt noch eine Übereinstimmung mit der Logik, denn er nennt die Urteile über die Erscheinungen vollkommen wahr. Aber die Schwierigkeiten, die bei Kant noch geblieben sind, führen eben bei Hegel und Bradley zu der verzweifelten Annahme einer teilweisen Wahrheit.

Auch heute noch wird der Unterschied zwischen Erscheinung und Wirklichkeit gemacht. Wir aber müssen von diesen philosophischen Grenzüberschreitungen zurückkehren und wenn wir sie auch nicht aufheben können, uns doch bemühen, sie auf die Betrachtungsweise des täglichen Lebens zurückzuführen, wo es keine Beunruhigung, also keine philosophischen Probleme gibt.

3. Hauptrichtungen der Metaphysik

Unter Metaphysik pflegte man die Erkenntnis jenes Reiches zu verstehen, das als das der echten, wahrhaften, kernhaften Wirklichkeit dem Reiche der bloßen Erscheinungen gegenübersteht. Dieses echte Reich der Wirklichkeit soll sich von dem Reiche der Erscheinungen gleichsam durch seine größere Solidität unterscheiden, es soll etwas Festeres, in sich besser Zusammenhängendes sein als die fließenden, bunten und unsicheren Erscheinungen, in deren Reich es so leicht zu Täuschungen kommt. Der echten Wirklichkeit soll etwas Festes zugrunde liegen, um damit die Mannigfaltigkeit der Erscheinungen zu erklären; die Verschiedenheit soll durch das gedeutet werden, was ihr zugrunde liegt.

Dieses dem Sein Zugrundeliegende wird lateinisch mit dem Namen »Substanz« ausgedrückt. Vorläufig können wir also sagen, daß es die Metaphysik mit nichts anderem zu tun hat als damit, die Substanz zu entdecken oder zu beschreiben, die dem Sein zugrunde liegt, nicht an der Veränderlichkeit und Mannigfaltigkeit der Erscheinungen teilnimmt, diese nur hervorbringt. Die Substanz wird daher als dasjenige bezeichnet, das mit sich identisch bleibt. Was im echten Sein darin liegen soll, dafür ist die eleatische Auffassung ein gutes Beispiel.

Die Metaphysik beschäftigt sich also mit der Erforschung der Substanz, und ihre Aufgabe ist scheinbar dann am besten gelöst, wenn es gelingt, nur eine einzige Substanz, ein einziges Prinzip aufzufinden, das man für alles verantwortlich macht, was wir in der Welt vorfinden; eine solche einheitliche Substanzauffassung nennt man Monismus. Diese Lehre, die nur eine Substanz annimmt, ist eigentlich schon die Lehre der Eleaten.

Eine Art Monismus ist auch die Lehre des Demokrit, denn er behauptet, daß es nur Atome gibt (der leere Raum zählt nicht mit), und diese Atome sind alle gleich beschaffen und ewig unveränderlich, ihre einzige Eigenschaft ist die Raumerfüllung, das ist jene Eigenschaft, die man in der primitiven Zeit als Eigenschaft einer Materie ansieht. Man nennt daher diese Form des Monismus Materialismus (Gestalt, Größe und Bewegung gehören eben zum Wesen der Materie). Der Materialismus hat auch in der neueren Zeit Anhänger gefunden. Wir können eine Linie ziehen von Epikur über die Renaissance (Gassendi) zu den Materialisten des 18. Jahrhunderts, besonders in Frankreich, und den Materialisten des 19. Jahrhunderts in Deutschland. Mit den verschiedenen Modifikationen, die durch den Stand der Wissenschaft bedingt sind, sind es dieselben Denkmotive, die schon Demokrit hatte, um diese monistische Weltanschauung zu vertreten. Demokrit ist ein gutes Beispiel für die monistische Metaphysik.

Dazu kommt in neuerer Zeit noch, daß man die sogenannten psychischen Phänomene nur ihrem Träger zugeordnet hat (z. B. dem Gehirn), und diese psychischen Vorgänge (Gefühle, Gedanken, Farben, Töne) als bloße Anhängsel, gleichsam als bloße Schein-Empfindungen betrachtet, die sich *an* der Materie abspielen sollen. Damit ist aber eigentlich gar nichts gesagt, es ist nur die Beschreibung verschiedener Worte auf eine monistische Art und Weise.

Es gibt dann noch andere Formen des Monismus. Der wesentlichste Gegensatz zum Materialismus ist die Anschauung, die sich auf solche Argumente stützt, durch welche die Gegner des Materialismus diesen widerlegen wollten: Man sagte, nicht die Materie sei das einzig Wirkliche. Was wissen wir denn von der Materie – wir wissen von ihr nur durch die sinnliche Wahrnehmung. Es sind uns nur gewisse Empfindungen gegeben, sie sind das Einzige, wovon wir wirklich wissen; alles übrige ist nur konstruiert und erschlossen. Wenn man das für das Wirkliche erklärt, was man erst sekundär erfährt, kommt man gerade zum Gegenteil der vorigen Anschauung und dann hat das Psychische den Primat vor dem Physischen. Ferner wird noch ein Analogieschluß gemacht: »Wenn es bei mir so ist, wird es wohl allgemein so sein – alles in der Welt ist geistiger Natur, so wie meine Gedanken und Ideen.« Das ist das Weltbild des Idealismus (Platons Philosophie).

Vertreter eines typisch idealistischen Monismus sind Leibniz (Monadenlehre: die Monaden sind geistige Substanzen, jede Monade ein kleines Bewußtsein für sich) und Berkeley. Nach letzterem besteht die ganze Welt aus geistiger Substanz (wieder in anderem Sinne als Leibniz' Monaden). Seine Gründe sind die gleichen wie die der anderen Vertreter des idealistischen Monismus: Das Einzige, wovon man wirklich wisse, seien die eigenen psychischen Empfindungen, und die materielle Welt bestehe bloß aus Vorstellungen innerhalb der geistigen Bezirke der sie vorstellenden Wesen (z. B. der Monaden; esse est percipi). – Bei Leibniz und Berkeley findet man allerdings schon Ansätze, diesen idealistischen Monismus zu überwinden.

Eine andere Art des Monismus ist der Spinozas: Die Substanz ist weder geistiger noch körperlicher Art, man kann von ihr nicht sagen, wie sie ist, sie hat bloß verschiedene Aspekte. Diese Substanz wird mit Gott oder Natur irgendwie identifiziert. Diese echte, allein existierende Substanz hat unendlich viele Attribute, uns aber sind nur zwei zugänglich: Körper und Geist (neutraler Monismus).

Man kann nun auch sagen, daß es nicht nur eine einzige Substanz gibt, sondern zwei verschiedene: die körperliche und die geistige. Auf diese Weise entsteht dann ein Dualismus, der eigentlich erst in der neueren Zeit begründet wurde. Der typische Vertreter dieser Auffassung ist Descartes. Er bringt den Gegensatz von Schein und Wirklichkeit wieder in anderer Weise zum Ausdruck. Descartes sagt, daß alles Wirklichkeit sei, aber es gäbe eben zwei verschiedene Arten von Wirklichkeit, zwei verschiedene Substanzen, körperliche einerseits und geistige oder psychische andrerseits. Diese beiden Wirklichkeiten stehen gleichberechtigt nebeneinander. Hier tritt der Gegensatz von Schein und Wirklichkeit in einer schon geläuterten Form auf. Die Wurzeln dieser Auffassung gehen bereits auf das Altertum zurück. Wir haben in der antiken Philosophie auch gelegentlich die Gegenüberstellung des Körperlichen und Geistigen, aber damals ist der Gedanke selten so ausgesprochen worden, daß er dem neueren Dualismus, dem des Descartes, entspricht. Wir finden z. B. bei Aristoteles einen eigentümlichen Dualismus von Stoff und Form, der ganz anders ist als der von Körper und Seele, obwohl der Stoff dort auch als Körper bezeichnet wird. Bei Descartes können die beiden Welten, körperliche und seelische, gar nicht scharf genug voneinander getrennt werden. Diese Auffassung hat in der Gegenwart unter den Psychologen noch manchen Vertreter (das Seelische steht dem Körperlichen ganz getrennt gegenüber, zwischen beiden besteht eine Beziehung). Eine Zeitlang hat in der Geschichte der Metaphysik der Dualismus als überwunden gegolten, aber in der ganz neuen Zeit findet man in der Philosophie wieder solche Dualismen.

Es hat nicht an Versuchen gefehlt (die meist von den Schülern der großen Denker ausgehen), die beiden nebeneinander stehenden Substanzen wieder zu einer höheren Synthese (wie man das nennt) zu vereinigen. So entsteht wieder ein neuer Monismus, wie sich z. B. aus dem Descartes'schen Dualismus der spinozistische Monismus entwickelt hat. Der Kunstgriff ist einfach – es wird wieder der Unterschied zwischen Schein und Wirklichkeit eingeführt, eine »echte« Substanz und die Erscheinungen dieser Substanz. Das ist scheinbar eine tiefer gehende Art der Metaphysik, die als Substanz etwas ganz der Anschauung Entschwindendes annimmt; es ist aber eigentlich nur ein sprachlicher Kunstgriff. Das soll nichts Herabsetzendes bedeuten, denn sprachliche und formale Kunstgriffe spielen in der Philosophie wirklich eine große Rolle; das spinozistische System erfreut sich außerdem großer Geschlossenheit und poetischer Harmonie. Wenn man Metaphysik überhaupt gelten lassen wollte, so wäre die dualistische Auffassung noch am ehesten zu verteidigen.

Die spiritualistische Metaphysik ist diejenige Form des metaphysischen Denkens, die jetzt noch am verbreitetsten ist; wo es heute noch Metaphysik gibt, hat sie vorzugsweise einen spiritualistischen Charakter. Außer den monistischen und dualistischen Systemen kennt die Metaphysik noch den Pluralismus, der dem wahren Sein mehrere Substanzen zugrunde legt. Unter den modernen Pluralisten ist der berühmteste der amerikanische Philosoph William James.

So gehen die Auffassungen der Metaphysik immer hin und her zwischen Monismus, Dualismus, Pluralismus. In diesem kurzen Überblick konnte diesen metaphysischen Gedanken nicht Gerechtigkeit erwiesen werden. Wir werden später darauf zurückkommen und dann im einzelnen die Argumente kennenlernen, welche für die verschiedenen Standpunkte geltend gemacht werden, sie von einem höheren Standpunkte aus einer Kritik unterziehen, was uns dann zu einer positiven Ansicht über diese Dinge führen wird.

Es soll hier ein Kapitel übersprungen werden: nämlich welche Rolle der Wertbegriff bei diesen Gedankenbildungen spielt; vom Wertbegriff wird später, bei den positiv-systematischen Ausführungen gesprochen werden. Hier sei nur erwähnt, daß es in der Geschichte der Philosophie deutlich erkennbar ist, daß die Entwicklung der verschiedenen philosophischen Systeme sehr oft auf gefühlsmäßigen Grundlagen ruht; das geht schon aus dem Gegensatz von Schein und Wirklichkeit hervor. Der Philosoph und Mensch ist mit der Welt unzufrieden; so entsteht der Wunsch, sie anders zu sehen. Diesen Wunsch zu erfüllen, fehlen die Kräfte, und so nimmt der Philosoph neben der unerfreulichen Welt eine zweite, bessere Welt an. Oft ist dieser Gedanke direkt ausgesprochen, in anderen Fällen steht dieser Gedanke im Hintergrund, ohne daß sich der Denker dessen selbst bewußt ist. Doch spielt dieser Gedanke eine große Rolle. Daher soll über diese Wertbeurteilung der Welt später noch ausführlich gesprochen werden.

4. Richtungen der Erkenntnistheorie

Schon die Skizze des Bildes der Metaphysik hat uns gezeigt, daß eine große Buntheit der Anschauungen herrscht, daß viele Meinungen gegeneinander stehen und man keine Einigung finden kann. Es ist ein fortwährendes Hin- und Herschwanken zu verzeichnen, das Bild verändert sich nach Jahrzehnten oder Jahrhunderten; alte Bilder leben wieder auf, es gibt keine endgültigen Entscheidungen, so wie in der Wissenschaft von endgültigen Entscheidungen gesprochen werden kann. Es gibt da z. B. keine Alchimisten mehr, kein Ptolomäisches System, sondern nur das Keplersche etc. In der Geschichte der Metaphysik ist kein solcher Fortschritt zu verzeichnen wie in der Geschichte der Wissenschaften; und so fragt man nicht erst heute, man fragte schon im Altertum, ob es dem Menschen mit seinen Mitteln überhaupt möglich sei, solche Fragen zu beantworten?

Es gab welche, die diese Möglichkeit verneinten, und das waren die Skeptiker, die in der platonischen Schule ihre einflußreichen Untersuchungen anstellten. Die Skeptiker verhielten sich kritisch gegenüber den Behauptungen der Philosophie; sie zweifelten daran, daß das, was von den Metaphysikern behauptet wurde, auf sicheren Grundlagen ruhe, und manche Skeptiker haben eine sehr extreme Stellung eingenommen, ohne daß trotzdem die Skepsis in der Geschichte der Philosophie überhand genommen hätte.

In der neueren Zeit entstand eine gemäßigte Skepsis, die wir mit dem Namen John Locke verknüpfen müssen. Er hat ein ganz modern formuliertes Problem ausgesprochen, nämlich die Frage: Wie ist das menschliche Erkenntnisvermögen beschaffen, und was kann es leisten? In seinem *An essay on human understanding* erzählt er, daß ihm bei philosophischen Diskussionen der Gedanke gekommen sei, daß dabei anders zu beginnen wäre, nämlich mit obiger Frage, daß man also das Erkenntnisvermögen nicht erst auf die Probleme selbst richten müsse, sondern erst zusehen, welche Mittel dem Menschen überhaupt zu Gebote stehen, um Fragen zu beantworten. Locke hat jedenfalls das historische Verdienst, die Frage in dieser Form zuerst gestellt zu haben. Daß er später bei dieser Fragestellung nicht ausharren konnte, zu früh auf dogmatische Bahnen gekommen ist, liegt an

der großen Schwierigkeit, die Fragestellung einer neuen Denklage gleich festzuhalten.
Bei allen philosophischen Fragestellungen, die wir bisher behandelt haben, liegen schon gewisse erkenntnistheoretische Fragen zugrunde, z. B. die Frage, woher der Irrtum stamme. Manche sagten, es sei der Verstand, der Täuschungen zufüge; manche wieder meinen, daß es an der Unvollkommenheit des Materials selbst liege, daß also die Sinne uns täuschen.
Diejenigen, die glaubten, daß alle erkenntnistheoretische Einsicht aus der Vernunft stamme, waren die Rationalisten. Die anderen hingegen, die sich an die Sinneswahrnehmung als an den letzten Grund aller Erkenntnis halten, also mehr der Erfahrung vertrauen, sind die Empiristen. Sie meinen, daß man die Irrtümer, die aus der Wahrnehmung entstehen, durch neue Wahrnehmungen korrigieren müsse. Dies sind die beiden Hauptrichtungen, durch die wir die erkenntnistheoretischen Bemühungen der neueren Zeit charakterisieren können. Immer stehen sich diese beiden gegenüber, auch dann, wenn verschiedene Verschmelzungsformen entstehen. Dabei glaubt man zu wissen, was das heißt, daß alle menschliche Erkenntnis aus der »Vernunft« oder aus der »Erfahrung« stamme, aber man ist sich doch nicht klar darüber. Man bezeichnet Vernunft und Erfahrung als »menschliches Vermögen«, doch das ist ein Terminus, der keine präzise umrissene Bedeutung hat.
Die Erkenntnistheorie, die J. Locke entwickelt hat, ist dem Prinzip nach empiristisch, denn er ist der Meinung, daß alle Erkenntnis der Wirklichkeit auf die Erfahrung, die Wahrnehmung, zurückgeht; und zwar unterscheidet er äußere Erfahrung (Sinneswahrnehmung) und innere Erfahrung. Letztere liegt dort vor, wo wir die Aufmerksamkeit auf Vorgänge im eigenen Bewußtsein richten, auf Fühlen, Erinnern, Denken, Schließen. Aus diesen beiden Quellen stammt für Locke alle Erkenntnis, und es ist charakteristisch, daß er die Verteidigung dieser These so führt, daß er die entgegengesetzte Meinung widerlegt. Darum trägt der erste Teil seines großen Werkes den Titel: »Widerlegung der Lehre von den angeborenen Ideen«.
Es wurde immer behauptet, daß es nur zwei Arten von Wissen gibt: das durch Erfahrung gewonnene und das Wissen, in dessen Besitz wir immer waren, also das »angeborene«. Später wurde diese Fragestellung als etwas naiv erkannt, aber viele Philosophen

haben behauptet, daß es gewisse »angeborene« Wahrheiten gebe. (Die mathematischen Wahrheiten sind ein Beispiel, auf das schon Platon hingewiesen hat. Sie seien wohl durch Erfahrung gewonnen, aber durch Erfahrung, die schon im Reiche der Ideen erworben wurde. Dies schließt Platon daraus, daß wir die mathematischen Wahrheiten finden können, ohne daß uns jemand dazu verhilft. Dagegen ist zu bemerken, daß man z. B. durch eigene Überlegung sieht, daß die Winkelsumme eines Dreiecks gleich zwei Rechten sein muß. Daß dieser Satz allgemein für jedes Dreieck gilt, kann man nur wissen, wenn die Geltung dieses Satzes nicht von der Erfahrung abhängt; sonst müßte man alle Dreiecke in Gegenwart und Zukunft untersucht haben.)
Locke also sagte, daß es offenbar sei, daß es keine angeborenen Wahrheiten gebe. Er geht alle Gebiete durch, auf denen wir im Besitze solcher angeborenen Wahrheiten zu sein glauben: die mathematischen Sätze, die das Kind noch nicht kennt, die religiösen Sätze über Gott, die moralischen Sätze. Die Einwände gegen das Angeborensein von Wahrheiten zeigen, daß alles, was wir wissen, aus der Erfahrung stammt. Die Rationalisten aber lassen sich dadurch nicht beirren und sagen: wenn wir auch nicht verstehen können, wie diese Wahrheiten angeboren sind, ist es doch Tatsache, daß wir im Besitze von Kenntnissen sind, die den Charakter der Allgemeingültigkeit und Notwendigkeit tragen, was darauf hinweist, daß sie nicht aus der Erfahrung stammen. Denn daß eine Erkenntnis aus der Erfahrung stammt, heißt, daß man es irgendwo abgelesen hat, daß es sich so verhält. Hieraus hat der Rationalismus die Kraft seiner Argumente gezogen.
Bei diesen Versuchen, eine Theorie des Erkennens zu geben, wurde eine endgültige Klarheit der Standpunkte durch eine Analyse der großen Denker nicht erzielt. Es scheint nun wieder, als ob es eine Theorie der Erkenntnistheorie geben müßte, daß die Frage innerhalb der Erkenntnistheorie neuerlich gestellt werden müßte, wie der Mensch dazu kommt, innerhalb seines eigenen Erkenntnisvermögens etwas festzustellen. Das wurde von Metaphysikern benützt, um wieder zu ihrem Standpunkt zurückzukehren. Hegel z. B. meinte, daß das Bemühen, zu einer Erkenntnistheorie zu gelangen, dem Bemühen eines Menschen vergleichbar sei, der schwimmen wolle, ohne ins Wasser zu gehen, d. h., daß man sich nicht außerhalb seiner eigenen Erkenntnis stellen könne, um sie von außerhalb her zu prüfen. Auf Grund dieser

seiner Einwände gegen die Erkenntnistheorie glaubte sich Hegel berechtigt, wieder die Frage nach dem wahren Wesen des Seins zu stellen. Dieser Schluß Hegels ist aber ein falscher, denn wenn man den Gedanken betreffs Möglichkeit, bzw. Unmöglichkeit, Erkenntnis zu gewinnen, rein weiter verfolgt, kann man nur zu einer skeptischen Einstellung gelangen, die aber auch unerwünscht ist, weil sie den Zweifel auf die Spitze treibt.

Daß die Lage hier wiederum sehr verworren ist, kann man aus den Argumenten ersehen, welche der Rationalismus und der Empirismus jeder für sich geltend machen. Es scheint die empiristische Haltung zunächst die natürlichere zu sein, da es klarer dünkt, daß man nur von einem Gegenstande Aussagen machen kann, wenn man ihn kennt, mit ihm in Berührung getreten ist. Das In-Berührung-Treten mit der Welt kann man die Erfahrung nennen. Wie kann man einen Gegenstand erkennen wollen, von dem man gar nichts weiß? Der Glaube, daß man von einem Gegenstande wissen könne, den man in keiner Weise irgendwie erfassen kann, scheint absurd. Es muß ein realer Zusammenhang bestehen zwischen dem zu Erkennenden und dem, der diese Erkenntnis gewinnen will, damit eine Aussage zustande kommen kann. Dies ist die Grundhaltung des Empirismus, die uns ganz richtig erscheint. Man kann diese Stellung nun auch einnehmen in bezug auf alles Zukünftige: Mit der Zukunft ist man ja noch nicht in Berührung getreten, und dennoch sagt man täglich und stündlich, auch in exakter Weise, über die Zukunft aus (z. B. in der Astronomie). Im täglichen Leben ist der bestimmte Glaube an die zukünftigen Ereignisse und seine Bewahrheitung auch sehr nötig. Eigentlich sind Aussagen über die Zukunft keine Erkenntnisse, sondern Annahmen, Hypothesen. Solche Aussagen über die Zukunft machen nicht den Anspruch, absolut sicher zu sein. Der Rationalismus aber macht diesen Anspruch, und er kann auch auf solche Aussagen hinweisen, so z. B. darauf, daß, wenn ich morgen eine Rechnung ausführen werde, $2 \times 2 = 4$ sein wird.

Manche gehen noch viel weiter und glauben noch viel mehr über die Welt aussagen zu können. Z. B. ist ein berühmtes Paradigma, daß, was immer auch geschehen möge, sich alle Ereignisse immer nach dem Gesetze von Ursache und Wirkung abspielen werden. Dies ist das Kausalitätsprinzip, und daß es Geltung hat, ist – mit Ausnahme von einigen Empiristen – der Standpunkt der meisten Philosophen der neueren Zeit und wird von Kant eifrig verfochten. Man kann sich schwer entschließen zuzugeben, daß auch Aussagen wie »2 × 2 = 4« oder solche über Ursache und Wirkung nur Hypothesen sind. Es spielen also vor allem die sogenannten Wahrheiten der Mathematik und Logik hier eine Rolle. Wir sind von ihnen zunächst recht geneigt zu glauben, daß es ganz unmöglich sei, sie als bloße Hypothesen aufzufassen, die vielleicht nicht wahr sind. Und der Empirismus, der versucht, z. B. auch die mathematischen Sätze auf den Satz des Widerspruchs zurückzuführen, gerät dabei in Schwierigkeiten. Bei dem Streit zwischen Rationalismus und Empirismus handelt es sich vor allem um diese sogenannten »Vernunftwahrheiten« (Leibniz' *vérités de raison* oder *vérités éternelles*).

Es kann auch von den schärfsten Rationalisten nicht geleugnet werden, daß man verschiedene Erkenntnisse aus der Erfahrung nehmen muß, speziell viele Erkenntnisse im täglichen Leben. Daß draußen die Sonne scheint, kann man z. B. nie aus sich selbst heraus wissen. Daneben aber gibt es die eigentümlich problematischen Wahrheiten, die einen höheren Anspruch erheben und nicht aus der Erfahrung hervorgegangen zu sein scheinen.

Auf den ersten Blick also scheint es zwei Arten von Sätzen zu geben; diese werden je nach dem Standpunkt, dem rationalistischen oder empiristischen, gewertet. Der Rationalist nimmt sich die »ewigen« Wahrheiten, die logischen oder mathematischen, zum Vorbild und möchte die übrigen daraus verstehen. Man nennt Sätze, deren Wahrheitsgrund nicht auf der Erfahrung beruht, falls es solche gibt, *a priori*. Hingegen nennt man Sätze, die auf der Erfahrung beruhen, *a posteriori*.

Man könnte nun versucht sein zu sagen, daß der Empirist glaubt, daß alle Erkenntnisse *a posteriori* sind, der Rationalist hingegen, daß alle Erkenntnisse *a priori* sind. Aber der Rationalist glaubt das nur von den wichtigsten Sätzen, von denen, die in der Wissenschaft immer gebraucht werden und die uns im täglichen Leben auch den sichersten Grund geben, so z. B. vom Kausalsatz.

Einen berühmten Versuch, zwischen empiristischer und rationalistischer Auffassung zu vermitteln, stellt die Philosophie Kants dar. Kant glaubte, einen Standpunkt gefunden zu haben, von dem aus man sowohl der rationalistischen als auch der empiristischen These gerecht werden kann.

In diesem Zusammenhang muß noch erwähnt werden, daß es

offenbar ist, daß der Metaphysiker im allgemeinen Rationalist sein wird: Denn der, der glaubt, daß es eine Welt des echten Seins gibt, wird glauben, daß der Weg, auf dem wir zu diesem echten Sein gelangen, der Weg der Vernunft ist, denn diese scheint uns ja aus der Welt des Scheins hinauszuführen. Es ist also die Vernunft, die zur echten Erkenntnis führt. Die Geschichte der Philosophie bestätigt es; fast alle Metaphysiker sind Rationalisten gewesen. Bis zu einer gewissen Zeit gilt das sogar ausschließlich; dann kommen auch gewisse Mischformen vor. Der Empirist hingegen wird geneigt sein, die Metaphysik abzulehnen. Er steht auf dem Standpunkt, daß wir das, was wir überhaupt wissen können, aus der Erfahrung wissen. Der Metaphysiker bezeichnet aber die Erfahrung als Reich des Scheins. Wenn sich nun alle Erkenntnisse auf ein Reich des verborgenen Seins richten sollen, das prinzipiell unerkennbar ist, so verzichtet der Empirist darauf gänzlich. – Ein Rationalist, der nicht Metaphysik treiben würde, ein Empirist, der auf seinem Wege doch irgendwie noch zur Metaphysik kommt, wären beide inkonsequent. Aber in der Geschichte der Philosophie findet man, daß auch das schon vorgekommen ist.

Das Kantische System ist im Wesen eine Erkenntnistheorie. Kant leugnet wie die Empiristen die Metaphysik, wenigstens *expressis verbis*; demnach scheint er auf seiten des Empirismus zu stehen. Er ist aber nicht Empirist und auch nicht der ganz objektive Kritiker, der er zu sein glaubt, sondern Kant ist seiner Natur nach ein Rationalist und Metaphysiker, auch wenn er die Metaphysik leugnet. – Kant gibt den Grundgedanken des Empirismus zu. Er sagt: Zunächst scheint es so sein zu müssen, daß man nur dann Erkenntnis gewinnen kann, wenn einem der zu erkennende Gegenstand schon irgendwie in der Erfahrung vorgekommen ist; und der Empirismus hätte völlig recht, wenn wir nicht die merkwürdige Tatsache sehen würden, daß in den Wissenschaften, so wie sie wirklich existieren und auch allgemein anerkannt werden, dennoch gewisse Erkenntnisse vorhanden sind, gewußt werden, die unmöglich aus der Erfahrung abgelesen werden; d.h., aus der Erfahrung abgelesen zu werden, kann unmöglich der Grund ihrer Geltung sein. Besonders der Kausalsatz ist Kants Beispiel, auf das er immer wieder zurückkommt. Obzwar also Kant den empiristischen Standpunkt für natürlich hält, findet er als nicht abzuleugnende Tatsache, daß wir im Besitze von solchen allgemeinen Erkenntnissen, solchen Sätzen *a priori* sind. Daher lautet die Hauptfrage von Kant: »Wie sind Erkenntnisse *a priori* möglich?«

Kant unterscheidet außerdem zwei Arten von Sätzen: *Synthetische* Sätze sind solche, die unsere Erkenntnis erweitern, indem sie etwas aussprechen, das uns neu ist in bezug auf die übrigen gehabten Erkenntnisse. Kant drückt das so aus, daß das Prädikat dieses Satzes zu dem Subjekt etwas Neues hinzufügt, z. B.: »Jedes Ereignis hat seine Ursache«. Also: Synthetische Sätze sind wirkliche Erkenntnisse. *Analytische* Sätze sind davon verschieden, sie sind keine wirklichen Erkenntnisse, sie wiederholen nur, was wir in die Begriffe selbst hineingelegt haben, z. B.: »Ein Dreieck ist dreieckig«. Heute nennt man diese analytischen Sätze Tautologien. (Früher hat man das Wort »Tautologie« in etwas anderem Sinne verwendet.)

Erkenntnisse *a priori* kann man also auch »synthetische Sätze *a priori*« nennen. Die Frage ist nun, wie diese Sätze möglich sind, ohne daß man sie aus der Erfahrung ablesen kann. Speziell dieser letzte Punkt der Frage muß auch geklärt werden, und diesbezüglich kann man bei Kant einen Fortschritt feststellen. Denn wenn der Empirist behauptet, daß alle Erkenntnisse aus der Erfahrung entstehen, heißt das nicht nur, daß wir bloß dann Erkenntnisse gewinnen, wenn wir Erfahrungen machen. Es heißt mehr, nämlich, daß die Erkenntnis aus der Erfahrung stammt, ihre Gültigkeit aus der Erfahrung bezieht. Das soll damit zum Ausdruck gebracht werden, daß man sagt: Die Erkenntnis kann aus der Erfahrung »abgelesen« werden.

Man muß eben den Ausspruch über den »Ursprung der Erfahrung« in doppelter Weise verstehen: 1. Ursprung in genetischem Sinne, 2. Ursprung im Sinne von Geltungsgrund. – Z. B.: Ein Kind zählt an den Fingern ab, daß $2 + 3 = 5$. Wir alle müssen in dieser Weise zu den mathematischen Sätzen gelangen; daraus aber folgt nicht, daß dieser Satz eine Erfahrung ist, daß die Geltung dieses Satzes in der Erfahrung ihren Grund habe. Die Finger waren nur ein Beispiel, dienten nur als Gelegenheit, sich diese Erfahrung klar zu machen. Man bedarf ja schon der Erfahrung, um sich die Bedeutung der Worte klar zu machen; dennoch ist der Satz $2 + 3 = 5$ nicht aus der Erfahrung abgeleitet, er ruht nicht auf ihr, er ist nicht deshalb wahr, weil ich es an den Fingern abgezählt habe. Auch beim Verzählen würde sich an der Wahrheit dieses Satzes nichts ändern. Aus diesem Satze folgt also nicht,

daß die Arithmetik ihren logischen Grund in der Erfahrung habe. Hingegen ist die Aussage, daß ich an meiner Hand 5 Finger habe, eine Erfahrungserkenntnis; der Satz ist deshalb wahr, weil ich mich durch Abzählen davon überzeugt habe.
Um die Dinge zu erkennen, ein Bild von der Wirklichkeit zu entwerfen, muß man sich ja nach der Wirklichkeit richten. Es scheint sich also die Erkenntnis nach der Wirklichkeit richten zu müssen; jedenfalls muß eine Korrespondenz bestehen zwischen Wirklichkeit und Erkenntnis. In dem Bestreben, eine Versöhnung der rationalistischen und empiristischen Ansichten über den Geltungsgrund unserer Erkenntnisse herbeizuführen, kommt nun Kant zu einer paradox klingenden Meinung über die Entsprechung von Erkenntnis und Wirklichkeit, daß sich nämlich nicht das Bild nach der Wirklichkeit richten muß, sondern die Wirklichkeit nach dem Bilde. Die Vernunft schreibt also der Natur vor, wie sie sein soll. Dieser Standpunkt, der den Versuch einer Vermittlung zwischen Rationalismus und Empirismus darstellt, heißt der Kritizismus.
Kant sagt etwa folgendes: Worin besteht eigentlich Erkenntnis? Erkenntnis besteht in irgendeinem Sinne darin, daß wir uns ein Bild von der Wirklichkeit machen. Aber dieses Bild ist ein von uns gemachtes; wir sind es, die die Wirklichkeit so formen. Auch wenn wir sie genau abzubilden meinen, muß dieses Bild Züge enthalten, die nicht der Natur oder Wirklichkeit, sondern dem Schöpfer des Bildes entsprechen. Es ist so wie bei einem gemalten Bilde, das auch die Züge des Malers an sich trägt. In Weiterverfolgung dieses Gleichnisses kann man sagen: Wenn Erkenntnis darin besteht, daß wir uns ein Bild von der Wirklichkeit machen, so werden wir gewiß etwas von vornherein aussagen können, nämlich dasjenige, was man selbst bei der Herstellung dieses Bildes dazutun wird – so wie der Maler weiß, daß das noch nicht gemalte Bild mit einem Pinsel und Ölfarben auf einer Leinwand aufgetragen sein wird. Kant sagt nun: Alles, was wir von der Wirklichkeit wahrnehmen, die Natur, ist ein solches Bild von einer unbekannten Wirklichkeit. Dieses Bild wird alle unsere Eigenschaften haben, es ist durch die Eigenschaften des menschlichen Bewußtseins bedingt und trägt daher seine Züge; d. h., alle künftigen Erfahrungen, die wir mit der Natur machen werden, werden sich auf das beziehen, was aus unserer menschlichen Natur folgt.

Was ist nun das, was von uns selbst auf diese Weise in die Natur hineingebracht wird? Den Erfahrungen, die in das menschliche Bewußtsein eindringen, werden die Formen dieses menschlichen Bewußtseins aufgeprägt. So trägt das Bild der Natur nicht nur die Züge der Wirklichkeit, sondern auch Züge von uns selbst – und über das von uns selbst Mitgebrachte kann man Aussagen *a priori* machen, denn alles, was diese Prägung durch unser Bewußtsein betrifft, wird von unserer Erfahrung jedenfalls gelten; es ist eine Form, die den Erfahrungen dadurch aufgeprägt wird, daß sie meine Erfahrungen werden.

Es gibt also gewisse Aussagen über die Natur, die die Form dieser Natur betreffen, und über diese kann man Aussagen machen, ohne über den Inhalt dieser Aussagen noch etwas zu wissen. Kant sagt, daß es solche Formen gibt und geben muß, wenn wirkliche Erkenntnisse darin bestehen, daß irgendein Stoff aufgenommen und durch unser Bewußtsein geformt wird: Es sind vor allem die Formen unserer Anschauung, Raum und Zeit, denn alles, was wir erleben, erleben wir in Raum und Zeit.

Kant zieht den Schluß umgekehrt, indem er sagt: Weil es zweifellos ist, daß wir über die räumlichen Verhältnisse in der Geometrie *a priori* Erkenntnisse besitzen, kann der Raum gar nicht anders sein als diesen Erkenntnissen entsprechend. Diese Formen stammen also aus unserem Bewußtsein; daher ist der Raum (ebenso die Zeit) eine Form unserer Anschauung. Ferner werden noch von Kant die Formen unseres Denkens abgeleitet oder die Formen unseres Verstandes, die sogenannten Kategorien.

Auf diese Weise scheint die Frage, wie es möglich sei, *a priori* über die Natur Aussagen zu machen, beantwortet zu sein, und zwar dahin, daß unter meinen Aussagen über die Natur auch solche sind, die gar nicht den Stoff betreffen, sondern nur die Form: Raum, Zeit, Kausalität und die übrigen Formen. – Wir erst tragen diese Formen in die Natur hinein, die jenseits unseres Bewußtseins gar nicht existieren. Alles, das die Formen unserer Anschauung und unseres Verstandes nicht an sich trägt, ist unerklärbar, unerkennbar, »Ding-an-sich«. Alle Sätze, die sich auf den Inhalt unserer Erfahrung beziehen, sind *a posteriori.*

Sätze wie die Aussage, daß jedes Ereignis seine Ursache hat u. ä., sind ganz allgemeine Sätze; sie gelten nur von dem Bilde, das wir uns von der Wirklichkeit gemacht haben, also von der ganzen Natur, und diese ist bloß Erscheinung, weil ein durch mein

Bewußtsein geformtes Bild. Die Formen dieser Erscheinungen sind *a priori.* Wir wissen z. B., daß alle Erscheinungen sich in Raum und Zeit abspielen werden und dann gewisse Regeln von ihnen gelten, wie sie in der Geometrie und den reinen Naturwissenschaften niedergelegt sind.

Diese ganze Theorie ruht auf dem Gegensatz zwischen echter Wirklichkeit und Erscheinung. Die echte Wirklichkeit bezieht sich auf das »Ding-an-sich«; von ihr wissen wir nach Kant überhaupt nichts. Das Metaphysische existiert zwar, aber wir wissen davon nichts, unser Wissen bezieht sich nur auf Erscheinungen.

So hat Kant die früher getrennt gewesenen verschiedenen Tendenzen zu einer Gesamtansicht vereinigt. Den Metaphysikern gibt Kant insofern recht, als er das »Ding-an-sich« existent denkt und auch erkennbar für andere, vollkommenere Wesen als der Mensch. Wir können nichts erkennen, ohne daß wir ihm die Formen unserer Anschauung oder unseres Verstandes aufprägen, weil wir in unser Bewußtsein eingeschlossen sind. – In der Erkenntnis der Erscheinungswelt gibt Kant den Rationalisten ein weiteres Recht, indem er die Existenz synthetischer Urteile *a priori* zugibt, jedoch nur solcher, die sich auf die Formen beziehen. Dem Empirismus gibt Kant recht in bezug auf den Inhalt, den Stoff der Erscheinungen. (Was ich wahrnehmen werde, weiß ich nicht; ich weiß nur, daß die Formen meines Bewußtseins davon gelten werden.) Es ist also ein Versuch, die apriorische Erkenntnis zu begründen, an deren Wirklichkeit Kant niemals gezweifelt hat. »Formen der Erfahrung«, »synthetische Sätze *a priori*«, »analytische Sätze« etc. spielen in Kants Lehre also eine Rolle. Wir nehmen diese Ansicht *ad notam*, samt allen ihren Termini, die ziemlich feste Bedeutung haben, nicht weil sie richtig wäre, sondern weil wir später gut damit weiter arbeiten können und Verschiedenes anders ausdrücken werden.

Anhand der Kantischen Formulierung können wir nun schon besser ausdrücken, was wir unter einer rationalistischen Auffassung bzw. empiristischen verstehen wollen: *Rationalist* ist jeder, der glaubt, daß es Erkenntnisse oder synthetische Urteile *a priori* gibt; *Empirist* jeder, der das nicht glaubt, sondern annimmt, daß alle Erkenntnisse *a posteriori* sind, also aus der Erfahrung stammen.

Die verschiedenen erkenntnistheoretischen Gedankengebäude,

die auf Kant gefolgt sind, bestehen dann mehr oder weniger darin, daß sie entweder mehr zum Rationalismus zurückkehren (wie Hegel) oder mehr zum Empirismus zurückgehen. Es handelt sich um reines Epigonenwerk, das an Kants Gedanken ändern oder bessern will. Wir übergehen das hier um so mehr, als wir später das ganze Gebäude werden ablehnen müssen. – In der Gegenwart hat der Einfluß der Kantischen Lehre wieder nachgelassen. Man kann sagen, daß gegenwärtig eine rationalistische Richtung etwas stärker wird. Es gibt aber auch noch empiristische Richtungen, die mit gewisser innerer Kraft ausgebildet sind, die weitere Kreise ziehen.

5. Das System der Wissenschaften

Unsere Absicht war, zu so etwas zu gelangen, was man früher ein System der Philosophie nannte, eine Zusammenfassung von allem, was man in der Philosophie erreichen kann, zu einem geschlossenen Ganzen. Eine solche Aufgabe zu lösen, kann man aber nur von einem System der Wissenschaften verlangen; die Philosophie hat anderes zu leisten. Es gibt ein System der Wissenschaften, es ist ein System von Tatsachen, von verschiedenen Erkenntnissen, die ein zusammenhängendes Ganzes bilden. Ob es ein System der Philosophie gibt, ist fraglich.

Wir wollen nun das System der menschlichen Erkenntnis, des menschlichen Wissens betrachten. Die Wissenschaft hebt im selben Augenblick an, in dem der Mensch eine Wahrheit um ihrer selbst willen sucht; und das ist zugleich auch die Geburtsstunde der Philosophie.

Die Aufgabe der Wissenschaft ist ganz allgemein, Erkenntnisse zu gewinnen; und alles, was dazu gehört, wird auch zur Wissenschaft gehören. Der Bereich der Erkenntnisse umfaßt also Wissenschaft und tägliches Leben gleicherweise.

In der Kantischen Lehre ist die Aufgabe der Wissenschaften beschränkt, es werden da gewisse Grenzen gezogen. Kant sagt ausdrücklich, daß die Wissenschaften es nur mit den Erscheinungen zu tun hätten, darüber hinaus sei Erkenntnis unmöglich; und das gleiche findet bei allen philosophischen Systemen statt, die zwischen Schein oder Erscheinung und Wirklichkeit unterscheiden.

Bei manchen Denkern macht nun die Philosophie darauf Anspruch, noch weiter zu gehen als die Wissenschaften, und Erkenntnisse zu gewinnen, die der Wissenschaft versagt sind; nach Meinung mancher Philosophen gibt es noch etwas anderes, das jenseits oder oberhalb der Wissenschaften zu suchen sei und dessen Erkenntnis Aufgabe der Philosophie ist. Also gibt es wissenschaftliche Erkenntnisse und darüber hinaus noch philosophische Erkenntnisse. Das ist die Auffassung der meisten Systeme der Philosophie.

Um uns nun ein Urteil darüber bilden zu können, ob die Philosophie das tatsächlich leisten kann, wollen wir das System der

Wissenschaften betrachten, sehen, was sie leisten, wie weit sie reichen und ob jenseits noch etwas zu denken ist, was nur einer philosophischen Erkenntnis zugänglich wäre.

In dem Prinzip der Wissenschaften – alles zu erkennen, was uns nur irgendwie unterkommt – ist keine Beschränkung ausgesprochen; die Wissenschaft zielt hin auf Erkenntnis alles Wirklichen. Die Wissenschaft selbst, vom Standpunkt des Forschers aus gesehen, denkt nicht daran, sich irgendwelche Grenzen zu setzen. Irgendwelche Grenzen zu stecken entspräche nur einer Zwangslage für den Forscher, wenn dieser sich sagen müßte, daß er an einem gewissen Punkte nicht mehr weiter wisse, so sehr er es auch wünsche. Aber es liegt nicht in der Tendenz der Wissenschaften, ihr Streben aufzugeben und etwa das Weitere der Philosophie zu überlassen, solange es noch irgend möglich ist fortzufahren.

Innere Grenzen kennt die Wissenschaft also nicht. Um zu sehen, ob der Wissenschaft vielleicht äußere Grenzen gesetzt sind, fragen wir nun, wie die Wissenschaften überhaupt fortschreiten. Da eine Wissenschaft ein System von Erkenntnissen darstellt, legen wir vorläufig fest, was diese Erkenntnisse sind: Eine wissenschaftliche Erkenntnis besteht darin, daß man irgendeine besondere Aussage, z. B. einen Erfahrungssatz, über die Wirklichkeit als Spezialfall einer allgemeinen Aussage auffaßt. Oder anders formuliert: Erkenntnis besteht darin, daß man das Besondere auf das Allgemeine zurückführt. Das Wesen der Erkenntnis besteht also darin, Zusammenhänge zwischen verschiedenen Wahrheiten zu finden. Die Zusammensetzung der Kreide wird so z. B. mit Hilfe allgemeiner Namen erklärt, welche die chemischen Elemente bezeichnen. Es ist nun mit Hilfe der neueren Physik möglich, diese Aussagen als Aussagen allgemeiner Natur zu betrachten, indem man imstande ist, die Eigenschaften der einzelnen Elemente auf die Eigenschaften der elektrischen Elementarbestandteile der Materie zurückzuführen. In speziellen Fällen können wir also die Zusammensetzung eines Stoffes (Kreide) als Verbindung von Stoffen beschreiben, die auch sonst vorkommen. Diese einzelnen Elemente werden als besondere Kombination der Grundbestandteile der Materie verstanden.

So ist der Prozeß, der bei jeder Erkenntnis stattfindet: Einzelne, verschiedene Fälle werden zusammengefaßt und gedanklich aus einer allgemeinen Wahrheit abgeleitet, die für sie alle gilt. Obiges

Beispiel gilt für jeden Erkenntnisprozeß, wie er sich in der neueren Wissenschaft abspielt; es zeigt, wie die Fragen auf immer allgemeinere zurückgeführt und vereinheitlicht werden, so daß die einzelnen Wissenschaften auf diese Weise verschmelzen. Die Frage, wie die einzelnen chemischen Elemente untereinander und allgemein zu reduzieren sind, versetzt uns mitten in die Physik. Wir haben so die chemischen Verhältnisse aus physikalischen Gesetzen verstanden. Was die Physik über die Reduktion der chemischen Elemente, über die Elektronen aussagt, gilt für jeden Stoff (auch für die Kreide), es endet alles als physikalische Erkenntnis. Alle chemischen Fragestellungen sind heute in physikalische aufzulösen; die Chemie ist ein Teil der Physik dadurch, daß man gelernt hat, bestimmte Fragestellungen so zu verallgemeinern, daß man auf allgemeine Fragen gekommen ist. Die sogenannten chemischen Kräfte werden auf allgemeine physikalische Kräfte zurückgeführt; prinzipiell hat die Chemie ihr eigenes Reich verloren. So baut sich eben das System der Wissenschaften dadurch auf, daß irgendwelche speziellen Aussagen durch weitergehende Erkenntnis auf allgemeine Aussagen zurückgeführt werden. Diese allgemeinen Aussagen gehören einer höheren Wissenschaft an. So standen vor einer Reihe von Jahren noch einzelne Gebiete der Physik (Optik, Akustik, Mechanik, Elektrizitätslehre, Wärmelehre) wenig verbunden nebeneinander. Diese Einteilung der Physik fand statt nach den menschlichen Sinneseindrücken, die eine prinzipielle Scheidewand zwischen diesen Gebieten aufzustellen nahelegten – Scheidewände, die heute in keiner Weise mehr bestehen. Die Unterschiede, die heute noch bestehen, sind diejenigen zwischen den mechanischen und den elektrodynamischen Gesetzmäßigkeiten, und diese greifen ineinander über. Die Hauptaufgabe der Physik ist es, sie in höherer Synthese zu vereinigen.

Die Einzelwissenschaften hängen dadurch zusammen, daß ihre Sätze aufeinander zurückgeführt werden können. Die einen haben mehr allgemeinen, die anderen mehr speziellen Charakter. Die Spezialwissenschaften sind die, welche im Prinzip nicht von irgendwelchen ganz allgemeinen Gesetzmäßigkeiten handeln, sondern von lauter konkreten, individuellen Gegenständen, so z. B. Geographie oder rein beschreibende Astronomie, die die Verteilung der Himmelskörper im Weltraum beschreibt, ohne nach irgendwelchen Gesetzmäßigkeiten zu forschen. Diese Forschungsergebnisse können dann wieder auf allgemeine Gesetzmäßigkeiten zurückgeführt werden. So ist es auch mit den Teilen der Physik oder der Beziehung der Chemie zur Physik, und ähnliches findet sich zwischen allen Wissenschaften. (Z. B. kann man die Gesetze der Meteorologie erst verstehen, wenn man sie restlos auf physikalische zurückgeführt hat.) So kommen wir zu einer Hierarchie der Wissenschaften: Grundständig sind diejenigen Wissenschaften, die sich mit konkreten Dingen beschäftigen; je höher wir aufsteigen, zu um so allgemeineren Wissenschaften kommen wir, die man dann als die naturumfassenden bezeichnen kann. – Bei manchen Skeptikern wird es als beliebte Aufgabe betrachtet, eine Aufzählung der Wissenschaften vorzunehmen. Rampert z. B. hat 128 verschiedene Wissenschaften nebeneinander gestellt. Auch heute findet sich bei vielen, nicht philosophisch eingestellten Gelehrten das Bestreben, möglichst viele neue Wissenschaften zu finden, d. h., Spezialgebiete aus einer Disziplin herauszuholen. Man darf aber nicht glauben, daß damit ein neues Gebiet entdeckt wäre.

Über die gegenseitigen Beziehungen der Wissenschaften zueinander herrscht im allgemeinen folgende Auffassung: Man unterscheidet zwischen Wissenschaften, die sich mit der Wirklichkeit beschäftigen, und solchen, bei denen dies nicht der Fall zu sein scheint, also zwischen Real- und Idealwissenschaften. Zu den letzteren gehört die Mathematik, die es mit konstruktiven Gebilden zu tun hat, und die Logik. (In welchem Sinne Mathematik und Logik Wissenschaften sind, indem sie ein System von wahren Sätzen enthalten, wird später zu behandeln sein.) Die Idealwissenschaften handeln von bloß erdachten Gegenständen des menschlichen Geistes. Die Realwissenschaften werden eingeteilt in Naturwissenschaften und Geisteswissenschaften; die letzteren sollten nach Windelband-Rickert besser »Kulturwissenschaften« heißen. Die Geisteswissenschaften handeln von Erzeugnissen des menschlichen Geistes (Geschichte, Musikgeschichte, Literatur, Juristerei etc.); das Wissenschaftliche in allen diesen Disziplinen kommt auf historische Betrachtung hinaus. Auch die Soziologie würde zu den Geisteswissenschaften gehören.

Über das Verhältnis der Beziehungen der Kultur- und Naturwissenschaften zueinander bestehen viele Untersuchungen; diese tragen einen rein formalen Charakter. Die Frage, ob wir berechtigt sind, da eine prinzipielle Scheidewand zu ziehen, hat nur in einer Beziehung Wichtigkeit, insofern nämlich, als wir fragen müssen, ob eine weitere Zusammenfassung, Vereinheitlichung von Geistes- und Naturwissenschaften möglich ist oder nicht. Die am meisten typische Geisteswissenschaft ist die Geschichte. Wir finden, daß die Gegenstände, von denen sie handelt, nicht in absolutem Gegensatze stehen zu den Gegenständen der Naturwissenschaften. Es handelt sich in der Geschichte um Vorgänge, die sich innerhalb der Menschheit auf der Erdoberfläche abgespielt haben. Alles, was direkt feststellbar ist, wie ein Gegeneinanderwirken von Völkern, sind zweifellos körperliche Vorgänge, die man auch unter dem Gesichtspunkt physikalischer Vorgänge betrachten könnte. Eine vollkommene Scheidung ist also nicht zu beobachten. In der Geschichte kommt es allerdings nicht auf die körperlichen Vorgänge an, sondern auf die seelischen und geistigen Vorgänge, die dahinter stehen. Die geistigen und seelischen Vorgänge aber werden von der Psychologie behandelt, denn diese erforscht die seelischen und geistigen, also psychischen Gesetzmäßigkeiten, so daß die Kulturwissenschaften insofern eine Mischung sind, als sie von Dingen handeln, die in das Gebiet der Physik und der Psychologie fallen. Wir können also das Verhältnis der Kultur- (oder Geistes-)Wissenschaften zu den Naturwissenschaften reduzieren auf das Verhältnis der Psychologie zur Physik. Also bleiben neben den Idealwissenschaften noch die Naturwissenschaften und die Psychologie übrig. Diese hat eine eigene Stellung. Manche Psychologen meinen, sie als Naturwissenschaft bezeichnen zu sollen; andere wieder meinen, die Psychologie hätte es mit wesentlicheren Dingen zu tun als die Naturwissenschaften. Jedenfalls ist das Verhältnis der Psychologie zu den übrigen Wissenschaften unklar. Die Naturwissenschaften pflegen in die organischen (Biologie) und anorganischen Naturwissenschaften geteilt zu werden. Letztere lassen sich alle auf eine einzige reduzieren, auf die Physik. Die astronomischen Gesetze z. B. sind spezielle Anwendungen physikalischer Gesetze dadurch, daß die einzelnen Aussagen über die Wirklichkeit durch die fortschreitende Erkenntnis zu immer höheren, allgemeineren Gebieten vereinigt werden. Übrig geblieben als noch nicht aufeinander reduziert sind die Idealwissenschaften (Mathematik und Logik), Physik, Biologie und Psychologie. Die verschiedenen Fragen, die in der Wissenschaft überhaupt auftauchen können, lassen sich in diese Gebiete einordnen. Es bleibt noch die Frage

offen, ob diese Gebiete völlig getrennt nebeneinander stehen oder eine Vereinigung zu einem höheren Ganzen möglich ist. Man kann nicht sagen, daß Biologie und Physik völlig unverbunden nebeneinanderstehen, denn die Biologie handelt von lebenden Wesen, diese bestehen aus Körpern, diese wieder unterstehen den Gesetzen der Physik; aber es ist die Frage, ob die Gesetze, welchen die Vorgänge an den Organen gehorchen, dieselben sind wie die physikalischen oder nicht. Es ist das eine eigenartige Problematik: Läßt sich die Biologie auf die Physik zurückführen oder nicht? Es herrschen da die zwei entgegengesetzten Ansichten: erstens, daß die biologischen Vorgänge gegenüber den physikalischen autonom sind; zweitens, daß die biologischen Gesetze nichts anderes als die physikalischen Gesetze sind. Wir können noch kein Urteil abgeben, ob sich Biologie und Physik werden aufeinander reduzieren lassen. Durch bloße Betrachtung der beiden konträren Meinungen kann diese Frage nicht entschieden werden. Das Verhältnis ist noch problematisch.
Ähnlich steht es mit dem Verhältnis der Psychologie zur Physik: Die Frage, ob diese beiden aufeinander reduzierbar sind, ob also die psychischen Gesetzmäßigkeiten als spezielle Fälle der physikalischen Gesetzmäßigkeiten aufgefaßt werden können oder umgekehrt, bildet das sogenannte psycho-physische Problem oder Leib-Seele-Problem.
Es ist bisher noch kein Urteil gefällt, wie sich diese Wissenschaften zusammenschließen können und ob dies überhaupt der Fall sein kann. An diesen einzelnen Stellen bestehen in der Hierarchie der Wissenschaften noch Scheidewände, die mehr oder weniger undurchdringlich erscheinen, jedenfalls noch nicht durchdrungen sind. Durch den Fortschritt der Erkenntnis schließen sich die Wissenschaften von selbst zusammen; die konkreteren gehen allmählich in den abstrakten auf und die menschliche Erkenntnis wird zu einem einheitlichen, abgerundeten Ganzen, das selbst die Züge des Systems an sich trägt. Dies steht scheinbar im Gegensatz zu der Klage, daß in der Gegenwart die Spezialisierung der Wissenschaften immer weiter fortschreitet, sich immer mehr Einzelwissenschaften von einer größeren Gruppe absondern, eine immer größere Zersplitterung stattfindet. Es liegt aber kein tatsächlicher Widerspruch vor; dieser Anschein entsteht bloß dadurch, daß in diesen beiden Behauptungen unter »Wissenschaft« etwas anderes verstanden wird. Denkt man bei dem Worte »Wis-

senschaft« an die verschiedenen Verfahrensweisen, die man vornehmen muß, um zu Erkenntnissen zu gelangen, an die Mittel, die dazu gebraucht werden müssen, denkt man an alles Äußerliche, was zum Betriebe einer Wissenschaft gehört, dann spricht man mit Recht von immer größerer Zersplitterung, die notwendig einsetzen muß, damit die Aufgabe erfüllt werden kann, die die Wissenschaft sich stellt. Versteht man aber unter »Wissenschaft« anderes, als was im chemischen oder physikalischen Laboratorium, in anderen Instituten stattfindet, nämlich das System der Sätze, der Wahrheiten, der Erkenntnisse, dann findet man keinen Widerspruch darin zu behaupten, daß der Betrieb der Wissenschaften sich immer mehr zersplittert, das System der Sätze aber sich dadurch immer mehr vereinheitlicht und zu einem zusammenhängenden Ganzen wird. Man muß also zu unterscheiden wissen zwischen äußeren Verfahrensweisen und dem System von wahren Sätzen.
Auf diesem Wege haben sich die Wissenschaften schon sehr weit vereinigt, bis auf die noch bestehenden Scheidewände zwischen einzelnen Gebieten, die scheinbar von den Wissenschaften selbst nicht überbrückt werden können. Besonders in bezug auf Physik und Biologie ist diese letztere Behauptung sehr weit verbreitet.
Dieser Tatbestand scheint nun gut zu der traditionellen Auffassung der Philosophie zu passen: Diese habe die Aufgabe, diese Gegensätze zu überbrücken, eine weitergehende Vereinigung vorzunehmen und die letzte Vereinigung zustande zu bringen, die nicht mehr durch die Kräfte der Wissenschaft zustande gebracht werden kann. Der Philosoph soll also einen allgemeinen Weg finden, die gewünschte Einheit der Wissenschaften herzustellen, den die Einzelforscher nicht gefunden haben. Es ist die Ansicht, daß die Philosophie die Aufgabe habe, die Einzelwissenschaften zu einem lückenlosen System von Erkenntnissen zusammenzuschließen, ein geschlossenes Weltbild herzustellen, das – nach Wundt – den Bedürfnissen des Verstandes entspricht und das Gemüt befriedigt. Der Philosoph hätte also zu vereinigen: Erstens die Ideal- mit den Realwissenschaften (d. h., das Verhältnis der reinen Begriffe zur Wirklichkeit festzulegen; dieses Problem heißt seit Plato das platonische Problem); zweitens Psychologie und Physik (das ist das psycho-physische Problem); drittens Physik und Biologie (Feststellung des Verhältnisses zwischen beiden; das Lebensproblem).

Man meint ferner, daß die Art, wie die Wissenschaften die Erkenntnisse zusammenstellen, keine ganz einwandfreie sei, so daß die Philosophie eine doppelte Aufgabe habe: Erstens Abschluß des Systems nach oben, also Erzeugung eines Weltbildes; zweitens Festlegung der Fundamente nach unten, was einer Theorie des Erkennens entspricht.

Diese weit verbreitete Ansicht vom Wesen der philosophischen Bemühungen scheint nach dem, was wir über das System der Wissenschaften festgestellt haben, eine ganz natürliche zu sein. Wir können uns aber dennoch nicht damit zufriedengeben, denn es ist nicht das geringste Anzeichen dafür vorhanden, daß die Vereinigung der bisher getrennten Gebiete der Wissenschaften auf einem anderen Wege vorgenommen werden könnte als auf dem, den die Wissenschaften selbst schon beschritten haben. Woher neues Material, neue Bausteine nehmen, um die Lücken zu schließen? Denn alles, was vorfindbar war, wurde doch schon zum Gegenstand einer Wissenschaft gemacht – und sollte sich neues Material vorfinden, würde sich auch gleich eine neue Wissenschaft über diesen Gegenstand konstituieren. Wenn wir irgendeine Möglichkeit sehen, die zwischen den einzelnen Wissenschaften noch bestehenden Lücken auszufüllen, so ist nicht einzusehen, warum das nicht durch die wissenschaftlichen Methoden geschehen sollte. Auch die historische Betrachtung dieser Frage kann unsere Ansicht nur bestärken. Es handelt sich dabei jedenfalls um Erkenntnisse, und da ist sehr die Frage, ob es denn zweierlei Arten von Erkenntnis gibt: *nur* wissenschaftliche und *nur* philosophische – wie man ja oft früher schon glaubte, als sich die Wissenschaften von der Philosophie getrennt haben. (Die neuesten Wissenschaften entstanden erst im 18. und 19. Jahrhundert; so hat Newton die theoretische Physik noch als einen Teil der Philosophie betrachtet, und sie hieß auch bis um die Jahrhundertwende Naturalphilosophie.)

Erst in neuerer Zeit glaubten die Philosophen, daß sie imstande seien, dasselbe, was die Naturwissenschaften mit ihren äußerst mühseligen und komplizierten Erfahrungsmethoden zu gewinnen trachten, nämlich Einblicke in die Zusammenhänge der Natur zu gewinnen, nur durch bloßes Nachdenken leisten zu können. Sie wollten dieselben Ziele, wie die Naturwissenschaften, mit ihren geistigen Mitteln verfolgen. Einen solchen Versuch stellt die Naturphilosophie von Schelling und Hegel dar. Diese

Philosophen verachteten die Mittel der Naturwissenschaften und glaubten an einen »königlichen« Weg der Philosophie, der Metaphysik. Heute aber sehen wir, daß wir uns dieser Behauptungen von großer Phantastik und Torheit direkt schämen müssen und daß sie durchaus mißglückt sind. Es gibt jetzt auch noch eine Reihe von Philosophen, die meinen, Recht und Pflicht zu haben, zu anderen als wissenschaftlichen, eben zu philosophischen Methoden zu greifen, wenn Physik und Biologie versagen, um von sich aus den Schlußstein zu setzen. Haben die Philosophen wirklich solche Methoden? Sind sie angebbar? Wenn man über das Gesagte nachdenkt, sieht man, daß diesbezüglich vollständiges Dunkel herrscht und daß man keine Möglichkeit, keine Methode angeben kann, um auf anderem Wege als dem der Wissenschaft eine Verschmelzung dessen vorzunehmen, was bisher noch unvereinigt ist. Die Wissenschaften arbeiten von unten nach oben, vom Speziellen zum Allgemeinen, und dies ist der einzige Weg, auf dem eine Verschmelzung angestrebt werden kann. Die Geschichte der Philosophie zeigt auch, daß jeder Versuch, so etwas von oben her vorzunehmen, gescheitert ist; d. h., es kann nur durch die Fortsetzung der bisher angewandten Methoden weitergearbeitet werden. Das Weltbild wird also nur durch die Wissenschaften geschaffen, und es gibt kein Weltbild, von oben her geschaffen, aufgebaut und verbunden durch einen philosophischen Kitt, der das Getrennte vereinigt. – Dies ist die Lage unserer Erkenntnis. Die Philosophie kann nicht dort einsetzen, wo die Wissenschaften aufgehört haben, um das menschliche Weltbild zu ergänzen und zu vollenden.
Was die zweite Aufgabe der Philosophie der traditionellen Meinung nach betrifft, nämlich die Sicherung der Fundamente, so kann man durchaus nicht einsehen, warum die Wissenschaften selbst dies nicht sollten tun können. Der Forscher ist gewiß nicht mit mangelhaften Fundamenten zufrieden, er selbst hat die Befugnis zu prüfen und zu bessern, zu sehen, ob die Sätze, die ausgesprochen werden, wahr sind oder nicht; die Mittel der Wissenschaft genügen, um die Annahmen zu prüfen. Ist die Fähigkeit dazu nicht vorhanden, woher sollte der Philosoph sie nehmen?
Wenn wir die Aufgaben der Philosophie in derselben Weise sehen würden wie die traditionelle Auffassung, also in Ergänzung der Wissenschaften von oben her und Sicherung ihrer Fundamente

von unten her, würde uns nach dem eben Ausgeführten gar nicht einleuchten, was der Philosophie dann noch zu tun bliebe.
Wir haben nun historisch festgestellt, daß der Platz, der der Philosophie im System der Wissenschaften zugewiesen wurde, nicht der entsprechende ist; es ist nun unsere Aufgabe zu sehen, wie wir uns positiv damit abfinden sollen, also uns klarzumachen, wo der Platz der Philosophie sich in Wirklichkeit befindet.

6. Die philosophische Fragestellung

Wir hatten schon besprochen, wie die philosophischen Fragen aus Fragen des täglichen Lebens hervorgehen können, und dabei einen gefühlsmäßigen Unterschied festgestellt, der es so erscheinen läßt, als ob wir mit der philosophischen Frage in eine andere Sphäre eintreten würden. Dennoch hatten die philosophischen Fragen ansonsten denselben Charakter wie die wissenschaftlichen Fragen oder die Fragen des täglichen Lebens.

Wir konnten noch nicht feststellen, worin der Sphärenunterschied zwischen philosophischen und wissenschaftlichen Fragen oder zwischen philosophischen Fragen und Fragen des täglichen Lebens eigentlich besteht. Allein in der größeren Allgemeinheit dieser Fragen, die wir ja konstatieren konnten, kann der Unterschied nicht liegen, denn allgemeine Fragen hören ja deshalb nicht auf, wissenschaftliche Fragen zu sein; sie gehören nur einer höheren wissenschaftlichen Sphäre an. Man kann z. B. das Gesetz von der Erhaltung der Energie auf verschiedenen Gebieten aussprechen und kann es auch ganz allgemein formulieren – immer bleibt man dabei in der Sphäre der wissenschaftlichen Fragestellung. Was ist also das Besondere der philosophischen Fragestellung?

Die besondere Situation, die dort vorliegt, wo die philosophischen Probleme beginnen und die wissenschaftlichen aufhören, ist zu kennzeichnen als eine besondere Art der Unklarheit, die verschieden ist von dem bloßen Nicht-Wissen, dem man in der Wissenschaft so oft begegnet. Das Nicht-Wissen in der Wissenschaft ist oft eines, dem durch Vervollkommnung der Beobachtungsmethoden abgeholfen werden kann. Ist dies nicht möglich, z. B. aus prinzipiellen Gründen, aus gewisser Naturgesetzlichkeit heraus, weil wir tatsächlich an der Erforschung gehindert sind, wie bei astronomischen Fragen z. B., so ist dies Nicht-Beantworten-Können dieser Fragen nicht von großem Belang für uns, es beunruhigt uns nicht, ändert nichts am System der Wissenschaften. So ist es z. B. bei einer Frage wie der, ob es außer dem kürzlich entdeckten Planeten Pluto noch andere Planeten gibt. Es gibt verschiedene Fragen, die wir nicht beantworten können, und wenn wir nun diese sogenannten »unlösbaren Fragen« betrachten, werden wir der eigentümlichen Art der Unsicherheit, die den

philosophischen Fragen anhaftet, die wir nicht beantworten können, näher rücken. Ausgehend von dem eigentümlichen Unterschied zwischen lösbaren und unlösbaren Problemen, werden wir über das Wesen des philosophischen Denkens Klarheit gewinnen. Es gibt in der Philosophie auch Richtungen wie den reinen Skeptizismus, die sagen, daß es absolut keine Beantwortung philosophischer Fragen gibt. Die meisten Philosophen aber machen Unterschiede zwischen lösbaren und unlösbaren Fragen. Alle diejenigen, die ein Reich des Scheines und der echten Wirklichkeit unterscheiden, meinen, daß Fragen, die sich auf dieses Reich der echten Wirklichkeit beziehen, vollkommen unbeantwortbar sind, selbst wenn die Fragen richtig und sinnvoll gestellt sind, denn der Mensch sei vermöge seiner unvollkommenen Natur dazu nicht imstande.
Es kommt häufig vor, daß uns das berühmte »ignorabimus« entgegentritt, die Frage der unlösbaren Probleme ist eine oft gehörte. Wir betrachten nun einige Beispiele solcher Fragen, damit wir zwei verschiedene Arten dieser unlösbaren Fragen unterscheiden lernen: Nehmen wir die Frage, ob ein gewisser Stern im Andromedanebel noch einen kleinen Trabanten in der Größe unseres Mondes hat – diese Frage bleibt, wenn auch unlösbar, immer eine wissenschaftliche Frage und ist philosophisch ganz belanglos. Wenn man fragt, was Aristoteles an einem ganz bestimmten Tag, zu einer bestimmten Stunde genau gemacht hat und darüber keine Aufzeichnungen existieren, so wird man das nie wissen; aber auch das ist gleichgültig, es ist eine wissenschaftlich-historische Frage. Eine ähnliche Frage, die schon eher gestellt werden könnte, lautet: »Wie hat die Erde vor 100 Billionen Jahren ausgesehen?« Auch diese wissenschaftliche Frage kann man nie mit vollkommener Sicherheit beantworten, aber vielleicht wohl etwas genauer. Die Frage: »Woraus, aus welchem Stoff, besteht ein entfernter Stern, z. B. der Sirius?«, wurde in neuerer Zeit mit Hilfe der Spektralanalyse beantwortet; es hat aber eine Zeit gegeben, wo Philosophen (so z. B. der Begründer des Positivismus, Comte) behauptet haben, daß wir das nie wissen werden. Das war eine Täuschung über die prinzipielle Beantwortbarkeit von Fragen. – Ein anderes Beispiel aus der Naturwissenschaft ist: Der Mond kehrt uns immer nur dieselbe Seite zu, die andere Seite kann man von der Erde aus nie sehen; man wird nie wissen, was da vorgeht, wenn die Menschen

nicht ein Mittel finden werden, sich z. B. in einem Raumschiff auf diese andere Seite des Mondes zu begeben. Aber auch das ist für uns keine so ernste Angelegenheit.
Wichtiger aber ist die Frage, was wir damit meinen, wenn wir sagen, daß wir das oder jenes nie wissen werden: Es liegt bei allen eben angeführten Beispielen eine Unmöglichkeit des Wissens von ganz bestimmter Art vor; es ist eine zufällige, denn es müßte ja nicht sein, daß uns z. B. der Mond immer nur die eine Seite zukehrt oder daß es uns bis jetzt nicht gelungen ist, ein solches Raumschiff zu konstruieren. Wir wissen eigentlich, was wir tun müßten, um die Fragen zu beantworten, wenn es auch praktisch vielleicht nicht immer möglich sein wird. Es ist ein Weg angebbar, um zur Beantwortung dieser Fragen zu gelangen, die Möglichkeit dazu ist prinzipiell nicht auszuschalten. Es liegt bei allen diesen Beispielen dieselbe Situation vor, wir können uns vorstellen, was wir tun oder erleben müßten, um über diese Fragen Bescheid zu wissen. Man könnte sich z. B. wissenschaftliche Mittel ausdenken, mit deren Hilfe man in die Vergangenheit schauen könnte etc., das Nichtwissen liegt nur an des Menschen Stellung auf unserer Erde, an Art und Ausmaß der Kräfte des menschlichen Körpers u. v. a. Wir sind praktisch nicht im Besitze der Mittel, die nötig sind, um eine Antwort zu finden, weil eben die Welt so und nicht anders eingerichtet ist, aus zufälligen Gründen. Wir wissen die Lösung dieser Fragen also nicht, wir könnten sie aber wohl suchen.
Betrachten wir nun eine andere Frage, die in der Geschichte der Wissenschaft und Philosophie eine nicht unbeträchtliche Rolle gespielt hat, die Frage: Ist das Universum endlich oder unendlich? Zur Zeit Kants schien diese Frage unter allen Umständen, prinzipiell unlösbar zu sein. Kant sagt in der *Kritik der reinen Vernunft* bei der Abhandlung über die Antinomien einerseits, daß der Kosmos endlich sein müsse, andrerseits, daß er unendlich sein müsse und stellt es so dar, als ob diese beiden Schlüsse gleichberechtigt wären unter der Voraussetzung, daß man die Welt als Erscheinung betrachtet. Das Problem erscheint hier unlöslich. Kant hat nun den Ausweg eingeschlagen zu sagen, daß diese Unlöslichkeit des Problems, dieser Widerspruch daran liege, daß hier eine Frage gestellt ist, die sich auf das Wesen der Welt bezieht, über das wir nichts aussagen können, da wir nur die Erscheinung der Welt kennen.

Hier haben wir es mit einer typisch philosophischen Frage zu tun. Heutzutage nun hat sich der Charakter dieser Frage völlig verändert: Wir können diese Frage, wenn auch nicht lösen, so doch unter gewissen Umständen mit Hilfe rein naturwissenschaftlicher Mittel beantworten. Durch Einsteins Relativitätstheorie kann man mittels Gesetzmäßigkeiten aussagen, ob der Raum, in dem das Universum sich befindet, ein endlicher oder unendlicher ist, und zwar ist nach dieser Theorie der Weltraum endlich. Für uns ist hier wichtig zu sehen, daß eine Frage mit Hilfe gewöhnlicher Mittel lösbar zu sein scheint, die es früher nicht war, daß ein unlösbares Problem zu einem lösbaren geworden ist, wenn es auch noch nicht praktisch gelöst ist, daß sich der Charakter des Problems völlig verändert hat.
Eine andere, typisch philosophische Frage ist die nach dem Verhältnis des Physischen und Psychischen, von Leib und Seele. In der Metaphysik bestehen darüber verschiedene Ansichten. Die Spiritualisten sagen, daß es überhaupt nur Seelisches gibt; die Materialisten sagen, es gibt nur Körperliches; die Dualisten nehmen beides an, wobei Seelisches und Körperliches in einem gewissen Verhältnis zueinander stehen. – Mit einer solchen Frage, die einen besonderen Charakter hat, begeben wir uns auf ein Gebiet, von dem wir keine Kenntnis haben können. Mit dieser Frage ist noch eine andere Frage verknüpft. Es ist eine Spezialfrage der Seelenfrage, nämlich die Frage des Descartes, ob die Tiere ein Bewußtsein haben. Descartes hat diese Frage verneint, für ihn sind die Tiere bloße Automaten; man nennt das seine »Maschinentheorie«. Vom Standpunkt des Descartes könnte man noch weiter gehen und fragen, ob die Mitmenschen eine Seele haben, woran man ja für gewöhnlich nicht zweifelt, entsprechend ihren Äußerungen von Trauer, Freude u.s.f. Aber wir können nichts Seelisches direkt in einem Menschen feststellen, wir wissen es nur von uns selbst, haben keinen Beweis dafür, daß auch die übrigen Menschen ein Bewußtsein haben. Was wir feststellen können, sind nur Äußerungen, und wir sind durch keinen strengen Schluß gezwungen, von den Äußerungen auf die Annahme einer Seele zu kommen; es ist ein Analogieschluß, und ein solcher hat nur den Charakter eines Wahrscheinlichkeitsschlusses.
Eine solche Frage wie diese, ob die Menschen um uns her Bewußtsein haben oder nicht, scheint eine prinzipiell unlösbare Frage zu sein; man kann sich nicht vorstellen, wie man verfahren

müßte, um die Frage zu lösen, man kann da nicht einmal suchen, keinen Weg angeben, auf dem die Frage zur Lösung gebracht werden könnte. Es gibt also Fragen, bei denen wir die Lösung wohl nicht wissen, aber suchen können, und Fragen, bei denen wir die Lösung nicht einmal suchen können. Es unterscheidet sich also die zufällige oder empirische Unlösbarkeit von der prinzipiellen Unlösbarkeit. Letztere hat einen ganz anderen Charakter, sie ist eine philosophische oder logische Unmöglichkeit.

Man hat daher der Meinung Ausdruck gegeben, daß es sich bei der Philosophie um so etwas wie die Lösung der »Welträtsel« handle, weil man meinte, daß sie die Fragen beantwortet, die in einem prägnanten Sinn genommen rätselhaft sind. Der berühmte Physiologe Du-Bois-Reymond hat in einer Rede in der Berliner Akademie der Wissenschaften 1880 sieben Welträtsel aufgestellt, mit deren Beantwortung sich seiner Meinung nach die Philosophie zu beschäftigen habe – unseren späteren Untersuchungen zufolge werden wir das lächerlich finden: 1) die Frage nach dem Wesen der Materie und der Kraft; 2) die Frage nach dem Ursprung der Bewegung; 3) die Frage nach der Entstehung des Lebens; 4) die Frage nach der Entstehung der Zweckmäßigkeit in der Natur überhaupt; 5) die Frage nach dem Verhältnis des Bewußtseins zum Träger des Bewußtseins (das ist die Frage, wie aus der Bewegung der Materie, z. B. dem Gehirn, eine Empfindung entstehen kann); 6) die Frage nach dem Ursprung des vernünftigen Denkens und dem Ursprung der Sprache; 7) das Problem der Willensfreiheit.

Du-Bois-Reymond bezeichnet die Fragen nach dem Wesen der Materie und der Kraft, nach Ursprung der Bewegung und dem Verhältnis des Bewußtseins zum Träger des Bewußtseins (das psycho-physische Problem) als prinzipiell unlösbar. In bezug auf die Frage der Willensfreiheit ist seine Stellungnahme unklar. Die übrigen Fragen nennt Du-Bois-Reymond auch äußerst schwierig, so daß sie vielleicht nie beantwortet werden, aber nicht prinzipiell unmöglich zu lösen. Daß bei diesen Welträtseln immer die Frage nach der »Entstehung« gestellt wird, ist charakteristisch für die damalige Zeit, da man mit Hilfe der Evolutionstheorie alle möglichen Fragen zu lösen suchte. – Es werden also auch hier praktisch und prinzipiell unlösbare Fragen unterschieden, und die letzteren nun sind es, mit denen sich scheinbar die Philosophie zu beschäftigen hat.

Wie es scheint, gibt es ja solche unlösbaren Fragen und nimmt man solche an, dann könnte man die Geschichte der Philosophie als Geschichte der menschlichen Bemühungen auffassen, diese unlösbaren Fragen zu lösen. Z. B. haben zahlreiche Metaphysiker ihr Bemühen darauf gerichtet, das psycho-physische Problem zu lösen.

Die Sachlage ist auch für den normalen Betrachter die, daß, wenn man von »unlösbaren« Problemen spricht, man zwischen prinzipieller und empirischer (oder zufälliger) Unlösbarkeit unterscheiden muß. Mit den praktisch unlösbaren Fragen haben wir uns jedenfalls nicht zu beschäftigen, das ist die Sache der Wissenschaft, bis sie alle Mittel bereitgestellt hat, alle Vorbedingungen gegeben sind, deren verschiedene Möglichkeiten ja vorstellbar sind, um solche Fragen zu beantworten. – Bei den prinzipiell unlösbaren Fragen weiß man überhaupt nichts, kennt keinen Weg der Entscheidung. Wie sollen wir uns nun dieser zweiten, hoffnungslosen Art der unlösbaren Probleme gegenüber verhalten?

Die ganze Verwirrung in der Philosophie ist dadurch entstanden, daß man dort etwas zu finden hoffte, wo man noch nicht einmal suchen konnte. Man sah keinen Weg und wollte ihn doch suchen; aber man konnte ihn nicht einmal suchen, denn »suchen« heißt, systematisch verschiedene Möglichkeiten durchgehen, die man kennt (wie man z. B. einen im Raume verlorenen Gegenstand sucht). Wenn aber eine solche Möglichkeit nicht vorliegt, dann kann man das Wort »suchen« wohl auch gebrauchen, aber es hat dann einen ganz anderen Sinn. Bei einem räumlichen Gegenstand ist es prinzipiell angebbar, wie man ihn suchen kann. Wie aber soll man einen unräumlichen Gegenstand (z. B. eine Entelechie) suchen? Die Philosophie hat immer zu suchen versucht, wo es kein Suchen gab. Und wie soll man finden, wo man nicht einmal suchen kann?

Der Weg, den man da einschlagen muß, ist einfach, man hat aber in der Geschichte der Philosophie merkwürdigerweise nie seine prinzipielle Bedeutung gesehen: Man darf bei dieser Art Fragen nicht über ihre Lösung nachdenken, sondern muß die Fragestellung selbst prüfen. Man hatte ja bisweilen schon daran gedacht, aber nicht gesehen, was für eine sonderbare und schwierige Situation vorliegt, wenn wir unsere Frage auf die Fragestellung selbst richten. Wenn man nur fragt, was es bedeutet zu fragen, was man eigentlich durch die Frage wissen will, wäre darauf zu sagen, daß man mögliche Antworten auf die Frage geben will, auch wenn man nicht die Mittel hat, diese Frage zu beantworten. Man könnte z. B. genau beschreiben, wie die Rückseite des Mondes aussehen könnte, wenn es möglich wäre, sie zu sehen. Kann man auf eine Frage mögliche Antworten geben, so zeigt das, daß man weiß, was mit der Frage gemeint ist. Es gibt aber Fragen, bei denen man das nicht kann, wie z. B. bei einem der sieben Welträtsel von Du-Bois-Reymond, der Frage, wie ein Bewußtsein aus einem physischen Vorgang entstehen kann. Bei dieser Frage kann keine von verschiedenen Möglichkeiten als wirklich vorliegend aufgezeigt werden, denn man kann keine Möglichkeit sehen, keine Vorschläge machen; und wenn dies der Fall ist, so ist es immer ein Anzeichen dafür, daß uns die Fragestellung selbst noch nicht klar ist, man nicht weiß, was damit gemeint ist. Das Kriterium dafür, daß wir eine Frage verstehen, ist die Möglichkeit, sich mögliche Antworten darauf auszudenken, Sätze zu finden, die eine Antwort abgeben würden. Wenn man keine möglichen Antworten weiß, so ist das immer ein Indicium dafür, daß die Fragestellung noch nicht in Ordnung ist. Das unlösbare Problem, das uns in einer bestimmten Formulierung entgegentritt, ist vielleicht noch gar keine Frage, wir wissen noch gar nicht, was wir damit meinen. Dieses Problem, das in bestimmter Formulierung vorliegt, hat dann nur die Bedeutung, auf etwas hinzuweisen, es ist Ausfluß einer gewissen Beunruhigung des Geistes.

Diese philosophische Beunruhigung ist eine viel tiefer gehende als die Unruhe über das Nicht-Beantworten-Können einer wissenschaftlichen Frage, also die Unruhe über eine Frage, die wir gut verstehen, wissen, was damit gemeint ist.

Der historische Prozeß ist nun der, daß die Philosophen zwischen diesen beiden so verschiedenen Gefühlen der Beunruhigung – der bloßen Neugierde des Nicht-Wissens und der tiefer gehenden Unruhe, deren Art wir näher untersuchen müssen – nicht unterschieden haben und irrtümlich glaubten, daß man mit denselben Methoden, die uns zur Verfügung stehen, um die wissenschaftliche Neugierde zu befriedigen, auch die tiefer gehende Unruhe wegzuschaffen vermag, die durch die philosophischen Probleme hervorgerufen wird. Diese fest ausgebildeten Methoden, die uns zur Verfügung stehen, um ein Nicht-Wissen zu befriedigen (Beobachtung), helfen uns nicht zur Beseitigung des Nicht-Verstehens; denn um ein solches handelt es sich in diesem Falle, da die philosophischen Fragen diejenigen sind, deren Sinn uns noch nicht klar ist, was sich eben darin äußert, daß wir keine mögliche Antwort auf sie wissen.

Die Fehlgriffe der philosophischen Systeme gehen darauf zurück, daß man nicht beachtet hat, daß das, was noch mangelt, das Verständnis des Sinnes dieser Fragen ist. So meint man, nur die Antwort suchen zu müssen, wie es bei wissenschaftlichen Fragen der Fall ist. Dies ist zum Teil darauf zurückzuführen, daß die philosophischen Fragen meist auch in wohlformulierten Sätzen auftreten, was aber noch nicht beinhaltet, daß wir die Fragestellung auch verstehen. – Bei ganz extremen Fällen ist es natürlich leicht zu sehen, wenn man den Sinn einer Frage nicht versteht. Man kann die Worte unserer Sprache so aneinanderreihen, daß die grammatikalischen Regeln wohl erfüllt sind, aber die Worte dennoch so zusammenstellen, daß es ihrem Sinn widerspricht, und so viele unsinnige Fragen bilden, wie z. B.: »Ist Blau ebenso identisch wie Musik?« Dieser Satz ist grammatikalisch in Ordnung und doch bloßer Unsinn. Ist aber die Frage: »Was ist das Wesen der Materie und der Kraft?« (das erste »Welträtsel«) eine sinnvollere Frage als die eben abgelehnte? Wir können nicht gleich darauf antworten, sondern wollen eingehend darüber nachdenken: Was meinen wir mit »Wesen« der Materie, »Wesen« der Kraft? Was für mögliche Antworten kann man darauf geben? Im Altertum wurde diese Frage oft gestellt. Thales antwortete darauf, das Wesen der Materie sei das Wasser; das ergab sogar einen guten Sinn, wenn Thales auch nicht recht hatte, aber es schwebte ihm eine mögliche Antwort vor. Wenn wir noch auf der wissenschaftlichen Stufe des Thales ständen, wäre diese Frage auch für uns erlaubt; wenn die Frage nach dem »Wesen« der Materie die nach dem Urstoff der Materie wäre, so hätte sie Sinn, wäre aber dann keine philosophische, sondern eine wissenschaftliche Frage. (Die Philosophie der alten griechischen Philosophen war überhaupt Wissenschaft, wenn auch unvollkommene.) Die Frage von Du-Bois-Reymond ist aber nicht so gemeint, daß »Wesen« die Urstoffe seien; er fragt ja eben nach dem »Wesen« dieser Urstoffe und würde mit einer wissenschaftlichen Antwort nicht zufrieden sein. Was aber ist mit dieser Frage nach dem »Wesen« gemeint? Darauf könnte man keine klare Antwort geben, und wenn Du-Bois-Reymond diese Frage für unlöslich hält, so liegt es eben daran, daß man überhaupt keine mögliche Antwort geben kann, gar nicht weiß, was mit dieser Frage gemeint ist. – Daraus folgt aber nicht, daß überall, wo das Wort »Wesen« vorkommt, man nicht weiß, was man damit sagen will; man kann auch einen guten Sinn damit verbinden. – Wenn man die Methode der wissenschaftlichen Forschung auf diese eigentümlichen Fragen der Philosophie anzuwenden sucht, sieht man, daß sie nicht zu gebrauchen sind; die Wissenschaft erforscht Tatsachen, leitet sie ab, verallgemeinert sie. Man kann diese Sätze nicht auf etwas anderes Allgemeineres zurückführen, und darauf richten sich diese Fragen auch gar nicht, sie wollen etwas anderes, man weiß nur nicht was, und wenn es angebbar ist, so verwandelt sich die Frage sofort in eine wissenschaftliche Frage (oder auch in eine andere, unlösbare Frage, aber jedenfalls von zufälliger Art). – Wenn man sich aber über eine Frage gar nicht klar werden kann, so ist es noch gar keine Frage, und wir können uns nicht wundern, wenn man darauf nicht antworten kann. Daß wir die Antwort nicht wissen, liegt nicht in einem Defekt des menschlichen Geistes, sondern es ist Unsinn zu verlangen, daß man auf etwas antwortet, was man gar nicht zu fragen versteht. Die sogenannten philosophischen Schwierigkeiten liegen daran, daß wir nicht wissen, was mit der Frage gemeint ist. Also: Die echten philosophischen Probleme haben alle den Charakter, daß sie keine echten Fragen sind und daher selbstverständlich nicht beantwortet werden können.

Man hatte geglaubt, Untersuchungen anstellen zu müssen und Sätze auf allgemeinere zurückführen zu sollen. Das war ein Irrtum. Auf diese Weise schafft man die philosophische Unruhe nicht aus der Welt, sondern nur dadurch, daß wir den Sinn der philosophischen Fragen feststellen. Wir müssen überlegen, was man an die Stelle dieser Fragen setzen kann, was das Motiv war, sie aufzustellen, und wann wir uns befriedigt erklären können. Wir wollen die philosophische Unruhe beseitigen dadurch, daß wir sie in die weniger gefährliche des Nicht-Wissens überführen. Wenn die Frage auch nicht beantwortet werden kann, so stört sie uns dann doch nicht mehr. Oder wir sehen, daß wir mit der Fragestellung überhaupt nichts anfangen können, wir können nur zeigen, wie die Menschen dazu gekommen sind, eine solche Frage zu bilden, die Wörter so aneinanderzureihen, und die Fragestellung verschwindet dann, hört auf, uns zu beunruhigen.

Wir können deutlich das Verhältnis verstehen, das zwischen wissenschaftlicher Forschung besteht, deren Zweck ist, Fragen zu beantworten, und der Philosophie, die die Aufgabe hat, Fragen zu klären: Diese beiden durchdringen sich natürlicherweise unaufhörlich. – Was die Fragen des täglichen Lebens betrifft, so werden die Worte bei diesen Fragestellungen in der Art gebraucht, daß wir wohl wissen, was damit gemeint ist. Die philosophische Tätigkeit kann auch durch den Forscher selbst ausgeführt werden, innerhalb der Wissenschaft. Es sind nicht zwei getrennt bearbeitete Gebiete, es ist bis zu einem gewissen Grade eine Personalunion zwischen wissenschaftlicher und philosophischer Tätigkeit; prinzipiell aber kann man sie stets trennen. Die Versuche sind begreiflich, die Stellung der philosophischen Aufgabe gegenüber der wissenschaftlichen zu präzisieren. – Woher kommt es, daß man immer sagte, daß die Philosophie es mit den allgemeinsten Fragen zu tun hat? Daher, daß wir uns eben bei diesen allgemeinen Fragen noch nicht ganz klar sind, daß wir nicht wissen, was die Wörter und Zeichen in dieser Zusammenstellung, dieser neuen Verwendung bedeuten, und dann entsteht so etwas wie ein philosophisches Problem innerhalb der Wissenschaft. Es bedarf bei der wissenschaftlichen Arbeit oft einer philosophischen Eingebung, um klar weiterarbeiten zu können. So war es z. B., als Newton den Begriff der Masse festlegte; auch die Bestimmung des Begriffes der Gleichzeitigkeit durch Einstein war eine solche philosophische Klärung innerhalb der Physik. In der Wissenschaft haben die mehr oder minder durch Definition eingeführten Worte immer schon einen gewissen Sinn. Es kann aber doch sein, daß wir mit diesen Worten arbeiten, ohne uns völlig klar darüber zu sein, was mit ihnen eigentlich gemeint ist, z. B. bei Worten wie »Wesen«, »Materie«, »Masse«, »Zeit«, »Raum« etc. Im täglichen Leben können wir gut und sinnvoll über Zeit, Raum etc. sprechen. Wenn man aber dann die Frage etwa in der Form stellt: »Was ist die Zeit?«, dann hat sie plötzlich einen anderen oder keinen Sinn – sie wird zu einer philosophischen Frage. Ebenso ist es mit Fragen über räumliche Verhältnisse. Man kann gut fragen, wie groß der Umfang der Erde ist oder wie weit die Entfernung von Wien nach Berlin. Fragt man: »Was ist eine gerade Linie?« oder »Was ist der Raum?«, so verändert die Frage völlig ihren Charakter. – Fragen dieser Form bedürfen einer philosophischen Aufklärung, aber nicht dadurch, daß wir auf die Frage zu antworten suchen (obwohl solche Versuche gemacht wurden; z.B. Wundt: »Der Raum ist eine Mannigfaltigkeit, die...«), sondern dadurch, daß wir uns den Sinn der Frage vergegenwärtigen, in der diese räumlichen, zeitlichen oder anderen Bestimmungen vorkommen.

Wir werden das »Wesen der Materie« dann kennen, wenn wir uns vollkommen klar sind über den Sinn von Aussagen, die über Wesen, Materie usw. gemacht werden. Wir können uns wohl darüber klar werden, aber nicht in der Form, daß wir die Fragen nach dem »Wesen der Materie« beantworten. Die Aufklärung ist ganz anderer Art und entspricht demjenigen, was wir die eigentliche philosophische Tätigkeit nennen.

Der Unterschied zwischen der Aufgabe des Forschers und der Aufgabe des Philosophen ist also, daß der Forscher die Wahrheit sucht (richtige Antworten) und der Philosoph sich den Sinn (der Fragen) klarzumachen hat. Beide Aufgaben aber gehen Hand in Hand. Man nennt die Wahrheit, wie sie in der Wissenschaft als System wahrer Sätze vorliegt, Erkenntnis. Auch der Philosoph sucht Erkenntnisse, doch nicht eine in wahren Sätzen ausgesprochene Erkenntnis wie der Einzelforscher. Die philosophische Erkenntnis besteht in Einsicht, Verständnis; das ist etwas Unmittelbares und muß und kann nicht in wahren Sätzen ausgedrückt werden. Das bedingt nun einen weiteren Unterschied: Der Forscher oder Wahrheitssucher im täglichen Leben hat es mit der Aufstellung wahrer Sätze zu tun, der Philosoph hat es mit der Klärung von Sätzen (Fragen) zu tun. Das bedingt auch eine Verschiedenheit der Methode: Die *Methode der Wissenschaften* ist die *Beobachtung*, das Experiment, verbunden mit Berechnungen, Überlegungen; durch diese Methode gelangt man zu wahren Sätzen über die Wirklichkeit. Die *Methode des Philosophen* ist die *Besinnung*; der Philosoph sieht sich die bereits vorliegenden Sätze, Beobachtungen, Rechnungen an und macht sich klar, was sie bedeuten. Diese Methode der Besinnung des Philosophen ist in einem besonderen Sinne etwas Geistiges gegenüber der wissenschaftlichen Methode. Die philosophische Methode führt nicht zu einem System von Sätzen, die den eigentümlichen Charakter philosophischer Wahrheiten tragen neben den wissenschaftlichen Wahrheiten, denn die *Philosophie* ist *kein System von wahren Sätzen.* Sie ist eine *Kunst,* eine *Tätigkeit, die zur Klärung führt.* Man könnte diesen Unterschied zwischen Forschung und Philosophie auch so formulieren, daß man sagt, der Forscher steht in näherer Beziehung zur Wirklichkeit, indem er wahre Sätze über die Wirklichkeit sucht und sie systematisch zusammenstellt. Der Philosoph hingegen kann seine Aufgabe lösen, ohne daß er weiß, was in der Wirklichkeit wahr ist. Der Philosoph fragt ja nur, was sinnvoll ist, und sinnvoll kann ja auch eine Möglichkeit sein; denn wenn man nach der Möglichkeit einer Behauptung fragt, so heißt das auch nichts anderes als fragen, ob die Behauptung sinnvoll ist. Der Philosoph bewegt sich also im Bereiche der Möglichkeit, die Wissenschaften im Bereiche der Wirklichkeit. Das Wesentlichste ist, daß es dem Philosophen um den Sinn geht, der Forscher hingegen die Wahrheit sucht. Natürlich sucht der Philosoph den Sinn um der Wahrheit willen, aber ausgesprochen werden die Wahrheiten von der Wissenschaft.

Aus der eigentümlichen Einstellung des Philosophen, die wir jetzt festgestellt haben, lassen sich nun verschiedene Schlüsse ziehen. Vorerst aber soll einiges über die Berechtigung dieser unserer Auffassung gesagt werden. Eine solche Berechtigung kann nur durch einen Blick auf die Geschichte der Philosophie erwiesen werden, denn das Wort »Philosophie« erhält erst im Laufe seines Gebrauches seine Bedeutung. Dazu wollen wir uns klar machen, was von den Philosophen der Vergangenheit tatsächlich getan worden ist und inwieweit dies mit dem Gebrauche des Wortes »Philosophie« zusammenfällt.

Im Altertum wurden Philosophie und Wissenschaft identisch gesetzt, man hatte keine verschiedenen Worte dafür; jeder Forscher, der die Wahrheit um ihrer selbst willen suchte, wurde ein Philosoph genannt, da man sich den Unterschied noch nicht klar machen konnte. Da bestand also keine Schwierigkeit für unsere Auffassung. Unsere Betrachtungen können erst dort beginnen, wo sich Wissenschaft und Philosophie getrennt haben. Da sehen wir nun, daß überall dort, wo die Philosophie Wahrheiten über die Wirklichkeit – diese zu suchen ist Sache der Wissenschaften – durch die Methode der Besinnung suchen wollte, sie fehlgegangen ist. Scheinbar war es aber unbestritten, daß die philosophische Methode die Methode der Besinnung ist. Im Altertum beginnt zuerst ein Gegensatz zwischen verschiedenartigen Einstellungen zur Wissenschaft deutlich zu werden. Sokrates hatte keine große Achtung vor den wissenschaftlichen Bemühungen seiner Zeit; nicht weil er die Erkenntnis verachtet hätte, sondern

weil er zu sehen glaubte, daß bei derlei Bemühungen nichts herausgekommen ist. Das Streben des Sokrates ging dahin, über die alltäglichen Begriffe ins klare zu kommen (über Gerechtigkeit, Tugend u.s.f.). Die Methode, durch welche Sokrates dies zu erreichen trachtete und wie sie uns Platon in seinen Dialogen schildert, die sogenannte Sokratische Methode, ist das Schulbeispiel philosophischen Vorgehens. Sokrates sucht zu zeigen, daß er sich selbst nicht im klaren ist, und will durch Beispiele und Reden darüber sich und die anderen zur Klarheit bringen. Dies gelingt nicht immer; aber die Methode ist hier so deutlich wie kaum sonst in der Geschichte der Philosophie.
In der späteren Zeit haben wir weniger reine Fälle, doch bleibt der Gegensatz immer erhalten, was ersichtlich ist, wenn wir betrachten, was oft unbewußt die treibende Kraft der Philosophen war. Z. B. hat Leibniz, als er die Preußische Akademie der Wissenschaften gründete, die Wissenschaften eingeteilt, der Philosophie unter ihnen aber keinen Platz gegeben, weil ihm die Philosophie als etwas anderes galt, als etwas, dessen der Forscher bedarf, wenn er seine Leistungen überblicken will. Auch Kant hat das von der Wissenschaft verschiedene Wesen der Philosophie zum Ausdruck gebracht, als er sagte, daß man Philosophie nicht lehren könne und auch nicht erlernen wie eine Wissenschaft. Schopenhauer meinte, daß gerade diese Tätigkeit, die philosophische, angeboren sein müsse, was aber keinen Widerspruch zu unserer Auffassung beinhaltet. Es ist tatsächlich prinzipiell unmöglich, die Philosophie zu lehren, bestimmte Sätze auszusprechen und als Wahrheiten hinzustellen, oder sie zu lernen, sich einzuprägen.
Nach der gegenwärtigen Auffassung – in den üblichen Lehrbüchern – wird die Philosophie meist so betrachtet, als wenn sie in eine Reihe getrennter Disziplinen zerfiele: Erkenntnistheorie, Logik, Ethik, Ästhetik, Religions-, Geschichts-, Naturphilosophie u.s.f.; auch die Psychologie wird dazugerechnet. Dies muß, historisch betrachtet, gewiß seine Gründe haben. Wir können diese darin suchen, daß es sich hier um Gebiete handelt, in denen wenig Klarheit herrscht, d. h., die noch nicht so weit fortgeschritten sind, daß in ihnen die Fragen völlig klar wären, und daher haben sie einen philosophischen Charakter. Man darf nicht glauben, daß diese Gebiete schon zu bestimmten Resultaten geführt haben; es liegen in der Ethik, Ästhetik etc. noch keine wahren

Sätze vor. Es gibt andererseits Disziplinen, die schon so weit fortgeschritten sind, daß sie den Charakter einer Einzelwissenschaft angenommen haben. Bei Ethik, Ästhetik und anderen Teilgebieten der Philosophie aber ist eben Klärung noch sehr nötig und dringend; die Fragestellungen sind erst noch zu prüfen. Treibt man aber z. B. rein experimentelle Ästhetik – wie Fechner es getan hat –, so geht man nach der Methode der Beobachtung, Registrierung, Berechnung vor; das sind einzelwissenschaftliche Bestrebungen, die nichts Philosophisches mehr an sich haben.

Die philosophische Einstellung ist, im Gegensatz zur erkenntnismäßig-wissenschaftlichen, eine Einstellung auf den Sinn, auf die Bedeutung dessen, was wir fragen und was wir auf die Fragen antworten. Wenn es auch merkwürdig erscheinen könnte, daß wir das Streben nach der Wahrheit vom Streben nach dem Sinn unterscheiden, so zeigt uns die Geschichte doch, daß wir gut tun, diesen Unterschied zu machen. In der Wissenschaft sind wir auf Erkenntnis, in der Philosophie auf Verständnis gerichtet, in der Wissenschaft auf Wahrheit, in der Philosophie auf den Sinn. Dennoch kann die Aufgabe der Philosophie nicht von der der Wissenschaft abgetrennt werden.

Die Gebiete, in welchen die Begriffe, mit denen der Forscher arbeitet, noch nicht zur Klarheit erhoben sind, sind die Grenzgebiete. In diesen treten verschiedene Methoden auf und dadurch verschieden gebildete Begriffe. Denn die Form der Begriffe wird durch die Methode gebildet, und so entstehen die Unklarheiten der Meinungen über Sinn und Bedeutung dessen, was ausgesprochen wird, was zu geschehen hat. Z. B. stoßen die in der Physik einerseits, in der Psychologie andererseits gebildeten Begriffe da zusammen, wo wir das Verhältnis zwischen physikalischen und psychologischen Vorgängen betrachten, und so entstehen Unklarheiten.

Man kann wohl auch mit ungeklärten Begriffen sehr gut eine Strecke weit arbeiten, und zwar mit Hilfe der Mechanisierung, der Berechnungsmethode, ohne daß man sich an jedem Punkte ganz genau darüber klar sein müßte, was damit gemeint ist. Daher ist es erklärlich, daß die Wissenschaften auch ohne ganz exakte Klärung ihrer Begriffe so große Fortschritte gemacht haben, denn die Erkenntnisschwierigkeiten treten nur an ganz bestimmten Stellen auf. Heute aber ist in den exakten Wissenschaften ohne Klärung der Grundbegriffe kein Fortschritt mehr möglich.

Die großen Forscher, das sind diejenigen, die in den Grenzgebieten der Wissenschaften arbeiten und die Erkenntnis damit weiter vortreiben, haben immer zugleich auch eine philosophische Einstellung. Das können wir an vielen großen Männern der Wissenschaft sehen, die zugleich auch Philosophen sind.

Der Gegensatz zwischen Suchen nach Wahrheit und Streben nach dem Sinn hat zu der Anarchie der philosophischen Systeme geführt, wie wir sie vorfinden; dadurch sind die historisch aufzeigbaren eigentümlichen Strömungen und Gegenströmungen auch psychologisch zu erklären.

Das lange Vorurteil, daß die Philosophie in demselben Sinne Erkenntnis gibt wie die einzelnen Wissenschaften, so daß man von »philosophischen Wahrheiten« sprechen kann, die sich in dem philosophischen System zusammenschließen, hat äußerlich bewirkt, daß die Arbeit des Philosophen dieselbe Art angenommen hat wie die Arbeit des Einzelforschers, und innerlich dazu geführt, daß der Unterschied in den Temperamenten, die zwischen philosophischer und wissenschaftlicher Einstellung besteht, nicht genau beachtet wurde.

Zur Erkenntnis der Wirklichkeit ist es nötig, daß die Beobachtungen gemacht, aufgezeichnet und geordnet werden. Das geschieht durch das beobachtende, ordnende und zergliedernde Denken. (Wir können das Wort »denken«, ohne noch näher darauf eingegangen zu sein, hier schon verwenden, ohne daß Unklarheiten entstehen.) Schließlich muß noch eine besondere Fähigkeit dazukommen, die dazu anleitet, die richtige Beobachtung zu machen, das Wesentliche zu finden: Es ist die Fähigkeit des Verständnisses, die Intuition. Die übrigen Fähigkeiten sind mehr eine Sache der Einübung, können daher mehr oder weniger mechanisiert werden. (Auch durch diese mechanischen Ausführungen kann man oft zu wichtigen, gewünschten Resultaten kommen.) Anders die intuitiven Fähigkeiten, die uns auf das Richtige hinweisen, um den allgemeinen Zusammenhang zu verstehen. Dazu gehört der philosophische Instinkt oder Takt, der in verschiedenen Erscheinungsweisen auftreten kann. Man hat diesen früher oft für eine Tätigkeit derselben Art wie die wissenschaftliche Tätigkeit gehalten, gelehrter Natur also. So hat man keinen Unterschied gemacht und dadurch die Tätigkeit des Verständnisses mit einer Synthese verwechselt, die spezielle Wahrheiten zu allgemeinen Wahrheiten zusammenfaßt. Dadurch meinte man nun, daß diese Synthese derselben Art sei wie Erkenntnis, und so ist der Irrtum entstanden, daß die Philosophie es mit den allgemeinsten, zu einem System zu vereinigenden Wahrheiten zu tun habe.

Der Philosoph, der nicht in leere Spekulationen verfallen will, muß auch die gelehrte Verfahrensweise beherrschen, der Wissenschaftler, der das Außerordentliche leisten will, muß zugleich die Fähigkeiten des philosophischen Instinktes besitzen. Wie immer aber diese Fähigkeiten und Verfahrensweisen verbunden sind, man kann und muß sie dennoch unterscheiden: Art und Weise des wissenschaftlichen Verfahrens ist unmöglich zu identifizieren mit Philosophie, welch letztere auch nicht erlernt werden kann, sich nicht lehren läßt. – Schopenhauer schildert diese Gegensätze besonders anschaulich, indem er auf das eigentümliche Mißverständnis hinweist, das notwendig daraus entstehen muß, wenn man glaubt, Philosophie so behandeln zu können, wie Wissenschaft behandelt wird.

Auch innerhalb der Philosophie kann man verschiedene Typen unterscheiden. Man findet Menschen, denen exakte Beobachtungsgabe und Vermögen des logisch ordnenden Denkens fehlen, welche nur die philosophische Einstellung haben, nicht aber die eigentümliche Art Klugheit, die wissenschaftliche Einstellung, die den Stoff liefert, den Ansatz dafür, wo der Sinn geklärt werden soll. Diese Leute werden gewöhnlich kühne Metaphysiker.

Der Philosoph braucht diese Klugheit außer intuitivem Verständnis und Enthusiasmus, damit sie ihm das Material gibt, wo die Überlegungen anzusetzen sind, die Wege weist, daß er nicht in ein wildes und haltloses Spekulieren verfällt. (Dieser Unterschied ist auch nach Völkern verschieden; z. B. haben die Engländer wohl die eigentümliche Begabung, doch fehlt es ihnen oft an der wissenschaftlichen Klugheit, die notwendig mit der Intuition verbunden sein muß.) Für den Fortschritt innerhalb der Philosophie ist jedenfalls beides notwendig, intuitives Verständnis und wissenschaftliche Klugheit. – Wir haben gesehen, daß die Philosophie es irgendwie mit Erkenntnis zu tun hat, so zwar, daß sie diese zu vollkommener Klarheit erheben, ihren Sinn feststellen soll. Wenn wir nun das, was wir als Aufgabe der Philosophie erkannt haben, voraussetzungslos in Angriff nehmen wollen, müssen wir von der Situation ausgehen, wie sie im täglichen Leben gegeben ist. Wir wollen uns ganz im allgemeinen klar machen, was bei der Erkenntnis der Welt vorliegt.

Erkenntnis kann man so auffassen, daß von der Wirklichkeit ein Bild entworfen wird. Es kommt also bei der Wahrheit darauf an, daß wir uns von der Wirklichkeit ein Bild machen. Stimmt das Bild mit der Wirklichkeit überein, so sagen wir, daß wir die Wahrheit besitzen; wenn nicht, so sagen wir, daß wir uns getäuscht haben. Es ist wesentlich, daß bei jeder Erkenntnis so etwas stattfindet; es ist immer etwas da, das erkannt werden soll, und jemand, der erkennen will. Es soll also im Subjekt etwas gebildet werden, das dem Objekt entspricht.

Bei »Abbilden der Wirklichkeit« ist »Bild« im allerallgemeinsten Sinne gemeint; man kann z. B. auch mit der Sprache etwas abbilden, und das ist die gewöhnliche Art, wie Erkenntnisse gewonnen und ausgesprochen werden. Ob diese Worte gesprochen, geschrieben oder anders gebildet werden, ist für das Wesen der Erkenntnis gleichgültig; für die Erkenntnis wesentlich ist, daß sie ausgedrückt, abgebildet wird. Die Erkenntnis besteht im Ausdruck, im Abbilden.

7. Das Wesen des Ausdrucks

Die philosophischen Probleme haben etwas mit der Formulierung der Fragen zu tun, die auf den verschiedenen Gebieten der menschlichen Erkenntnis gestellt werden; denn alle Probleme, alle Fragen, alle Lösungen müssen uns in irgendeiner Form mitgeteilt werden. Das gehört wesentlich zu den Problemen dazu. Die Frage der Formulierung von Aussagen und allem, was gesagt werden kann, spielt also sicher eine gewisse Rolle. Dadurch allein können Probleme sogar gelöst werden, so z. B. das in alle übrigen Probleme eingreifende Platonische Problem, d. i. die Frage nach dem Verhältnis der Begriffe zur Wirklichkeit.
Die Mitteilung wird aber erst ermöglicht durch den eigentümlichen Tatbestand des Ausdrucks. Unter »Ausdruck« verstehen wir jede mögliche Art der Abbildung (Bild, Skulptur, Aufzeichnungen auf einer Grammophonplatte, Gesten, Schriftzeichen in einem Buche, Morsezeichen, sprachliche Sätze) – wir können auf die verschiedenste Weise etwas darstellen, ausdrücken. Ein solches Verfahren können wir eine Sprache nennen, aber nicht in dem Sinne, wie Philologe oder Psychologe mit der Sprache arbeiten, sondern viel allgemeiner; wir haben es also hier mit einer ganz allgemeinen Sprachtheorie zu tun, denn das hier Gesagte muß für jede beliebige Art des Ausdruckes gelten. –
Mitteilung besteht darin, daß man einen Zuschauer oder Hörer vor einen Tatbestand stellt, um ihm dadurch einen anderen zur Kenntnis zu bringen. Es können da ganz verschiedene Zeichen dasselbe leisten – immer aber existiert eine gewisse Entsprechung, eine bestimmte Beziehung zwischen dem Gefundenen und dem Ausgedrückten, so z. B. zwischen den Worten, den Mundbewegungen und dem, was man sagt; man weiß es so genau, als die Worte es sagen.
Man kann auf eine Tafel die Worte schreiben: »In Spanien sind Unruhen« – es sind da auf einem schwarzen Felde weiße Striche zu sehen, und man weiß dadurch etwas, das sich in einem fernen Lande abspielt. Die Zeichen drücken also etwas ganz anderes aus, und zwar so, daß man es weiß. Das Merkwürdige ist, daß wir da einen Tatbestand vor uns haben und dadurch einen ganz anderen Tatbestand oder etwas Abstraktes wissen, was damit scheinbar

gar nichts zu tun hat. Dieses eigentümliche Phänomen ist das Phänomen des Ausdrucks. Es ist dies das Problem der Sprache im allgemeinen, das uns hier wegen seiner Beziehung zur Erkenntnis interessiert, denn die Erkenntnis ist ihrem ganzen Wesen nach etwas, das ausgedrückt werden soll, der Ausdruck gehört dazu, und so kann sie in gewissem Sinne als Abbildung der Wirklichkeit bezeichnet werden. Die Ausdrückbarkeit bedingt da die Mitteilbarkeit.

Die mitteilenden Tatbestände sind der Art, wie wir sie im täglichen Leben bei der Verständigung immer haben, außer verschiedenen anderen Mitteln vor allem die Sprache. Wenn wir hier von »Sprache« in einem ganz weiten Sinne sprechen, so machen wir doch die Einschränkung, daß die Sprache so geschaffen wird, daß sie in der Wirklichkeit das bezeichnen soll, was sie ausdrückt, um so den Tatbestand der Möglichkeit der Mitteilung verständlich zu machen. Wie ist es überhaupt möglich, daß wir durch Vergegenwärtigung eines bestimmten Tatbestandes einen gänzlich verschiedenen Tatbestand wissen, zur Kenntnis nehmen, kennenlernen können? Wie kann ein Teil der Wirklichkeit einen anderen Teil der Wirklichkeit ausdrücken? Denn durch die Sprache, resp. die vorliegende Anordnung der Zeichen, ist Wirklichkeit, und wenn man sie der Wirklichkeit als Sprache gegenüberstellt, soll damit kein Dualismus behauptet werden.

Es scheint einfach zu sein, wie man darauf kommt: Wir sehen Schriftzeichen, die uns nicht unbekannt sind; der Buchstabe entspricht einem bestimmten Laut, eine Kombination von Lauten oder Schriftzeichen aber einem Namen (z. B. für ein bestimmtes Land »Spanien«), das hat man einfach gelernt. Es ist dadurch eine in letzter Linie offenbar willkürliche Beziehung geschaffen durch Konvention, zwischen der Laut- oder Schriftsprache und dem betreffenden Land. Ein Name aber ist nichts anderes als ein Spezialfall dessen, was man ein Zeichen nennt, ein Zeichen dafür eben, was es bezeichnet. Das ist alles Festsetzung. Wir haben also Zeichen für bestimmte Dinge festgesetzt. Ein Schriftzeichen steht z. B. für ein Ding, vermöge der besonderen Kombination der Buchstaben. – Jede Sprache besteht aus Zeichen, das sind irgendwelche wirklichen Elemente, die vermöge ihrer willkürlichen oder unwillkürlichen Konvention irgendwelchen anderen Elementen der Wirklichkeit zugeordnet sind, um sie zu bezeichnen. Wir nennen diese Zeichen Symbole. Das Zeichen, der bloße physische Gegenstand, ist Symbol, wenn es seine Funktion als Zeichen erfüllt. Beim Prozeß des Ausdrückens wird etwas symbolisiert, d. h. es wird festgesetzt, daß ein bestimmtes Element der Sprache irgendwelche bekannten Gegenstände bezeichnen soll. Das Symbol besteht also aus dem Material plus der Zeichenfunktion. Das eigentümliche Rätsel, wie eine solche Stellvertretung durch Symbole stattfindet, ist noch nicht klar.

Aber die Entsprechung der mitteilenden und der mitgeteilten Tatsache ist eine Beziehung, die uns noch nicht genügt, um das Phänomen des Ausdrucks zu verstehen. Denn die Funktion des Bezeichnens beruht ja auf einer willkürlichen Abmachung, die schon vorhanden sein muß, wenn man etwas bezeichnen will. Man könnte so nur Tatsachen mitteilen, für die man schon Zeichen geschaffen oder eingeführt hat, also für jeden neuen Tatbestand ein neues Zeichen. Diese Fälle sind die uninteressanteren; wir finden sie bei allen Benennungen und dem ganzen Signalwesen (Lichtsignale der Eisenbahn z. B.). Dieses Bezeichnen ist auch bei manchen Tieren zu finden: Die Bienen haben verschiedene Zeichen zur Mitteilung von Tatbeständen.

Es ist aber gerade das Wesentliche des Ausdrucks, daß wir imstande sind, Tatsachen mitzuteilen, die noch nicht bekannt sind. Der Gedanke, daß die Mitteilung darauf beruht, daß wir dem mitzuteilenden Tatbestand Zeichen zugeordnet haben, die wir nun verwenden können, um diesen zu bezeichnen, gibt nicht Rechenschaft von dieser wichtigsten Funktion des Ausdrucks, eben etwas Neues mitzuteilen, das wir noch nicht wußten. Wir sind ja imstande, jeden möglichen Tatbestand auszudrücken, und sogar mit einem Minimum an Zeichen; denn, so merkwürdig es ist, wir kommen mit einer geringen Zahl von Zeichen aus, um viele oder alle Dinge der Welt zu bezeichnen. Da der Ausdruck etwas Neues mitteilt, ist die bloße Funktion der Zuordnung nicht ausreichend. Wir müssen daher überlegen, wie es möglich ist, neue Tatsachen, ja alle Tatsachen durch alte und wenige Zeichen auszudrücken. Man könnte neue Tatsachen als möglich voraussetzen, in der Phantasie Kombinationen ausführen, die man in der Erfahrung noch nicht angetroffen hat, sich aber gut vorstellen kann – man will z. B. ein Krokodil mit Flügeln als »Drachen« bezeichnen – und nun sagen, daß die Bezeichnung neuer Tatbestände möglich ist, weil man sich die neuen Tatbestände durch alte Zeichen ausmalen kann, und daß man so, nur zur Abkürzung, einen neuen Namen einführt. So kann man mit den Mitteln der Sprache etwas noch nie Gesehenes beschreiben, das man sich bloß vorstellen kann, auch wenn die Worte in dieser Verbindung noch nicht vorgekommen sind. Es bedeutet aber nicht mehr als eine Erfahrungstatsache, daß man unter Umständen solche Phantasiebilder ausmalen und dann beschreiben kann, es ist eine psychologische Angelegenheit, eine Fähigkeit, die verschiedene Menschen haben. Auch dabei handelt es sich um die Kombination von Worten (oder von Phantasie-Bildern), durch die das Neue eben ausgedrückt wird. Uns handelt es sich aber darum, wie man alle möglichen Tatbestände ausdrücken und erklären kann, nicht nur Phantasiebilder.

Bei unserem früheren Beispiel lernt man z. B. die Tatsache »Unruhen in Spanien« durch Zeichen neu kennen. Es ist durch Konvention kein eigenes Zeichen für »Unruhen in Spanien« eingeführt. Der Ausdruck besteht darin, daß er uns eine bestimmte Tatsache zur Kenntnis bringt, ohne daß wir die Zeichen in diesem Zusammenhang näher erklären müssen.

Der Ausdruck erklärt sich selbst, und das ist sein wesentlicher Unterschied von einem Signal, welches bloß zeichen-symbolische Funktion hat. Der Ausdruck hat also die Eigentümlichkeit, daß er sozusagen selbst seinen Sinn angibt. Das Wesen des Ausdrucks besteht darin, daß er es mitteilt. Würde ein Ausdruck in Satzform sich nicht selbst erklären, so könnte man nie einen Satz durch einen anderen erläutern, sondern würde ins Unendliche kommen. Bei Zeichen, Symbolen, muß man sich erst darauf besinnen, was sie bedeuten sollen; man hat es gelernt. Kennt man einmal die einzelnen Zeichen, so versteht man dann von selbst einen Ausdruck, der aus diesen Zeichen gebildet ist. Wenn man z. B. hört: »Auf dem Tisch liegt ein grüner Zettel«, so versteht man das, auch wenn man noch nie auf einem Tisch einen grünen Zettel hat liegen sehen. Die Lautfolge ist nicht durch Konvention gerade für diesen bestimmten Tatbestand festgesetzt. Man muß allerdings gelernt haben, was »Tisch«, »grün«, »auf etwas liegen« etc. bedeutet; diese Zeichen muß man verstehen. Dann weiß man auch, was der Satz, den man noch nie gehört hat, bedeutet. Er teilt es selber mit.

Die Zeichen hat man dadurch erlernt, daß sie in verschiedenen Ausdrücken verwendet worden sind, deren Bedeutung man als Kind erraten hat. Durch richtiges und falsches Erraten lernt man die Sprache gebrauchen und kann dann die Worte so verwenden, daß man neue Sätze aus ihnen bildet, oder man kann neu gebildete Sätze verstehen. Wenn man die Bedeutung der Worte einmal kennt, kann man gar nicht mehr fragen, was der Satz heißen soll, man könnte ihn zur Antwort nur wiederholen; er erklärt sich selbst, wir müssen und können nichts mehr hinzufügen. Erläuterungen muß man nur bei Zeichen hinzufügen. Diese Eigenschaft eben macht den Ausdruck wertvoll. Wenn der Ausdruck diese Eigenschaft nicht besäße, auf einer primitiveren Stufe stünde, würde es keine Wissenschaft, keine Philosophie geben – und das eben ist wesentlich für den Ausdruck, daß er neue Tatbestände mit alten Zeichen symbolisiert. Nur dieses neue Mitteilen nennen wir »Ausdruck« zum Unterschied vom »Bezeichnen«.

Unsere Sprache ist ja so eingerichtet, daß wir, prinzipiell gesprochen, alles damit sagen können, was wir nur wollen. Daß einem »die Worte fehlen«, um etwas auszudrücken, kann nur emotional gemeint sein. Wir haben auch von vornherein zur Sprache das Vertrauen, daß sie schlechthin alle unendlich vielen möglichen Tatbestände ausdrücken kann, trotzdem die Zahl der sprachlichen Zeichen sehr klein ist (nur 25 Buchstaben, bei Morse sogar nur Punkte, kurze und lange Striche). Man kann auch beliebige Sprachen ausdenken. Wenn man durch willkürliche Konventionen einem Ding eine bestimmte Bedeutung gibt, kann man es seine Sprache nennen und alles damit ausdrücken. Auf die Frage, daß es dennoch vorkommen kann, daß die Sprache irgendwie versagen könnte, wird später noch zurückgekommen, z. B. darauf, wie sich der Fall des Mystikers, der etwas schaut und es angeblich nicht ausdrücken kann, in die Erkenntnis einordnet. Man kann also jedes beliebige Material als Sprache verwenden, um jeden beliebigen Tatbestand in der Welt auszudrücken.

Es scheint nun sehr merkwürdig, daß man durch verschiedene Anwendungen eines Punktes auf einem Stück Papier alles ausdrücken kann, was auf der Welt vorgeht, daß wir also die Zeichensprache immer mehr und mehr vereinfachen können und mit einem Minimum an Zeichen ein Maximum an Tatbeständen auszudrücken vermögen, wenn wir sie nur erkannt haben. Für die praktischen Zwecke ist es allerdings besser, wenn man mit mehr Zeichen, mehr Worten operieren kann; theoretisch ist dies aber nicht nötig, um die Ausdrucksfunktion zu vollziehen. Die früheren Philosophen haben auf die Analyse dieser sehr merkwürdigen

Verhältnisse gar keinen Wert gelegt, obzwar man von diesem Problem des Ausdrucks aus die ganze philosophische Welt aus den Angeln heben kann.

Da wir alles, und das mit wenigen Zeichen, ausdrücken können, kommt es uns nicht auf die einzelnen Zuordnungen an, sondern wir wollen allgemeine Regeln angeben, nach welchen solche Zuordnungen zu vollziehen sind. Ein mathematisches Beispiel: Man kann ganz verschiedene Zahlen hinschreiben und darüber den Logarithmus, so wie in der Logarithmentabelle; statt dessen aber kann man eine allgemeine Regel angeben, nach welcher man zu einer Zahl den Logarithmus findet, wie eben diese Zuordnung stattfindet. Man ersetzt da mit einer Regel eine unendliche Reihe von Zuordnungen.

Das kann man auch allgemein machen: Wie aber sind diese Zuordnungen durch eine Regel zu treffen, so daß man jede beliebige Möglichkeit erfaßt? Wodurch ist es möglich, allgemeine Regeln so anzugeben, daß man durch Kombination einer kleinen Anzahl von Zeichen jeden beliebigen Tatbestand ausdrücken kann? Man müßte dazu alle möglichen Tatbestände gleichzeitig überschauen können, sie in ein vorher bereitgestelltes System einordnen; so würde es sich um eine Kombination im Raume handeln, um eine räumliche Veränderung innerhalb des angelegten Schemas. Das ist eine Form, durch welche unendlich viele Kombinationen möglich sind und für die die allgemeinen Regeln der Geometrie gelten.

Bei diesen Regeln kann man nicht wie z. B. bei Logarithmen auswendig lernen, welche Regel zu welchem Tatbestand gehört: Es besteht nur die eine Möglichkeit, daß zwischen dem Zeichenkomplex, den man als Ausdruck für den neuen Tatbestand verwendet, und dem auszudrückenden Tatbestand eine natürliche Entsprechung besteht und keine willkürlich festgesetzte.

Es müssen sich also die Unterschiede, die die Tatbestände untereinander haben, und die Unterschiede, die die Zeichen untereinander haben, natürlich, von selbst entsprechen, nicht durch Konvention; sie müssen also etwas Gemeinsames haben. – Dies ist nun wieder sehr merkwürdig, denn wie weiß man denn, daß alle Tatbestände, die in der Welt vorkommen werden, gewisse Züge gemeinsam haben werden? Man muß ja von allen Tatbeständen von vornherein, *a priori,* wissen, daß sie Gemeinsames haben werden und welcher Art dies ist, sonst wäre man nicht imstande, die dazu nötigen Zeichen auszusuchen, um diese Tatbestände auszudrücken. Schon Kant hat gefragt, wie man von räumlichen Gegenständen *a priori* etwas wissen könne, und dies dahingehend beantwortet, daß alle Gegenstände eine bestimmte Form haben werden, die nach Meinung Kants durch das Bewußtsein aufgeprägt werde. Hier liegt Analoges vor, wenn auch im Grunde total anders: Die Gegenstände haben gemeinsame Formen. Doch wir verstehen unter »Form« etwas zum Teil ganz anderes als Kant.

Alle möglichen Tatbestände haben also die Form, die Struktur gemeinsam. Man versteht die Sätze, auch wenn man sie noch nie gehört hat. Aber es scheint für den Ausdruck wichtig zu sein, daß die Worte gerade in einem bestimmten Verhältnis zueinander verwendet werden und in keinem anderen, wenn der Satz wahr sein soll. Z. B. haben die Sätze: »Auf dem Papier liegt Kreide« und »Auf der Kreide liegt Papier« verschiedenen Sinn. Man hat hier Worte verwendet, deren Gebrauch schon festlag, der Unterschied liegt bloß darin, daß man mit den Worten eine zeitliche (bei geschriebenen Zeichen eine räumliche) Vertauschung vorgenommen hat. Wenn dies wirklich der einzige Unterschied zwischen den Sätzen ist, so ist es auch der Grund dafür, daß diese Sätze Verschiedenes bedeuten. Dieser Unterschied in der zeitlichen oder räumlichen Ordnung der Zeichen entspricht dem Unterschied der Tatsachen, und daher wissen wir, was mit diesen Sätzen gemeint ist.

Ein Satz kann also etwas aussagen durch die Ordnung, in welcher die Zeichen vorkommen. Daher können wir vorläufig formulieren: Die Möglichkeit des Ausdruckes beruht auf der Möglichkeit, Zeichen zu ordnen.

Die Regeln der Grammatik sind nun alle Regeln, die den Symbolismus einer Sprache beherrschen, um damit etwas auszudrücken. Wir verwenden z. B. das Wort »liegt auf« für ein räumliches Verhältnis, und das zuerst Genannte, das Subjekt, liegt oben, während das Objekt dasjenige ist, das unten liegt. Man kann also durch eine zeitliche Beziehung der Zeichen (eine zeitliche Stellung der Worte im Satz) die räumliche Beziehung der Gegenstände symbolisieren. Es kann auch die räumliche Ordnung unserer Schriftzeichen z. B. eine andere räumliche Ordnung symbolisieren nach unseren Schriftregeln; der Gegensatz links-rechts entspricht dann dem Gegensatz oben-unten. Es ist so eingerichtet, so eben werden unsere Worte und Zeichen konventionsgemäß verwendet. Wir sind darauf eingeübt, und darum können wir, obgleich die beiden Arten von Ausdrucksweisen (gesprochene und geschriebene) gänzlich verschieden sind, beide als Ausdruck eines Tatbestandes hinnehmen; die eine aber hat eine räumliche, die andere eine zeitliche Ordnung. Die Sachverhalte der räumlichen und zeitlichen Beziehung gehören zu den allerhäufigsten. Man kann die Form dieser Beziehung mit dem Begriff der »Ordnung« wiedergeben. Bei Form handelt es sich also um eine gewisse Ordnung; diese ist das Gemeinsame der verschiedenen Ausdrucksmittel, wodurch sie eben imstande sind, dasselbe auszudrücken. Es gibt aber noch andere Arten von Ordnung als räumliche und zeitliche, daher ist der Begriff der Ordnung noch allgemeiner zu fassen.

Das Gemeinsame zwischen Ausgedrücktem und Ausdruck, die natürliche Verwandtschaft, die zwischen den einzelnen Tatsachen vorliegen muß, daß sie einander ausdrücken können, daß der eine Tatbestand den anderen wiedergibt, ist also die Ordnung oder besser, die Struktur. (Inwiefern einem Tatbestand eine gewisse Ordnung seiner Elemente zugeschrieben werden kann, wird noch gesagt werden.) Die Behauptung, daß ein geschriebener, gesprochener oder anders irgendwie fixierter Satz eine solche Ordnung beinhaltet, daß er alle Tatbestände ausdrücken kann, scheint eine sehr weitgehende, auch eine Behauptung über die Tatbestände selbst zu sein, was aber nicht der Fall ist; es scheint hier eine sehr kühne Aussage über die möglichen Strukturen, die vorkommen können, vorzuliegen, also über die Form der Wirklichkeit. Bei dieser Entsprechung durch Ordnungen müssen wir *a priori* überzeugt sein, daß alle Tatbestände in der Natur so geordnet sein werden, daß man durch andere Ordnungen diese Tatbestände darstellen kann. Dies scheint eine Aussage über die Welt zu sein. – Um das eigentümliche Verhältnis zu beleuchten, das zwischen dem Ausdruck und demjenigen, was er ausdrückt, zwischen Satz und Tatbestand, den er aussagt, besteht, erwägen wir noch Folgendes: Das Wort »Abbildung der Wirklichkeit« ist nicht so wörtlich zu nehmen. Diese Ausdrucksweise ist von dem Tatbestand hergenommen, der vorliegt, wenn man direkt ein Bild von der Wirklichkeit herstellt. Wir sagen deshalb, daß ein Gebilde etwas »abbildet«, weil wir denselben Eindruck haben, d. h. sich dieselben psychischen und physiologischen Prozesse abspielen, wenn wir das Bild und den Gegenstand, den es abbildet, ansehen.

Doch dies ist eine psychologische Angelegenheit. Wir müssen bedenken, was es heißt, daß ein Bild einen Gegenstand abbildet oder ein Tatbestand einen anderen, warum das Bild den Gegenstand abbildet. Es ist einfach, sich klar zu machen, was man z. B. bei einer Photographie unter »abbilden« versteht. Es ist die Übereinstimmung der örtlichen und räumlichen Verhältnisse in dem Sinne einer geometrischen Ähnlichkeit; die verschiedenen Linien haben die gleichen Verhältnisse zueinander wie die Linien des Gegenstandes in der Wirklichkeit. Bild und wirklicher Gegenstand haben die Struktur gemeinsam, die hier eine räumliche ist. Das Abbild ist hier also räumliche Entsprechung. Es handelt sich nicht um dieselbe Struktur, aber um eine sehr ähnliche; es ist keine Plastik (daher Angelegenheit der Perspektive, also geometrischer Natur). Man kann also gewisse Züge der Wirklichkeit in der Ebene wiedergeben. Es ist keine Identität, aber eine Strukturgemeinschaft, und das nennen wir dann ein »Bild« des Gegenstandes. Bei einem farbigen Bild finden wir noch eine weitere Gemeinsamkeit: die Farbe. Man pflegt sogar zu sagen, daß die Farben dieselben sind. Auch das ist eine Strukturähnlichkeit, weil sich die räumliche Verteilung der Farben entspricht. Diese Entsprechung ist noch in einem besonderen Sinne eine natürliche Entsprechung. Auch Kinder erkennen ein solches Bild leicht als Bild des betreffenden Gegenstandes; Hunde aber können das nicht. D. h., wir fassen von vornherein diese räumlichen Verhältnisse als Zeichen für andere räumliche Verhältnisse auf, die wir aus der Erfahrung bereits kennen, weil der sinnliche Eindruck ein ganz ähnlicher ist. (Die psychischen und physiologischen Prozesse verlaufen gleich oder ähnlich.)
Es ist eine bloße Zufälligkeit, wenn räumliche Verhältnisse wieder räumlichen Verhältnissen entsprechen. Notwendig ist nur eine Entsprechung ganz im Allgemeinen. Bei Buchstaben z. B. bildet die räumliche Aufeinanderfolge die zeitliche Aufeinanderfolge der Laute ab. Das ist kein natürliches Bild mehr, man kann es nur verstehen, wenn man es gelernt hat, es muß erst eine Festsetzung getroffen werden. Eigentlich wäre eine solche Festsetzung auch bei vorhergenannten »natürlichen« Bildern zu treffen, denn ein Bild könnte auch scheinbar einen Gegenstand darstellen, *de facto* aber eine Geheimsprache sein. Für gewöhnlich aber ist so eine Festsetzung nicht nötig, da das Bild den Gegenstand darstellen soll, selten aber Abbildung in anderem Sinne ist.

Bei einer Landkarte z. B. ist die Gegend so abgebildet, daß die räumlichen Verhältnisse der Karte nach einem bestimmten geometrischen Prinzip den räumlichen Verhältnissen der Wirklichkeit entsprechen. Dabei gibt es aber auch noch andere Zeichen, deren Bedeutung erst mitgeteilt werden muß, Sache der Abmachung ist (ein Kreis ist eine Stadt, ein + eine Kirche etc.). Man muß daher zwischen künstlichen und natürlichen Bildern unterscheiden. Die natürlichen Bilder zeigen eine weitergehende Ähnlichkeit; sie geben räumliche Verhältnisse durch räumliche Verhältnisse wieder, Farben durch Farben u.s.f. Bei den künstlichen Abbildern muß eine Konvention getroffen werden, die den Sinn der Abmachung klar macht. Der Unterschied zwischen diesen Bildern hat aber nur praktische Bedeutung und ist philosophisch nicht von Interesse. Man hat irrtümlich immer gemeint, daß, wenn man von Abbildung sprach, es sich nur um eine natürliche handeln müsse. Wir weisen darauf hin, daß es nur wesentlich ist, daß ein Original-Tatbestand vorliegt und ein zweiter, abbildender Tatbestand, die eine Entsprechung haben. Die Abbildung kann eine natürliche oder künstliche sein. Entsprechung liegt eben dann vor, wenn die Ordnung zwischen den beiderseitigen Elementen auf beiden Seiten gleich oder doch ähnlich ist. Das Entscheidende ist, daß die Ordnung der Elemente eine entsprechende sein muß. Wenn wir von Ordnungen sprechen, müssen wir überschauen können, daß es sich da um Gesetzmäßigkeiten handelt. Dort, wo Ordnungen vorliegen, hat man die Möglichkeit, beliebige Ordnungen vorher durch allgemeine Anweisung zu symbolisieren. Wenn man z. B. die Lage gewisser Punkte im Raume zueinander beschreiben will, so macht dies die Euklidische Geometrie durch Zeichnungen. Nach der Methode von Descartes' analytischer Geometrie wird dies sehr einfach symbolisiert durch Angabe der Lage zu einem Koordinaten-System. Ein beliebiges Zahlen-Tripel kann uns also immer einen Punkt angeben. Diese Zahlen sind dann ein Bild der räumlichen Ordnung von Punkten, die man eben angeben will. Das Bild hat hier gar keine räumliche Ähnlichkeit mit dem von ihm Dargestellten und doch in gewissem Sinne dieselbe Struktur. – Der Unterschied zwischen Euklidischer und analytischer Geometrie ist der, daß die eine durch Zeichnungen, die andere durch Zahlen symbolisiert. Im Prinzip aber sind beide gleich, beide sind Abbilder. Bei der Übereinstimmung, die zwischen Ausgedrücktem und Aus-

druck herrschen muß, können wir uns ganz verschiedene Arten von Abbildern konstruieren und erdenken, aus jedem beliebigen Material. Wesentlich dabei ist, daß der Strukturzusammenhang mit der Wirklichkeit erhalten bleibt. Wenn wir beliebige Tatbestände in beliebiger Weise, mit beliebigem Material darstellen, muß also immer die Vorbedingung gegeben sein, daß wir die Strukturzusammenhänge erreichen können; die Zahl wird sehr häufig verwendet, denn sie ist ein typisches Beispiel für eine Struktur. Einen Tatbestand, der soundso viele Elemente hat, kann man mit einer Sprache nur ausdrücken, wenn diese Sprache ebensoviele Elemente hat. Wir nehmen die ursprünglichen Elemente, aus denen unsere Sprache besteht, und fügen sie in einer neuen Struktur zusammen, die gleich derjenigen des Tatbestandes ist, den man ausdrücken will. Was »Struktur« ist, wird sich im Laufe unserer Betrachtungen immer mehr und mehr herausstellen; man kann jedenfalls hier keine Definition davon geben, trotzdem aber zu einer genauen Einsicht gelangen.
Wenn man davon spricht, daß ein Zeichensystem vermöge seiner Struktur fähig ist, einen Tatbestand mitzuteilen, so darf man das doch nicht so auffassen, als ob z. B. ein hingeschriebener Satz von selbst eine Struktur hätte, die auch von selbst der Struktur des dargestellten Tatbestandes entspricht. Von »gleicher« Struktur kann erst gesprochen werden, nachdem der Kombination der Zeichenelemente eine Bedeutung gegeben worden ist. Der Satz muß erst interpretiert werden, und dasselbe gilt von einem Tatbestand: Er hat nicht von selbst eine und nur diese eine Struktur, er hat sie nur dann, wenn man aus dem komplizierten Tatbestand etwas Bestimmtes herausgehoben hat. – Ein Satz ist erst dann ein Satz, wenn er als Satz aufgefaßt wird; dann erst kann man sagen, ob der Satz wahr oder falsch ist. Der Satz hat erst, wenn er verstanden ist, eine bestimmte Struktur. Die Glieder eines Satzes oder Tatbestandes haben erst dann eine bestimmte Struktur, wenn Konventionen getroffen sind; z. B. bedeutet keine Lautfolge, die wir von uns geben, an und für sich, von Natur aus etwas, sondern nur dann, wenn ihren einzelnen Elementen Bildbedeutung gegeben worden ist. Ohne Konventionen gibt es keine Mitteilung; soweit ist jede Sprache konventionell. An eine natürlich gegebene Verwandtschaft zwischen Tatbestand und Sprache konnte man nur im Altertum glauben, als man nur eine Sprache kannte.

Es muß also immer eine Beziehung zwischen Zeichen-Symbol und Symbolisiertem vorausgesetzt werden. Dieses eigentümliche Abbildungsverhältnis ist sehr wichtig, weil es bei jeder Erkenntnis vorliegt und man es bei allen Fragen über die Wirklichkeit immer wieder heranziehen kann. Die Antwort auf eine solche Frage wird dann zeigen, daß sie etwas mit der Struktur der Wirklichkeit gemeinsam hat. Auch bei den wichtigen Fragen der Philosophie handelt es sich ja immer um Mitteilung, und da ist es von außerordentlicher Bedeutung zu wissen, welche Sätze uns eigentlich etwas mitteilen.

Da uns eine beliebige Sprache beliebige Tatbestände mitteilen kann, so kann, wie uns auch unser Gefühl sagt, in der Welt nichts passieren, wovon wir nicht sprechen könnten. (Wir werden später noch sehen, wann uns dieses Gefühl täuscht.) Man kann das Neue also dann mitteilen, wenn es eine Struktur hat, die wir nachzubilden vermögen. Das Neue mit alten Zeichen mitzuteilen, das eben ist die Funktion der Sprache, des Ausdrucks. Wo Altes mit alten Zeichen mitgeteilt wird, liegt nur ein Signalsystem vor, eine Symbolisierung, aber noch kein Ausdruck, keine Sprache.

Von diesem Problem des Ausdrucks aus lassen sich alle Hauptfragen der Philosophie in Angriff nehmen; es hängt vor allem innig mit dem Problem des Erkennens zusammen.

8. Das Wesen der Erkenntnis

Wir fragen uns, was wir meinen, wenn wir im täglichen Leben, besonders aber in der Wissenschaft von »Erkenntnis« sprechen, welchen Prozeß man so zu bezeichnen pflegt.

Die Erkenntnis in den Wissenschaften ist nicht prinzipiell von dem verschieden, was man schon im täglichen Leben als Erkenntnis zu bezeichnen pflegt. Das Leben, das der Mensch führt, weicht nach dem Plane, nach dem es aufgebaut ist, von dem der Tiere ab. Ein Tier antwortet auf Reize durch entsprechende Handlungen vermöge seines Instinktes. Diese Instinkte sind nichts anderes als Dispositionen, und zwar starre Dispositionen, denn die Instinkte sind nur auf das Eintreten bestimmter Tatsachen eingestellt, was zur Folge hat, daß leicht Täuschungen eintreten können (der Fisch kann nicht überlegen, beißt in den Angelhaken). Das menschliche Leben unterscheidet sich von dieser Art Einstellung durch eine bessere Anpassung an die Außenwelt. Der Mensch hat weniger Instinkte, die ihn im täglichen Leben führen, doch ist ihm durch den Verstand oder die Vernunft ein besseres Mittel gegeben. Das ist zunächst nichts anderes als eine größere Anpassungsfähigkeit an eine Mannigfaltigkeit von Umständen. Wir müssen eine gewisse Einsicht und Übersicht über die Ordnung der Welt haben, um uns in ihr zurechtzufinden. Der Mensch kann auf längere Zeit hinaus planen, voraussehen, um sich der Umwelt geschmeidiger anzupassen, sich auf Unvorhergesehenes einzustellen. Sich dem Unvorhergesehenen gegenüber und allen beliebigen Umständen gegenüber richtig zu verhalten, ist die ursprüngliche Aufgabe der Erkenntnis. Aus diesem Zwecke der Erkenntnis können wir ablesen, worin Erkenntnis in jedem einzelnen Falle besteht.

Es ist für das Leben notwendig, daß wir auf alle Situationen, die uns im Leben entgegentreten, gefaßt sind, von neuen nicht überrascht werden; daß sich ein Mensch so auf unvorhergesehene Umstände einstellen kann, geschieht selbstverständlich nicht durch eine besondere Gabe der Divination, sondern diese Anpassung findet auf Grund früherer Erfahrungen statt. Aus Erfahrungen kann der Mensch eine Anleitung entnehmen, wie er sich in anderen, noch nicht erfahrenen Fällen zu verhalten hat; es ist dies eine Angelegenheit der Analogie. Wenn die neuen Umstände tatsächlich völlig neu sind, mit nichts verglichen werden können, dann ist der Mensch tatsächlich hilflos. Dies tritt im Leben des Erwachsenen aber fast nie oder gar nie ein. Der Mensch weiß also, daß er in dem Neuen etwas schon Dagewesenes findet, nur in anderem Zusammenhang, in neuer Kombination. Das Wesen der Vernunft besteht nun darin, das Neue zu analysieren und dadurch Ähnlichkeiten in Verschiedenem zu entdecken, im Neuen das Alte wiederzufinden. Der Mensch zergliedert also die neuen Erfahrungen in bestimmte, ihm schon vertraute Bestandteile, um sich dann passend verhalten zu können; das ist der eigentliche Kern der *ratio*, des Vernunft-Vermögens (womit keine dogmatische Bestimmung getroffen sein soll, worin die Vernunft eigentlich besteht). Zunächst ist der Erkenntnisprozeß also eine biologische Funktion; später geht der Erkenntnisprozeß vor sich, auch ohne daß er zum Leben notwendig ist. Im täglichen Leben gebraucht, bedeutet das Wort »Erkenntnis« immer den Vorgang, dem Unbekannten seine Fremdheit zu nehmen und aus ihm etwas Bekanntes, Vertrautes zu machen. Diese Tätigkeit, im Unbekannten das Bekannte aufzufinden, bereitet dem Menschen Freude; die wissenschaftliche Neugierde, der Erkenntnistrieb, wird zu einer lustvollen Tätigkeit, zum Selbstzweck, zu einer Art Spiel. Die wissenschaftlichen Erkenntnisse unterscheiden sich von denen des täglichen Lebens dadurch, daß sie um ihrer selbst willen gesucht werden. Wenn sie nachher auch einem praktischen Zwecke zugeführt werden, so werden sie doch ursprünglich um der Freude an der Erkenntnis willen erstrebt.

Bei der Erkenntnis handelt es sich also erstens um Auffindung der Ähnlichkeit, und zweitens darum, die alten Elemente in neuer Kombination zu erfassen. Die Fähigkeit der Kombination ermöglicht dem Menschen, durch neue Situationen nicht überrascht zu werden und auch Erfindungen zu machen, d. h., eine neue Kombination von bekannten Elementen selbst herzustellen (z. B. Werkzeuge herzustellen und zu gebrauchen). Die neuen Elemente in alte aufzulösen ist die passive Anpassung; selbst neue Kombinationen zu schaffen, um in die Umwelt einzugreifen, ist aktive Anpassung.

Der Mensch muß jedenfalls die neuen Situationen in irgendeiner Weise vorwegnehmen können, um zu wissen, wie es zweckmäßig ist, daß er sich unter neuen Verhältnissen benimmt; dazu bedarf er der Voraussicht. Erkenntnis dient also auf jeden Fall der Voraussicht. Der Mensch muß in Gedanken mit diesen Dingen operieren können. Diese Gedanken sind wieder nichts anderes als Zeichen für das Wirkliche. Anstatt mit der Wirklichkeit selbst zu experimentieren, operiert der Mensch zunächst in Gedankengebilden. Dazu werden Worte benützt. Mit diesen kann man kombinieren, neue Situationen ausdrücken, Bilder von neuen Tatbeständen herstellen, die in der Wirklichkeit noch nicht dagewesen sind (ein Denkproblem im weitesten Sinne). Das Erkennen besteht in einer symbolischen Reduktion des einen auf das andere. Wir nehmen nicht die Gegenstände selbst, sondern operieren mit Zeichen dafür. Auch in der Wissenschaft heißt Erkenntnis nichts anderes als Verbindung des Unbekannten mit etwas früher Bekanntem; Erkennen ist immer ein Wiedererkennen. Nehmen wir z. B. die Frage: »Wer ist der Verfasser der Schrift über den Staat der Athener?« Dieser Verfasser ist hier zunächst als unbekannte Größe eingeführt; Antwort: »Aristoteles«. Hier handelt es sich um eine Erkenntnis, weil uns Aristoteles schon früher bekannt war. Die naturwissenschaftlichen Erkenntnisse bestehen auch immer darin, daß das eine auf das andere zurückgeführt wird, z. B. die verschiedenen Gattungen von Wellen: Licht-, Radio-, Röntgenwellen, Gammastrahlen; man kann diese verschiedenen Namen entbehren und alle als elektromagnetische Wellen, natürlich von verschiedener Wellenlänge, bezeichnen. Auch die unterscheidenden Zahlen sind bekannte Worte, deren Bedeutung wir kennen. So kann man also viele Namen durch eine Kombination anderer Zeichen ersetzen. Man kann in der Chemie mit Hilfe von 90 Zeichen viele Namen ersparen, also viele Tatbestände mit einer viel geringeren Menge von Zeichen ausdrücken. Deshalb ist auch jede chemische Formel eine Erkenntnis. Bei jeder wirklichen Erkenntnis werden die Zeichen reduziert. Der Physiker hat die Zeichen des Chemikers noch verringert und nimmt anstatt der 90 Zeichen nur Protonen und positive und negative Elektronen an, aus denen die einzelnen Elemente zusammengesetzt sind.

Jedesmal, wenn eine Erkenntnis vorliegt, drückt man einen neuen Tatbestand durch alte Zeichen aus. Das aber haben wir als das Wesen des Ausdrucks bezeichnet. So kommen wir jetzt also von einer ganz anderen Seite zum Audruck zurück und finden, daß sprachlicher Ausdruck und Erkenntnis ein- und dasselbe ist; die Erkenntnis ist ein Ausdruck. Wir können also diese beiden Worte füreinander einsetzen; wir haben die Erkenntnis als eine Art des Ausdrucks erkannt. Ein Ausdruck findet gewöhnlich in der Form eines Satzes statt oder eines Urteils, wenn es ein sprachlicher Ausdruck ist. Daher ist eine Erkenntnis ein Ausdruck, der in einem Satz, einem Urteil stattfindet; ein Urteil oder Satz enthält eine Erkenntnis. – Wenn jede Erkenntnis ein Ausdruck ist, ist dann auch jeder Ausdruck eine Erkenntnis, also die Beschreibung eines neuen Tatbestandes mit alten Mitteln? Man kann das in gewissem Sinne zugeben, muß aber doch auf Unterschiede hinweisen. Wir können jeden in einem Satze formulierten Ausdruck Erkenntnis nennen. Es gibt aber auch Ausdrücke, die einfach Feststellungen eines Tatbestandes sind, und diese kann man jedenfalls nicht als Erkenntnis in wissenschaftlichem Sinne betrachten. Es muß da ein Unterschied gemacht werden zwischen Beschreibung und Erklärung. Eine Erkenntnis in wissenschaftlichem Sinne liegt nur dort vor, wo es sich um eine Erklärung handelt. Die Erklärung in wissenschaftlichem Sinn ist von der bloßen Beschreibung oder Feststellung zu unterscheiden. Dadurch z. B., daß man festgestellt hat, daß Wasser bei 100 °C kocht, hat man diesen Vorgang noch nicht erklärt. Es hat aber in der Geschichte der exakten Wissenschaften eine Periode zur Zeit des Physikers Kirchhoff gegeben, wo man sagte, die Wissenschaft erkläre nicht, sie beschreibe bloß. Diese Worte, an denen etwas Richtiges ist, wurden irrtümlich als ein Verzicht für die Wissenschaft aufgefaßt. Es ist mißverständlich zu meinen, daß durch diese Konstatierung der Unterschied zwischen Erklärung und Beschreibung aufgehoben sei, den wir doch im täglichen Leben auch machen. Diese Feststellung ist vielmehr kein Verzicht, sondern zeigt ganz richtig, was wir mit Erklärung meinen: eine Beschreibung bestimmter Art. Schon in die bloße Beschreibung einer Tatsache gehen Erkenntnisakte ein. Beschreibungen sind Feststellungen von Tatsachen und als solche auch Erkenntnisse; man muß die Kreide z. B. erst als Kreide erkennen, bevor man über sie etwas aussagen kann. Die Sätze, die Worte wie »dies« oder »das« enthalten, die auf etwas hinweisen, sind die primitivste Form von Erkenntnissen. Die Tatsache wird festgestellt, indem man einen Satz ausspricht. Davon unterscheiden wir die Erklärung, die darin besteht, daß man für die eben beschriebene Tatsache nun nicht bloß die Worte verwendet, die durch die Beschreibung eben eingeführt sind oder die in der Wissenschaft

dafür gebräuchlich sind, sondern andere, neue Worte, z. B. anstatt Kreide »kohlensaurer Kalk« oder »Schalen von Diatomeen«, die ihrerseits aus kohlensaurem Kalk bestehen u. a.; da geht man über die Beschreibung hinaus und führt durch die Methode der Wissenschaft eine neue Kombination von Worten ein, die gestatten, für den betreffenden Gegenstand etwas von ganz anderer Seite her schon Bekanntes zu setzen. Jede Erklärung heißt also, das zur Beschreibung verwendete Wort durch andere Worte ersetzen. Das Wort »warm« kann man z. B. durch »Bewegung der kleinsten Teilchen« ersetzen, was natürlich noch spezialisiert werden muß. Jede Erklärung also, wie die Erkenntnis, ist das Zurückführen des Besonderen auf das Allgemeine. Der Blitz wird z. B. auf eine andere, auch im Laboratorium herstellbare Erscheinung zurückgeführt, auf den elektrischen Funken; man hat das eine im anderen wiedergefunden.
(Wir sprechen hier immer nur von Zeichen, Worten, nie von Begriffen. Man braucht das Wort »Begriff« eigentlich gar nicht, um sich über alles zu verständigen, was im Leben und in der Philosophie vorkommen kann. Diese Feststellung, daß man von Begriffen nicht zu reden braucht, daß es genügt, von Worten und Zeichen zu reden, ist schon ein Ansatz zur Lösung des Platonischen Problems. Es soll damit aber nicht gesagt sein, daß Begriffe bloß Worte sind.)
Wir finden also das Wort »Erkenntnis« überall dort, wo wir das Neue durch alte Zeichen erklären. Dazu braucht man einen Ausdruck. Das Erkennen ist eben ein Ausdruck. Zu jeder Erkenntnis gehören zwei Glieder: eines, das erkannt wird, und eines, durch das es erkannt wird. Die Glieder, die zu jeder Beschreibung, Erklärung, Erkenntnis gehören, sind im Ausdruck verbunden. Das eine erklärt das andere, das eine drückt das andere aus, und dadurch, daß das eine auf das andere zurückgeführt und als Spezialfall des Allgemeinen dargestellt ist, wird eine Ordnung in der Welt eingeführt. Durch die Erkenntnistätigkeit wird also eine Ordnung der Tatsachen hergestellt, und diese brauchen wir eben, denn um entsprechend reagieren zu können, müssen wir die Gegenstände und Tatsachen entsprechend eingeordnet haben. Das theoretische Ziel der Erkenntnis ist, die Ordnung in der Welt zu entdecken, denn die Welt ist geordnet. Das tun wir dadurch, daß wir in unsere Zeichen, unsere Ausdrücke, Ordnung bringen. Wir setzen an Stelle der Gegenstände, die

meist unserer Macht entzogen sind, Symbole und operieren anstatt mit den Gegenständen selbst mit den Zeichen dafür und bilden so in unseren Büchern, wissenschaftlichen Beschreibungen etc. die Ordnung in der Welt ab.

Wesen der Erkenntnis und Wesen des Ausdrucks sind in gewissem Sinne eines wie das andere. Jede Erkenntnis ist ein Ausdruck, und da wir zum Begriffe des Ausdrucks von der Möglichkeit der Mitteilung, von der Sprache her gekommen sind, so kann man sagen, daß die Erkenntnis mit der Mitteilung, der Sprache, innigst zusammenhängt. Erkenntnis heißt also weiter nichts anderes, als über die Tatsachen in besonderer Weise sprechen (im allgemeinsten Sinne nämlich, wo »sprechen« ausdrücken, denken etc. bedeutet); die besondere Art bezieht sich darauf, daß die Sprache so eingerichtet sein soll, daß wir eines Minimums von willkürlichen Festsetzungen bedürfen. Die Aufgabe der Erkenntnis besteht darin, die Zahl der Zeichen oder besser, die Zahl der Konventionen (Zuordnungen von Worten, Zeichen etc. zum Gegenstand) möglichst klein zu machen. Der Zweck der Erkenntnis ist dann erfüllt, wenn man die Tatsachen mit Hilfe einer möglichst geringen Zahl von Bedeutungskonventionen (erlernten Bedeutungen) sich klar machen kann. Es ist nur wichtig, dies im Prinzip festzuhalten, die Möglichkeit aufzuzeigen; praktisch müssen wir nicht immer nur mit den wenigen Zeichen operieren. – So haben wir gesehen, daß Erkenntnis und Sprache nicht nur lose zusammenhängen, sondern wirklich zusammengehören.

9. Von der sogenannten intuitiven Erkenntnis

»Intuition« heißt eigentlich Anschauung; es kommt vom lateinischen *intueri,* d.h. anschauen. Das Wort Intuition wird auch noch in der Gegenwart benützt, um damit etwas ganz Besonderes zu bezeichnen; dies hat seinen Grund in dem folgenden eigentümlichen Mißverständnis.

Wir haben gesagt, daß es sich bei der Erkenntnis um Ausdruck, also eine Art von Abbildung handelt. Wir haben daher bei der Erkenntnis im allgemeinsten Sinne des Wortes Bilder zu erzeugen. Im täglichen Leben haben wir auch mit »Bildern« im engeren Sinne des Wortes zu tun; da hat das Bild die Funktion, den Gegenstand zu ersetzen (Reproduktion von Gemälden, Suche einer Person nach einem Bilde etc.). Anders wieder ist es in der Kunst; da haben die Bilder, obwohl sie Darstellungen sind, nicht in erster Linie die Funktion des Ersatzes für das Original, sondern eigenen Wert, es kommt viel mehr auf die Darstellung selbst als auf das Dargestellte an. Bilder können also verschiedene Funktionen ausüben: 1. als Ersatz dienen (dann sind sie wertlos, sobald das Original zur Stelle ist) oder 2. um ihrer selbst willen da sein. Die Erkenntnis ist nun eine Abbildung der letzteren Art: Sie ist mit dem Kunstwerk zu vergleichen und nicht mit dem Bilde im täglichen Leben. Die Erkenntnis-Bilder sind da, weil wir die Tatsachen darstellen wollen, ein Bild von ihnen haben wollen und sie geben nicht nur etwas, womit wir vorliebnehmen müssen, weil uns die Tatsachen nicht zugänglich sind. Die Aufgabe der Erkenntnis ist nicht, die Wirklichkeit zu ersetzen, sondern sie darzustellen.

Macht man sich diesen Unterschied nicht klar, so kann man leicht die verschiedenen Funktionen des Abbildes miteinander verwechseln. So ist man auf den merkwürdigen Gedanken gekommen, daß es sich mit der Erkenntnis ebenso verhalte wie mit einem Bild, das das Original nur ersetzen soll, daß die Erkenntnis nur ein Ersatz für die Tatsachen sei, ein Bild, das seinen Zweck dann am besten erfüllt, wenn es dem Gegenstande am meisten ähnlich ist. (Man hat diese Annahmen gemacht, ohne sie dieserart klar auszusprechen; diese Überlegungen gehen alle in einem gewissen Nebel vor sich.) Wenn man aber das Bild dem Gegenstande immer ähnlicher und ähnlicher werden läßt, so daß es immer mehr Eigenschaften des dargestellten Gegenstandes wiedergibt (z. B. Schwarzweißzeichnung, farbige Zeichnung, Ölbild, Skulptur, Skulptur mit Farben, mit Automaten ...), so wäre als vollkommenstes Bild das Original selbst zu betrachten. Dieser Gedankengang liegt in einem gewissen Sinne nahe, und man verfällt leicht auf ihn, wenn man nicht bedenkt, wozu das Bild dienen soll. Versteht man unter »Bild« nur etwas, das seinem Original ähnlich ist, dann ist natürlich das beste Bild das Original selbst. Dies gilt aber nicht, wenn man sich überlegt, daß bei Kunst und Erkenntnis das Bild seine eigene Funktion ausübt, welche die der Darstellung ist; da gehört die Eigenschaft einer gewissen Treue wohl auch mit dazu, ist aber keineswegs die Hauptsache. Für diese Funktion ist es durchaus nicht notwendig, daß das Bild dem Original im Material ähnlich sei. Die Abbildung, die wir »Erkenntnis« nennen, können wir in einer beliebigen Sprache vornehmen; jede wissenschaftliche Erkenntnis kann in ganz verschiedenen Sprachen oder Zeichensystemen ausgedrückt werden.

Wenn man irrtümlich meint, Erkenntnis sei nur der Ersatz für die unmittelbare Gegenwart der beschriebenen Tatbestände, der Wirklichkeit selbst, dann fragt man weiter, wo uns denn von der Wirklichkeit immer etwas ganz gegenwärtig ist, und da pflegt man darauf zu antworten: in unserem eigenen Erleben. Ein Beispiel: »Ich sehe grün«. Nun wird gesagt: »In dem Akte des unmittelbaren Wahrnehmens habe ich gegenwärtig, was grün ist, erkenne ich, was grün oder dgl. ist. Ich habe da also eine unmittelbare Intuition, was grün oder was Trauer ist, weil es mir unmittelbar gegenwärtig ist; ich brauche kein Bild mehr dazu.« Oder: »Ich erkenne, daß dieser Ton a ist.« Hier wird auch von Erkenntnis gesprochen, aber nur in dem Sinne, daß etwas unmittelbar gegenwärtig ist, und nicht in dem Sinne, wie wir Erkenntnis verstanden haben, als Erklärung, als Ausdruck. Es wird sogar behauptet, daß dies die vollkommenste Erkenntnis sei, da das Grün, das Gefühl etc. uns anschaulich gegenwärtig gegeben ist. Man nennt dies das anschauliche oder intuitive Erkennen, zum Unterschied von der diskursiven Erkenntnis, und sagt dann, daß die intuitive die eigentliche, die wahre Erkenntnis sei, während die diskursive Erkenntnis mehr eine Beschreibung bleibe, »nur« ein Ausdrücken, eine Darstellung. In dieser Weise wird als letztes

Ziel der Erkenntnis eine intuitive Erkenntnis angenommen, die diskursive Erkenntnis nur als Vorbereitung, als Surrogat angesehen, wo die unmittelbare Erkenntnis uns »leider« versagt ist. Diese Gedanken sind sehr wichtig zum Verständnis der verschiedenen Systeme der Metaphysik und der historischen Entwicklung der Philosophie. Diese »intuitive« Erkenntnis spielt immer eine große Rolle und kommt auch in der Gegenwart unter verschiedenen Formen immer wieder vor. – Wir werden den Gegensatz zwischen Intuition einerseits und Erkenntnis andererseits immer klarer sehen lernen.

Den Gedanken, daß wir uns bei der vollkommenen Erkenntnis in den Gegenstand hineinversetzen müssen oder den Gegenstand in uns aufnehmen müssen, finden wir schon sehr früh; z. B. sagt die Lehre der Mystiker, daß vollkommene Erkenntnis ein Mit-dem-Gegenstand-Einswerden sei. Diese Systeme gipfeln darin, daß sie beschreiben, wie der Mensch mit Gott einswerden und so Gott erkennen und selbst zu einem Gotte werden kann. – Dies ist also der Gedanke, daß zum Erkennen eine unmittelbare Einheit, eine Identität des Erkennenden mit dem erkannten Gegenstande notwendig sei, wie sie bei der intuitiven Erkenntnis vorliegt, wo der Gegenstand ein Teil meines Bewußtseins ist.

In der Gegenwart wird der Gegensatz zwischen Intuition und diskursiver Erkenntnis sogar benützt, um die Philosophie von der Wissenschaft abzugrenzen, z. B. in dem System des berühmten Metaphysikers Henri Bergson, der die Philosophie mit der Metaphysik identifiziert. Bergson sagt, daß die Wissenschaft nur beschreiben könne und deshalb äußerlich bleibe, weil sie nicht mit dem zu erkennenden Gegenstande einswerden kann. Derselbe Gedanke ist vor Bergson schon von Schopenhauer ausgesprochen worden. Der intuitive Erkenntnisbegriff liegt überhaupt der Anschauung der früheren Philosophen zugrunde. Z. B. sagt Kant in seiner *Kritik der reinen Vernunft*, daß wir einen Gegenstand, den wir erkennen wollen, anschauen müssen. (Daher die Unerkennbarkeit des »Dinges-an-sich«, das dadurch definiert ist, daß wir keine unmittelbare Erkenntnis davon haben können.)

Der Gedanke der Unterscheidung zwischen Intuition und diskursiver Erkenntnis hat also eine ungeheure Tragweite. Es liegt hier offenbar eine Verwechslung zwischen den verschiedenen Funktionen vor, die ein Bild ausüben kann. Man kann nichts dagegen einwenden, wenn jemand das bloße Vorhandensein eines

Tones, einer Farbe in seinem Bewußtsein auch »Erkenntnis« nennen will, denn man kann seine Worte nach Belieben gebrauchen; doch muß man sich des Unterschiedes dann wohl bewußt sein, daß dieses intuitive »Erkennen« ein anderes ist als das diskursive Erkennen. Man kann es diesem nicht zum Vorwurf machen, daß es nicht intuitiv ist, denn es ist etwas anderes und will etwas anderes. Die diskursive Erkenntnis will nicht den Gegenstand präsent haben, sondern ihn darstellen, sie will nicht anschauen, sie will ausdrücken. Ihr Ziel ist die vollkommene Darstellung. Daher können wir das, was durch die Intuition geleistet wird, nicht als Ziel des Erkennens hinstellen. Historisch aber, für das Verständnis der Philosophie der Gegenwart, ist die Intuition von Bedeutung.

Die Intuition wird von der deutschen Philosophie der Gegenwart auch »Wesensschau« genannt (dieses Wort stammt von Husserl); die Schule dieser Wesensschau nennt man die Phänomenologie. Der gemeinsame Grundgedanke der Mystiker, Bergsons und der Phänomenologen ist der, daß die Gegenwart eines Inhaltes schon als Erkenntnis selbst bezeichnet wird. Die Phänomenologen legen großen Wert darauf, daß man in diesem Akt nicht nur erkennt, was z. B. rot ist, sondern auch unmittelbar inne wird, was eine Farbe ist. Es wird von Schopenhauer, Bergson, den Phänomenologen nicht geleugnet, daß bei der Intuition etwas anderes vorliegt als bei der diskursiven Erkenntnis, doch glauben sie einen wichtigen Grund zu haben, die Intuition als Erkenntnis zu bezeichnen, weil sie meinen, daß durch die Intuition etwas geleistet werden kann, das durch die diskursive Erkenntnis wohl geleistet werden möchte, aber nicht geleistet werden kann. Die Intuition wird also als eine höhere Stufe oder Art der Erkenntnis angesehen, die diskursive Erkenntnis nur als Vorbereitung, bei welcher der zu erkennende Gegenstand in der Ferne bleibt, nicht in das Bewußtsein tritt, und nur der innige Kontakt oder das Verschmelzen mit dem Gegenstand könne wirkliche Erkenntnis bringen. Also wird wohl zwischen Intuition und diskursiver Erkenntnis unterschieden, aber sie werden beide als nach demselben Ziele strebend hingestellt und die eine als Vorstufe der anderen. Die Phänomenologie soll im Sinne ihrer Vertreter eine neue Wissenschaft sein. So sagt Husserl, daß sich mit der im rechten Sinne philosophischen Intuition ein neues Arbeitsfeld auftut und eine Wissenschaft ohne alle symbolisierenden Methoden darauf begründet werden kann.

Wir wollen überlegen, ob es wirklich zweckmäßig ist, die Intuition als Erkenntnis zu bezeichnen, und ob man wirklich eine Wissenschaft auf Intuition begründen kann.
Das Wort »erkennen« stammt aus dem täglichen Leben und hat da seinen guten Sinn. Bei bloßem Vorhandensein eines Bewußtseinszustandes würde man nie an Erkenntnis denken, sondern nur in dem Falle eines Wiedererkennens, der Feststellung einer Tatsache, einer Erklärung. Deren Zweck aber ist es immer, die Ordnung in der Welt aufzufinden. Im täglichen Leben wird Intuition nie als Erkenntnis betrachtet; das geschieht erst in der Philosophie, wo man das Wort in einem übertragenen Sinne gebraucht, indem man erst zu fragen beginnt, was wir eigentlich sicher wissen oder erkennen. Es scheint das zu sein, was uns unmittelbar gegeben ist. Die Welt besteht aus einem bunten Gemisch von Farben, Tönen etc., und diese sind uns unmittelbar gegeben. So meint man dann, daß man dieses unmittelbar Gegebene auch am sichersten erkennen könne. Hier wird das Wort »erkennen« nicht mehr in dem bestimmten Sinne verwendet, den es im täglichen Leben hat. Im täglichen Leben steht das Wort »Erkenntnis« für einen gewissen Prozeß des Zergliederns und Ausdrückens, den wir mehr oder weniger bewußt ausführen. Wenn man aber nur einen unmittelbaren Inhalt des Bewußtseins gegeben hat, kann von einem Prozeß keine Rede sein. Es wird also durch das bloße unmittelbare Gegebensein nicht das erreicht, was wir als Zweck und Ziel der Erkenntnis verlangen.
Es sind schon die Worte »Intuition« und »Wesensschau« irreführend, weil es sich nicht um einen besonderen Akt, eine Tätigkeit handelt, sondern um etwas, das *vor* allem liegt. Diese reine Intuition, das bloße Vorhandensein z. B. irgendeiner Sinnesqualität in meinem Bewußtsein, kann man offenbar nicht näher beschreiben, und das soll ja der Vorteil sein. Sagt man aber: »Ich erlebe das Grüne«, so klingt das so, als ob hier doch ein Prozeß vorliegen würde, eine Tätigkeit des Erfassens nämlich; »erfassen« ist eine beliebte bildliche Ausdrucksweise für »erkennen«. Schon die bloße Ausdrucksweise »Ich erlebe...« ist inadäquat und bedenklich, da sie einen Tatbestand zwischen einem Subjekt und einem Objekt ausdrückt, nämlich einen Vorgang, als ob eines durch das andere erfaßt würde. Diese nur von der diskursiven Erkenntnis entliehene Sprechweise ist hier nicht am Platze. Die betreffende Sinnesqualität wird nicht erfaßt, sie ist einfach da.

Das »Erfassen« wird erst durch unsere Sprechweise zugefügt, die wohl für den alltäglichen Prozeß der diskursiven Erkenntnis, nicht aber für philosophische Überlegungen über Intuition eingerichtet ist. Dafür, daß uns andere Ausdrucksmittel für dieses bloße Da-Sein fehlen, ist wohl auch ein guter Grund vorhanden.

Ferner ist zu überlegen, daß überall dort, wo etwas über eine Intuition gesagt wird, schon ein diskursiver Erkenntnisprozeß, wenn auch primitiver Art, vorliegen muß. Denn wenn man sagt, daß etwas z. B. grün ist oder daß Grün da ist, so muß man doch schon wissen, was »grün« besagt, muß es schon einmal kennengelernt haben, um es nun wiedererkennen zu können. Aber die Intuition soll doch gerade das sein, was vorher liegt, das unmittelbare Gegebensein, sie soll doch lehren, was grün ist, bevor man es noch bezeichnen kann! Sobald man aber nur sagen kann, was eine Farbe ist, liegen schon diskursive Erkenntnisakte vor; vorher geht das bloße Vorhandensein des Fühlens der Farbe. Dieses bloße Da-Sein als Intuition zu bezeichnen ist schon gefährlich, weil das Bezeichnen als Anschauen oder Erleben schon wieder eine Dreiheit von Subjekt, Objekt und dazwischenliegendem Vorgang des Erfassens setzt. Das Grün ist, unabhängig von einem Sehprozeß als Erlebnis, einfach da, und die Gesamtheit der Erlebnisse nennt man eben das Bewußtsein. Wenn man schon ein Verbum verwenden will (intueri = anschauen), so wäre es besser, von »kennen« zu sprechen, im Gegensatz zu »erkennen«. Durch die Intuition werden wir mit dem Gegenstande bekannt; aber erst dann, wenn man über dieses Bekannte etwas formulieren, aussagen kann, wird es ein Erkanntes. Die bloße Innewerdung eines Gegenstandes oder Zustandes muß am Anfang stehen, denn es muß ja ein Inhalt gegeben sein, von dem aus man zu Erkenntnissen fortschreiten kann. Im Prinzip aber hat das unmittelbar Gegebene mit dem, was Erkenntnis ist, nicht das geringste zu tun. Jede Erkenntnis führt uns doch weg von der unmittelbaren »Wesensschau«, denn die Erkenntnis soll ordnen, ausdrücken. Für die Phänomenologen scheint die Erkenntnis besser zu werden, wenn die Beziehungen zwischen Erkennendem und erkanntem Gegenstande immer inniger sind, und so scheint, daß sie am innigsten sind, wenn beide sich direkt berühren, sich laut Bergson das Subjekt in das Objekt hineinversetzt. Es ist aber durchaus nicht richtig, daß wir mit den Dingen, die wir kennen wollen, realiter vertraut sein müssen; eigentlich wäre das Umgekehrte zu behaupten, und in gewissen Fällen wird es besonders deutlich, daß man die Zusammenhänge um so klarer sieht und besser in die Gesamtheit der Tatsachen einordnen kann, je ferner man dem Objekt steht. Das unmittelbare Verhältnis des »Ich« zur Umwelt vermittelt wohl eine bessere Anschauung, aber das ist nicht Erkenntnis; sonst müßte derjenige am besten zur Erkenntnis geeignet sein, der die schärfsten Sinnesorgane hat, also der Wilde.

Es ist wohl noch ein anderer, psychologischer Grund dafür verantwortlich zu machen, daß diese sonderbare Verwirrung hier stattgefunden hat, daß man glaubte, Intuition sei Erkenntnis, ja die häufigste und wahre Form der Erkenntnis. Dieser Grund mag darin liegen, daß dieses unmittelbare Vorhandensein der Inhalte, Erlebnisse, etwas sehr Wichtiges ist, unser eigentliches Ich, unser Leben bildet. Wir leben unser ganzes Leben um des Erlebnisses willen; wir suchen Ordnung in die Welt zu bringen, also Erkenntnisse zu gewinnen, um der Freude wegen, die sie uns geben. In diesem Sinne ist dies das letzte Ziel der Erkenntnis. Das Leben ist das eigentliche Ziel des Lebens, das Erkennen ist ein Mittel dazu, um gewisse Gefühle zu haben. – Diese Überlegungen haben viel dazu beigetragen, daß man in der Intuition etwas Höheres, Wichtigeres sah. Wenn aber das Erleben auch in gewissem Sinne wichtiger ist, deshalb ist es noch lange keine Erkenntnis, und wenn man auch zugeben kann, daß das Erkennen um des Erlebens willen da ist, so ist doch deshalb das Erleben noch nicht das Ziel der Erkenntnis. Das Ziel der Erkenntnis liegt allein im Ausdruck, welcher die Ordnung in der Welt auffindet. Das Erleben ist damit nicht vergleichbar, es finden keine ähnlichen Prozesse statt, und das Ziel des Erlebens hat mit dem des Erkennens nichts gemeinsam. Wir stellen also das Leben dem Erkennen gegenüber. Das unmittelbare Vorhandensein gewisser Inhalte ist wohl etwas Erfreuliches; die Erkenntnis aber schafft Ordnung, und das ist etwas Nützliches.

Ein Beispiel: Der Chemiker analysiert eine Substanz, Wasser, und drückt die gefundenen Tatbestände dann mit Worten aus, die schon zur Beschreibung anderer Tatbestände benützt worden sind. So hat er das eine auf das andere zurückgeführt, und das ist der Zweck der Erkenntnis. Es würde aber nichts dadurch geleistet werden, wenn man das Wasser unmittelbar erleben könnte. Man lernt dadurch nicht die Einordnung des Wassers in die übrigen

Substanzen der Welt kennen. Auch wenn wir mit dem Wasser eins, also selbst zu Wasser würden – würden wir das Wasser deshalb erkennen? Weiß das Wasser selbst, was es ist?! Das gilt auch von allem übrigen, z. B. vom Menschen selbst. Wenn wir den Menschen erkennen wollen, müssen wir alles an ihm, auch sein Seelenleben, in diskursiver Weise behandeln. Der Mensch erlebt wohl, was der Mensch ist, damit ist aber noch keine Erkenntnis gewonnen; sonst könnte es ja auch keine Psychologie geben. Unsere eigenen Erlebnisse sind uns doch unmittelbar bewußt, und dennoch sind sie Gegenstand der Psychologie, der »Wissenschaft von den Bewußtseinszuständen«. Alle Bewußtseinsvorgänge sind Inhalte der Intuition. Wenn die Bekanntschaft mit ihnen schon Erkenntnis wäre, so brauchte man die diskursive Arbeit der Psychologie nicht mehr. Bei den Bewußtseinsvorgängen fängt die Erkenntnis aber erst an, und so sehen wir aus der bloßen Tatsache der Psychologie, daß Erkenntnis etwas total anderes ist als Intuition.

Die wesentlichsten Irrtümer der Philosophie überhaupt gehen auf Verwechslungen dieser Art zurück, daß man das bloße Vorhandensein, das bei der Wahrnehmung mit gegeben ist, für Erkenntnis hält. Das bloße Vorhandensein eines Inhaltes ist noch nicht Wahrnehmung. Von dieser sprechen wir erst dann, wenn diese Inhalte als Wahrnehmungen eines bestimmten Gegenstandes interpretiert sind, und dann liegt eben Erkenntnis vor. Daß das unmittelbare Anschauen für Erkenntnis gilt, darin sind die großen Fehler und Irrtümer der Erkenntnis-Theorien aller Zeiten gelegen, auch bei Kant. Die Folgen dieses Irrtums reichen weit hinein bis in den Betrieb der einzelnen Wissenschaften. Es würde allerdings zu weit führen, dies hier aufzuzeigen.

Daß in der Phänomenologie dieser Fehler gemacht wurde, liegt daran, daß man nicht gesehen hat, daß es sich dort, wo man über das Erlebte spricht, bereits um Erkenntnisse handelt. Das Erlebnis ist für die Erkenntnis grundlegend, kann aber nicht als Fundament einer Wissenschaft gebraucht werden, die man dann Phänomenologie nennt. Die in den Wissenschaften vorkommenden Erkenntnisse sind immer diskursiver Art. Darum können die unverbundenen Sätze der Phänomenologie, aus denen sich nichts schließen läßt, niemals die Grundlage einer Wissenschaft bilden. Alle phänomenologischen Untersuchungen sind das Ergebnis eines »unmittelbaren Schauens« der Gegenstände. Es werden da

Sätze angeführt wie: »Durch die Wesensschau erkenne ich unmittelbar, daß rot nicht schwarz ist.« Hier liegt offenbar keine Erkenntnis vor, denn wir wissen schon vorher, daß rot nicht schwarz ist, da wir verschiedene Worte dafür festgesetzt haben. Dazu braucht man auch keine Anschauung, es ist bloß eine Benennungsform, und auf dieser Erkenntnis, daß rot nicht schwarz ist, kann man auch keine Wissenschaft aufbauen. Es verhält sich ebenso oder ähnlich bei anderen Sätzen wie: »Jeder Ton muß eine bestimmte Höhe und Stärke haben«, oder: »Jede Farbe muß eine Ausdehnung haben.« »Orange liegt zwischen rot und gelb«, ist nichts weiter als eine Festsetzung, wie wir die Farbworte gebrauchen, und hat mit einer »Schau« nichts zu tun. Bei komplizierteren Aussagen liegen dann noch eine Reihe weiterer Mißverständnisse vor.

Bei der Phänomenologie handelt es sich also um bloße Hinweise auf den Wortgebrauch, der ja für die philosophischen Untersuchungen wichtig sein kann. Sie stellt aber keine irgendwie gearteten Erkenntnisse dar. Die verschiedenen Vertreter dieser Richtung kommen auch zu ganz verschiedenen Resultaten über das, was bei dieser »Schau« geschaut wird. Man spricht von einer bestimmten Tatsache der Welt nur dann, wenn man diese Tatsache durch schon bekannte andere Worte beschreibt. –

Fassen wir die verschiedenen Unterschiede zwischen Intuition und Erkenntnis zusammen: Bei der Intuition ist überhaupt nur ein Glied vorhanden (z. B. eine bestimmte Sinnesqualität), zur Erkenntnis sind mindestens zwei Glieder notwendig; eines wird auf das andere zurückgeführt. Der Intuition entspricht das Leben, das »Kennen«, und dem steht beim Erkennen das Denken gegenüber, das in Funktion treten muß. Intuition kann nur etwas Erfreuliches oder Unerfreuliches sein; die Erkenntnis ist etwas Nützliches. Bei der Intuition haben wir es mit dem bloßen Da-Sein zu tun, während bei der Erkenntnis Feststellung und Erklärung vorliegen. Bei der Erkenntnis haben wir es mit einer Ordnung zu tun, die Intuition gibt uns dasjenige an, was zu ordnen ist, also die Inhalte, das zu Ordnende. Die Erkenntnis führt zu allen möglichen weiter zu benützenden Ordnungen; die Intuition führt zu nichts, ist etwas Letztes. Die Erkenntnis ist ein Ausdruck, hat es also mit der Form zu tun; das unmittelbare Gegebensein der Intuition liefert hingegen die Inhalte, und diese sind das schlechthin Unausdrückbare. Daher sind sowohl die Phänomenologie wie die Metaphysik vergebliche Versuche, das Unausdrückbare auszudrücken oder zu einer Wissenschaft zu machen.

Die Konsequenzen aus diesen Überlegungen sind nun sehr wichtige. Wir wollen nun weiter sehen, wie die Erkenntnisse, deren Wesen wir jetzt einsehen, in Wissenschaften zusammengeschlossen werden.

10. Das Wesen der Wissenschaft

»Erkenntnis« und »Wissenschaft« sind Worte, die man bis zu einem gewissen Grade miteinander vertauschen kann; man spricht auch von wissenschaftlicher Erkenntnis. Eine Wissenschaft ist dadurch ausgezeichnet und der wissenschaftliche Charakter einer wissenschaftlichen Disziplin dadurch am deutlichsten realisiert, daß die einzelnen Erkenntnisse untereinander zusammenhängen. Eine Wissenschaft ist also ein System von Erkenntnissen. Daß ein System ein Zusammenhang ist, folgt eigentlich schon aus dem Wesen der Erkenntnis, denn Erkenntnis ist das Zurückführen des Besonderen auf das Allgemeine, ist Ausdruck des Neuen durch alte Worte, und durch diesen Prozeß wird schon von selbst ein Zusammenhang der verschiedenen Ausdrücke gestiftet. Dadurch entsteht eine Art von Pyramide, bei welcher das Speziellere immer unter das Allgemeinere zu liegen kommt.

Die Wissenschaften sind nicht bloß eine Sammlung, sondern ein Zusammenhang. Dieser Zusammenhang kann aber verschiedener Art sein. Es gibt Aussagen über wissenschaftliche Tatsachen, die ziemlich unverbunden nebeneinander stehen, nur lose zusammenhängen, und es gibt wieder andere, bei denen der Zusammenhang außerordentlich stark und eng ist, so daß man nicht eine Aussage herausnehmen kann, ohne das ganze Gebäude ins Wanken zu bringen. Es ist dies der Unterschied zwischen den mehr beschreibenden und den mehr erklärenden Wissenschaften, den weniger und den mehr exakten. Die Zusammenhänge, die die einzelnen Aussagen in den Wissenschaften verbinden, sind meist sehr kompliziert, weil die Welt, in der wir leben, auch sehr kompliziert ist und eine große Verschlingung der Tatsachen bringt.

Ein Minimum des Zusammenhanges zwischen den einzelnen Aussagen besteht bei den Geisteswissenschaften, speziell bei der Geschichte. Diese bildet auch ein System, da die behandelten Tatsachen dadurch in Zusammenhang stehen, daß sie von der Wirklichkeit in der zeitlichen Entwicklung handeln. Man kann die historischen Urteile nicht auseinander ableiten, sondern muß sie jedes für sich wissen, da ihr Zusammenhang nur durch die

Kontinuität in der Zeit oder dadurch gegeben ist, daß sie alle von derselben Person handeln. Es liegt also keine logische Identität vor, sondern ein kausaler Zusammenhang. Die historischen Tatsachen wissen wir aus Büchern, die ihre Quellen wiederum in irgendwelchen Niederschriften, Dokumenten, Überlieferungen haben. Man muß voraussetzen, daß die Quellen nicht täuschen, daß eine bestimmte Beziehung besteht zwischen der Person, die den Bericht verfaßt hat, und der Person, von der der Bericht handelt. Jedenfalls gehen alle Berichte auf die historische Person selber zurück. Der Vorgang kann gar kein anderer sein, als daß durch lauter reale, der Natur angehörende Prozesse hindurch eine ununterbrochene Kette bis zur beschriebenen Person zurückgeht. Ein historisches Buch kann nicht aus Spekulationen hervorgehen; andernfalls ist es unzuverlässig oder unwahr. Der Zusammenhang der historischen Aussagen wird also gestützt, gleichsam getragen von einem natürlichen, man könnte auch sagen, physikalischen Zusammenhang, der die Aussagen durch eine kontinuierliche Kette auf die geschilderte Person selbst zurückführt. Dieser natürliche wissenschaftliche Zusammenhang, der vom Lesen des gegenwärtigen Dokumentes zurückführt bis zum historischen Ereignis selbst, ist eine besondere Angelegenheit und in der Geschichte selbst nicht mehr enthalten.
Dieser von der Erkenntnis gestiftete Zusammenhang ist nur eine losere Verbindung; es ist der Gesichtspunkt der Gen-Identität im Gegensatz zu dem außerordentlich festen Zusammenhang der logischen Identität, bei welcher die verschiedenen Aussagen eines Wissensgebietes so miteinander zusammenhängen, daß man sie auseinander ableiten kann, so daß die einen wahr sind, wenn die anderen auch wahr sind. (Der Mensch muß erschüttert gewesen sein, als er zum erstenmal entdeckte, daß zwei Winkel, in einem Dreieck gemessen, schon den dritten ergeben: es war die Geburtsstunde der Deduktion.) Diese letzteren Zusammenhänge sind für unsere Betrachtungen das eigentlich Wichtige. Es ist klar, daß z. B. in der Geschichte solche Fälle verhältnismäßig selten sind. Beispiel eines solchen Zusammenhanges in der Geschichte wäre: »Diokletian lebte in seinem Palaste zu Salona vom Jahre 305 bis zu seinem Tode. Diokletian starb im Jahre 313. Im Jahre 308 war Diokletian in Salona.« Zwischen diesen drei Aussagen besteht der merkwürdige Zusammenhang, daß die dritte eigentlich überflüssig ist, weil man sie schon weiß, wenn man die

anderen weiß; sie ist in diesen implizit enthalten und durch einen logischen Schluß abgeleitet worden. Dieser Zusammenhang nun ist ein logischer, eben weil ein Ableitungsprozeß, eine Deduktion möglich ist. – Man kann den Satz »Diokletian lebte in seinem Palaste zu Salona vom Jahre 305 bis zu seinem Tode« nur dann darstellen, wenn die Quellen ganz zuverlässige sind. Derjenige also, der das Recht hat, von der Wahrheit dieses Satzes überzeugt zu sein, müßte noch mehr wissen. Er hat nur einen Teil dieses seines Wissens ausgesprochen, und nur deswegen kann man schließen, daß Diokletian auch im Jahre 308 dort gewesen ist. Dies eben liegt im Wesen des Schließens, welches von den meisten Philosophen falsch verstanden worden ist: Es wird bei der Deduktion, beim logischen Schluß kein neuer Tatbestand herausgerechnet, der in anderen Sätzen noch nicht enthalten war, sondern er war schon in irgendeinem Sinne in den früheren Sätzen enthalten, und zwar in dem Sinne, daß man von der Wahrheit der ersten Sätze nur überzeugt sein kann, wenn man das Erschlossene auch schon weiß und nur noch nicht ausgesprochen hat. Es ist also wesentlich für das logische Schließen, daß dieser Prozeß nur darin besteht, herauszuholen, was in den Sätzen, aus denen geschlossen wird, eigentlich enthalten ist. Wenn es nicht enthalten wäre, so wäre es aus den Sätzen nicht gefolgt. Die Folgerung ist also keine wirkliche Folgerung, sondern ein Zurückgehen auf das, was vorher gewesen ist; daher ist der Ausdruck »Folgerung« in gewissem Sinne irreführend. Schon die alten Skeptiker hatten diese wesentliche Einsicht, daß Schließen ein Zurückgehen auf ein vorher Gewesenes ist und nicht ein Hingehen zu etwas Folgendem. Daher führt ein logischer Schluß nie zu neuem Wissen, kann also nicht Quelle von Erkenntnissen sein; er ist nur ein Umformen von Ausdrücken. Man kann durch das logische Umformen wohl auf einen Tatbestand aufmerksam gemacht werden, auf den man vorher nicht geachtet hat, das ist aber für die Wissenschaft nicht das Entscheidende. Und so ist die Logik die Lehre von der Umformung von Ausdrücken.

In der Geschichte werden Sätze verhältnismäßig selten abgeleitet; gewöhnlich sind solche Konklusionen selbstverständlich und werden gar nicht ausgesprochen. Dennoch nennen wir die Geschichte, wie auch alle übrigen Beschreibungen, Wissenschaft, wenn sie aus Feststellungen von Tatsachen bestehen, was auch einer Erkenntnis gleichkommt. Erkenntnis ist aber vor allem die

Erklärung von Tatsachen, indem wir sie als Spezialfälle allgemeiner Fälle darstellen. Solche Zusammenhänge kommen in der Geschichte wenig vor. Wir nennen sie aber auch vor allem deshalb eine Wissenschaft, weil zur Gewinnung der Tatsachensumme, die sie darstellt, oft auch logische Schlüsse nötig sind, so wenn wir uns fragen »Was folgt aus der Glaubwürdigkeit eines Schriftstellers?« Bei der Technik, durch die diese Beschreibung der Tatsachen geleistet wird, ist logisches Schließen oft nötig.
Man kann verschiedener Ansicht darüber sein, was man von einer Wissenschaft fordern will. Kant z. B. stellt sehr strenge Forderungen und nennt Wissenschaft nur, was in strengem Zusammenhang mit logischer Ableitung steht. In jeder Wissenschaft ist dann nur so viel echte Wissenschaft, als Mathematik in ihr enthalten ist. Im allgemeinen ist es aber nicht nötig, so strenge Anforderungen an die Wissenschaft zu stellen.
Wir wollen uns nun die diesbezüglichen Verhältnisse in den exakten Wissenschaften klar machen und ein Beispiel aus der (sehr anschaulichen) Astronomie betrachten. Man beobachtet zu einer gewissen Zeit die Stellung eines Planeten im Weltraum. D. h., man stellt eigentlich das Vorhandensein eines leuchtenden Punktes an einer bestimmten Stelle des Gesichtsfeldes im Fernrohr fest und schließt daraus auf die Stellung des Planeten im Raume. So kommt man zu dem Satze: »Zu der und der Zeit befand sich z. B. die Venus an der und der Stelle.« Man kann das nun für verschiedene Zeiten machen und vermerken, an welcher Stelle sich der Planet befunden hat. Dies sind dann lauter einzelne Aussagen, die ähnlich zusammenhängen wie die der Geschichte, daß sie nämlich von demselben Gegenstande handeln. Das ist aber nicht der einzige Zusammenhang, der besteht. Man hat schon sehr früh versucht, diese Sätze zu einem einzigen zu vereinigen, der uns mit einem Schlage sagt, wo die Venus sich zu einer beliebigen Zeit befindet. Es dauert lange, bis das geglückt ist; der erste Schritt dazu war, nach Kopernikus' Vorarbeiten, die Aufstellung der Keplerschen Gesetze. Die Venus bewegt sich also um die Sonne mit bestimmten Bahnelementen, und wenn man weiß, wo sie sich in einem bestimmten Augenblick befunden hat, und das Gesetz kennt, weiß man, wo sie sich zu jeder beliebigen Zeit befunden hat oder befinden wird.
Die allgemeine Behauptung, daß sich die Venus in einer Ellipse bewegt, müssen wir als weiter nichts betrachten als eine Zusam-

menfassung der einzelnen Urteile. Man hat nicht alle Punkte der Ellipse durch Beobachtungen gefunden; aber man verbindet die Punkte versuchsweise, nimmt die Ellipse an und ergänzt durch spätere Beobachtungen. Man hat nun das allgemeine Gesetz der Planetenbewegungen, und wenn ein Anfangszustand gegeben ist, braucht man nicht mehr die einzelnen Aussagen, um die übrigen Orte für jede beliebige Zeit zu bestimmen.

Man kann die allgemeinen Gesetze auf den speziellen Fall nur deshalb anwenden, weil sie nichts anderes sind als eine Zusammenfassung der speziellen Fälle. Der Satz: »Die Venus bewegt sich in einer Ellipse um die Sonne«, heißt nichts anderes, als daß sie sich jetzt da, jetzt da... befindet. Es wird nur ein mathematischer Kunstgriff angewendet, der Funktionsbegriff. Es ist dasselbe, jedem Orte eine bestimmte Zeit zuzuordnen oder eine Funktion dafür anzugeben. Eine solche Funktion ist nichts anderes als eine Zusammenfassung von vielen einzelnen Aussagen. Man nimmt Werte an, die eine bestimmte andere Sache nacheinander bedeuten kann. Damit ist überhaupt dasjenige getroffen, was man als das »Wesen des Begriffs« zu bezeichnen pflegt, wie Frege in *Mathematik und Logik.* Man kann z. B. das Wort »Mensch« auf viele anwenden, und was vom Menschen gilt, gilt dann für jeden einzelnen. Oder man wendet z. B. das Wort »Alexander der Große« für verschiedene Zustände und Körper an, die durch die Gen-Identität miteinander verbunden sind. Überall, wo man ein Wort nacheinander für verschiedene Werte derselben Sache anwendet, spielt es die Rolle der Funktion, nämlich der begrifflichen Funktion, und die mathematische Funktion ist nur eine Art speziellen Beispiels dafür; dies hat zuerst Frege gesehen.

Man nimmt also die Bahn der Venus zuerst als Hypothese, d. h. versuchsweise an, und das Ausgesagte gilt nur soweit, als man durch Beobachtungen feststellen kann, daß die Venus wirklich an diesen Punkten der Bahn steht. Der Prozeß der Zusammenfassung geht dann noch weiter: Es ist Newton gelungen, die Aussagen über die verschiedenen Planeten zusammenzufassen und dazu die Aussagen über die Fallbewegungen auf der Erde; alle werden in das Newtonsche Gesetz eingeschlossen. Alle Aussagen über einzelne Tatsachen werden also zu einer einzigen Aussage, einer Hypothese, einem Natur-Gesetz zusammengefaßt, und daraus kann man nun die verschiedenen Bahnen der Planeten und

Bewegungen ableiten, indem man die Anfangszustände einsetzt, d. h., die einzelnen Fälle, die man explizit aus diesem Gesetze herausholen will. Das Gesetz sagt nur: Ich nehme an, daß in allen Fällen, wo Körper sich frei bewegen können, eine bestimmte Beziehung zwischen Zeit und Ort dieser Bewegung besteht. Das Einsteinsche Gesetz geht dann noch weiter, ist noch allgemeiner und schließt noch mehr Bewegungen ein, und es zeigt auch, daß das Newtonsche Gesetz nicht ganz streng ist.

Uns interessiert hier nur das Prinzip: Wir finden in der Wissenschaft immer dieselben Zusammenhänge zwischen Aussagen, und zwar derart, daß man einen Teil der Aussagen aus dem anderen Teil der Aussagen logisch ableiten kann, und dies ist nur deshalb möglich, weil diese Gesetze nichts anderes zu sein beanspruchen als eine Zusammenfassung der vielen einzelnen Fälle. Man ist eben im Besitze einer Symbolik, die gestattet, alle die komplizierten, verschiedenen Aussagen zusammenzufassen, nämlich die mathematische Symbolik. (Das ist aber nur eine praktische Frage; die mathematischen Zeichen sind eben sehr geschickt gewählt.) Dieser Zusammenhang macht nun, wie wir früher schon gesehen haben, das eigentliche Wesen der Erklärung aus, als einer Zurückführung einer besonderen Aussage auf eine allgemeine.

Wenn man sich für einen speziellen Fall entscheidet, den man aus den im Gesetze zusammengefaßten vielen Fällen herausheben will, indem man die Anfangsbedingungen einsetzt, so ist dies eine mathematische Ableitung, welche einer logischen Deduktion entspricht. Der logische Zusammenhang ist eben jener Ableitungszusammenhang. Wenn man es von vornherein richtig darstellt, so sieht man, wie man zu den allgemeinen Sätzen und zu einer mathematischen Beschreibung der Natur kommt.

In der Geschichte kann man ja auch unter Umständen von Erklärungen sprechen, da nämlich, wo sich z. B. eine historische Tat aus dem Charakter des Handelnden erklärt. Aber es ist hier doch kein so strenger Zusammenhang, weil man den Charakter eines Menschen nicht so exakt beschreiben kann wie z. B. astronomische Gesetze, und darum kann man in einem solchen Falle von eigentlicher Erklärung doch nicht sprechen. – Auch unter den Naturwissenschaften gibt es viele nur beschreibende, die z. B. nur von derselben Pflanze, demselben Tier handeln etc. Die eigentlich erklärenden Wissenschaften sind die exakten.

Durch alle diese Überlegungen gelangen wir zu der Frage nach dem eigentlichen Grund aller wissenschaftlichen Betrachtungen, der Frage, welches die Quelle, der letzte Grund ist, auf dem wir bauen. Was ist das absolut Gewisse, das wir erkennen können? Diese Frage stellt das Grundproblem der Erkenntnistheorie dar; sie tritt uns entgegen, sobald wir die Wissenschaft philosophisch betrachten. Man kann diese Frage in zwei Richtungen stellen; erstens als Frage nach der Sicherheit des Zusammenhanges, der zwischen den einzelnen Aussagen besteht; zweitens als Frage nach der Sicherheit der Verbindung der Aussagen mit der Wirklichkeit, über die sie etwas aussagen.

Die erste Frage richtet sich auf die Form der Erkenntnis. Die zweite ist die materiale Frage, die Frage, in welcher Weise die in der Wissenschaft zusammengefügten Aussagen von der Wirklichkeit handeln und mit welchem Grad von Sicherheit wir sie machen können.

Wir wollen uns vergegenwärtigen, wie der Bau einer erklärenden Wissenschaft, denn nur diese interessieren uns hier, eigentlich aussieht, und denken dabei am besten an die Physik als typisches Beispiel einer Wirklichkeitswissenschaft, in der die Erklärung am weitesten fortgeschritten ist. Eine solche Wissenschaft besteht aus lauter erklärenden Sätzen. Die dort auftretenden Aussagen handeln also nicht von einzelnen Gegenständen, sondern bestehen aus allgemeinen Sätzen, zu welchen man durch Zusammenfassung einer großen Reihe von einzelnen Aussagen, die man gemacht hat, gelangt ist. Wir haben am Beispiel des Newtonschen Gesetzes gesehen, wie die einzelnen Aussagen zustandekommen, wie wir sie nach und nach vereinigen können, so daß ein allgemeiner Satz, ein Naturgesetz daraus resultiert. Heute steht die Wissenschaft noch höher, es sind auch die Fälle der reinen Trägheitsbewegung im Einsteinschen Gesetz mit eingeschlossen. Durch die allgemeinen Gesetze werden die tiefer liegenden Aussagen erklärt, denn Erklärung besteht ja darin, daß wir die einzelnen Fälle auf die allgemeineren zurückführen.

Wir nehmen versuchsweise (hypothetisch) an, daß sich z. B. diese Bahnen auch für andere Planeten gleich bleiben, ebenso, daß alle Fälle, die diese allgemeinen Sätze einschließen, beobachtet sind und auch die späteren Fälle mit umfaßt werden; dies wird eigentlich geraten. Und dieses Raten, das man bei genialen Menschen Intuition nennt, ist die Quelle aller Wissenschaft. Es gibt kein allgemeines Prinzip, wonach dieses »Raten« sich richten könnte,

also ist richtig zu raten, die richtige Wahl zu treffen, die eigentliche Fähigkeit, die der geniale Forscher besitzt. Erweist sich der auf diese Weise aufgestellte allgemeine Satz dann für weitere Beobachtungen als richtig, so hält man ihn für bestätigt. Der allgemeine Satz aber, das Naturgesetz, bleibt immer hypothetisch. Die Naturgesetze sind Annahmen, der hypothetische Charakter bleibt ihnen für immer, wir können von ihrer Gültigkeit nicht absolut überzeugt sein. Wir haben auch gar keine Möglichkeit, die allgemeine Geltung der Naturgesetze zu beweisen.
Der Zusammenhang zwischen allgemeinen und speziellen Sätzen ist ja der, daß man die speziellen aus den allgemeinen ableitet, daß wir aus der Zusammenfassung der Fälle bestimmte einzelne herausgreifen, deduzieren (z. B. aus dem Newtonschen Gesetz die allgemeinen Fallgesetze auf der Erde oder die Planetengesetze etc.) durch Einsetzen der Anfangsbedingungen. – Aus den Gesetzen und den Anfangsbedingungen leitet man also das Verhalten der Wirklichkeit ab.
Die Frage, woher es kommt, daß die Resultate unserer Rechnungen für die Wirklichkeit Geltung haben, also das Problem des Verhältnisses zwischen unserem Denken und der Wirklichkeit, schien den früheren Philosophen schwierig zu lösen und hat in verschiedenen Systemen, wie in dem Hegels, zu den merkwürdigsten Behauptungen geführt (mystischer Konnex zwischen unserem Denken und dem Vorgehen der Natur oder prästabilierte Harmonie etc.). Diese Frage, wie es kommt, daß wir in unserem Denken der Wirklichkeit parallel laufen können, kommt daher, daß es scheint, daß in der Natur etwas wäre, das unseren Rechnungen parallel geht. Davon kann aber nicht die Rede sein. Das Wunderbare ist nicht, daß unsere Rechnungen tatsächlich auf die Natur zutreffen, sondern nur, daß wir imstande sind, die allgemeinen Sätze richtig zu raten. Das Berechnen der einzelnen Fälle ist nichts anderes als ein Operieren mit Zeichen, eine logische Deduktion, die nichts zuwege bringt, als das aus den allgemeinen Sätzen herauszuholen, was schon in ihnen enthalten ist. Mit der Rechnung wird also kein Verhalten der Natur abgeleitet, sondern nur das, was wir von diesem Verhalten vorausgesetzt haben. Dem Rechnungsprozeß, der sich nur mit Zeichen abspielt, läuft in der Wirklichkeit nichts parallel. Von den allgemeinen Sätzen aber, die ja nur Hypothesen sind, nehmen wir an, daß sie tatsächlich die Wirklichkeit wiedergeben. – Das Gesetz drückt alle Fälle in einer

sehr kompakten Form aus, der man nicht so leicht ansehen kann, welche Fälle sie umfaßt, und daher ist die Rechnung nötig, um die einzelnen Fälle wieder herauszuholen. Die Verbindung mit der Wirklichkeit ist aber nur mit dem ersten Schritt gemacht, wenn man annimmt, daß das allgemeine Gesetz auf das Verhalten der Natur zutrifft. Das hat aber nichts mit einer mysteriösen Parallelität zwischen Denken und Sein zu tun, und das Problem der Rationalität oder Rationalisierung der Welt, das besagt, daß wir die Welt in unseren Rechnungen erfassen können, ist ein Scheinproblem, denn die Frage, wieso es komme, daß die Natur unseren Rechnungen folgt, ist schon falsch gestellt. Unsere Gesetze gelten von der Natur nicht deshalb, weil zwischen unseren Rechnungen und der Natur eine Verwandtschaft bestünde, sondern weil die allgemeinen Gesetze vom Verhalten der Natur richtig geraten sind. Man kann nur danach fragen, wie es kommt, daß wir richtig raten können, wieso wir so allgemeine Sätze aufstellen können, die die Wirklichkeit tatsächlich abbilden. Aber das ist ein ganz anderes Problem als das in der Philosophie hier immer angenommene und wird auch anders gelöst als durch eine Antwort über ein Verhältnis metaphysischer Art zwischen Denken und Sein.
Für die Frage nach der Sicherheit unserer allgemeinen Sätze ist es wichtig festzuhalten, daß sie Annahmen, Hypothesen sind. Die Sätze, die in der Wissenschaft vorliegen, geben eine Struktur der Wirklichkeit wieder, die die Struktur einer Fülle von Tatsachen ist. Wenn wir nun annehmen, daß diese allgemeinen Aussagen, die in der Wissenschaft vorliegen, Beschreibungen allgemeiner Verhältnisse in der Welt sind, also Aussagen, die die Struktur der Wirklichkeit wiedergeben (tatsächlich tun sie dies auch; wir wissen nur nicht inwieweit), dann stellt sich die Wissenschaft als ein großes System von ineinandergeschachtelten, z. B. auseinander ableitbaren Sätzen dar, die alle Abbildungen sind.
Wir betrachten nun die inneren Verhältnisse eines solchen Systems (das sind die logischen Verhältnisse, wie wir schon früher gesehen haben), nur das Verhältnis unserer Aussagen zu dem, was sie aussagen, ohne uns um die Gegenstände selbst zu kümmern. Die Verbindung ist eine um so innigere, je mehr eine Wissenschaft den Charakter der Exaktheit hat. Das Ideal einer Wissenschaft ist eine vollkommen exakte Wissenschaft. Sehr exakt sind z. B. die klassische Mechanik oder die Geometrie. Es werden da Sätze aufgestellt (z. B. über Masse, Geschwindigkeiten etc.) und

andere aus ihnen abgeleitet, und so kommen wir zu einem Gerüst der Wissenschaft, das einen rein formalen Charakter hat; die Zusammenhänge sind nur die rein logischen, das deduktive Ableitungsverhältnis.
Man kann z. B. fragen, aus welcher Gruppe von Sätzen des Systems sich alle übrigen Sätze ableiten lassen. Daß es ein solches Minimum von Sätzen, eine derartige Gruppe geben muß, ist klar, da der Zusammenhang zwischen den Sätzen ja so gedacht ist. (Wir setzen dabei die Wissenschaft als vollendetes System voraus; die theoretische Physik kommt dieser Lage schon sehr nahe.) Eine solche Gruppe von Sätzen, aus denen man alle übrigen ableiten kann, nennt man die Axiome dieser Wissenschaft. Früher verstand man unter Axiomen Sätze, die von selbst einleuchtend sind und von denen dann auch die anderen abgeleitet werden. Man kann sich z. B. die Aufgabe stellen zu fragen, auf welchen Axiomen die Newtonsche Mechanik beruht, ob sie wirklich nur auf den drei von Newton aufgestellten Sätzen aufgebaut ist. Es zeigt sich, daß das nicht der Fall ist, denn in diese drei »Axiome« gehen schon viele andere Sätze ein. Es ist Aufgabe der Logik, eine solche notwendige Gruppe von Sätzen herauszufinden, und diese Aufgabe nennt man die Axiomatik. Das Verfahren besteht darin, die Axiome aufzusuchen, aus denen alles übrige abzuleiten ist. Das älteste Beispiel ist die Geometrie des Euklid, die auch schon den Anspruch erhebt, daß alle Sätze dieser Geometrie aus einem Axiom abgeleitet werden können. Hier ist aber »Axiom« noch in alter Bedeutung gemeint. Die Euklidische Axiomatik ist nicht vollkommen, erst heute ist eine befriedigende Axiomatisierung der Geometrie durchgeführt worden. Dasselbe gilt z. B. auch für die Mechanik.
Wichtig ist nun, daß es nicht nur eine solche Gruppe von Sätzen, die Axiome, gibt, sondern daß wir innerhalb sehr weiter Grenzen willkürlich das System wählen können. Man kann auch andere Sätze aus demselben System auswählen und nun diese als Axiome betrachten, so daß nun die früheren Axiome aus ihnen abgeleitet werden. Welche Sätze das sind, ist im Einzelfall immer eine sehr schwierige logische Untersuchung. Die Sätze einer Wissenschaft sind also nicht dadurch verschieden, daß die einen Axiome, die anderen Lehrsätze sind, sondern dies ist in weiten Grenzen willkürlich. Ein Axiom ist also keine Aussage mit besonderem Charakter, z. B. der Evidenz. Der Begriff des Axioms ist ein

relativer: Ein Satz ist Axiom in bezug auf andere Sätze, die daraus abgeleitet werden und in dem System vorkommen.
Wir haben noch nicht von einer anderen Art von Sätzen gesprochen, die auch mit zum Bau eines Systems gehören, von den Definitionen: Es gibt bei der Ableitung von Sätzen aus anderen gewisse Wortkomplexe, die sehr oft wiederkehren und für die es einfacher und deutlicher ist, Abkürzungen einzuführen, eben die Definitionen (z. B. anstatt »langes Rohr, durch welches man schauen kann«, abkürzend »Fernrohr«). Diese explizite Definition ist die Ersetzung eines Komplexes von alten Zeichen durch ein neues Zeichen; es ist ein bloßes Bequemlichkeitsmittel, praktisch wichtig, theoretisch nicht nötig. Es scheint nun ein Widerspruch darin zu liegen, daß, wenn man jemandem etwas definiert, man ihm ein Wort durch einen Komplex schon bekannter Worte »definiert«. Man muß hier jedoch zwischen der Erklärung einer Definition und der Definition selber unterscheiden; man geht in diesem Falle den Prozeß in umgekehrter Richtung. Hauptsache ist, daß eine Entsprechung stattfindet.
Wir unterscheiden innerhalb des Systems von Sätzen also zwei Klassen: 1. bloße Definitionen, 2. Hypothesen: a) Axiome, b) Lehrsätze. Eine Wissenschaft hat, unabhängig von ihrem Zusammenhang mit der Wirklichkeit, nur den Charakter, aus einer großen Zahl von Hypothesen und Definitionen zu bestehen. Diese Sätze können beliebig in zwei Klassen geteilt werden, so zwar, daß die Aussagen der einen Klasse, welche die große Mehrheit bilden, sich aus den Aussagen der anderen Klasse, den Axiomen, restlos ableiten lassen. Das ist das Gerippe einer Wissenschaft, ihre Form; ihr Inhalt interessiert uns hier nicht. Dieses Gerippe ist das Logische an der Wissenschaft, die Notion oder Analyse, und das ist dasjenige, was absolut gewiß ist, die Ableitung. Wenn man einmal annimmt, daß eine Hypothese gilt, dann sind die Ableitungen immer sicher. Bei der Deduktion hat es gar keinen Sinn, von sicher oder unsicher zu sprechen, sie kann als Ableitung vom Allgemeinen nur sicher sein. Bloß die Geltung des Allgemeinen für die Wirklichkeit ist unsicher und wird es immer bleiben.
Die Betrachtung dieses inneren Zusammenhanges der Sätze eines wissenschaftlichen Systems und die Darstellung eines solchen Systems erinnert den Historiker der Philosophie an verschiedene philosophische Systeme; das berühmteste ist das von Spinoza. Er

wollte sein ganzes System so aufbauen, daß er Axiome, Definitionen und Lehrsätze auseinander ableitete und dann auf die Wirklichkeit anwenden wollte. Von den Axiomen nahm Spinoza an, daß sie einleuchten und von selbst auf die Wirklichkeit Geltung haben. Die Definitionen sollten sogar die Kraft haben, *causa sui* das Wesen der Existenz einzuschließen. Spinoza ist der Meinung, daß sich alle diese Sätze von vornherein auf die Wirklichkeit beziehen, und kommt gar nicht auf den Gedanken, das System der Sätze von der Wirklichkeit zu trennen. Bei Spinoza entsprechen Beziehungen zwischen Sätzen Beziehungen in der Wirklichkeit.

Dies ist der große Unterschied zu unserem System, das wir erhalten, wenn wir von jeder Wirklichkeit absehen. Wir haben den strengen Zusammenhang der Aussagen untereinander nur, solange wir das System als rein formale Angelegenheit, die Beziehungen von Aussagen für sich betrachten, ohne zu beachten, ob sie für die Wirklichkeit gelten, was sie für die Wirklichkeit bedeuten. Der Grundirrtum allen Rationalismus liegt darin, daß man nicht unterscheidet zwischen den Aussagen, die man über die Wirklichkeit macht, den Definitionen, die man gibt, und dem, was in der Wirklichkeit tatsächlich vorliegt. Spinoza war der reinste Rationalist in der Geschichte der Philosophie; er will die Sätze der Wirklichkeit nur aus dem Verstand, der Vernunft, folgern.

Für uns besteht die Tätigkeit der Vernunft nur darin, Zeichenkomplexe umzuformen, abzuleiten. Das hat also damit zu tun, wie wir die Wirklichkeit ausdrücken, aber nichts mit der Wirklichkeit selbst. Die Beziehung unserer Aussagen zur Wirklichkeit ist dann etwas, das noch dazukommen muß.

Man kann sagen, der Rationalismus gilt als wissenschaftliches System nur insoweit man von seiner Beziehung zur Wirklichkeit absieht. Es ist ein rein rationaler Zusammenhang, wenn immer richtig geschlossen wird und man diesen Zusammenhang nur für sich betrachtet. Da es aber als Sinn der Philosophie angesehen wurde, richtige Aussagen über die Wirklichkeit zu machen, entstand die philosophische Richtung des Rationalismus. Er ist eine unmögliche Philosophie, denn es ist sinnlos, davon zu reden, daß in der Wirklichkeit rationale Beziehungen bestehen. Damit haben wir wieder eine wichtige Einsicht gewonnen, in welchem Punkte die alten Systeme der Philosophie fehlgehen und welche Probleme wir zu lösen haben.

Die Verknüpfung der Sätze untereinander, wie sie in einem wissenschaftlichen System auftreten, bezeichnet man gewöhnlich als logische Zusammenhänge. Es handelt sich da um die Form von Aussagen, Schlüssen, Zeichen. Man muß also Wörter, Sätze, Schlüsse betrachten, wie man das in der Logik zu tun pflegt.
Ein solches System wird aber nicht um seiner selbst willen aufgestellt, sondern um es auf die Wirklichkeit anzuwenden. Daher muß es auf der Wirklichkeit ruhen, mit ihr verknüpft werden, sonst führt ein solches System nicht zu Wissenschaft, sondern bleibt Spiel. Die Frage der Beziehung des Systems zur Wirklichkeit ist die Frage nach dem Fundament, auf dem es aufruht.

11. Das Fundament der Erkenntnis

Wenn wir die Frage nach der Gültigkeit unserer Erkenntnis stellen, nach dem also, was genau und sicher gewußt wird, so ist es am besten, sich vorerst zu vergegenwärtigen, wie ein solches System der Wissenschaft aufgestellt wird und was wir aus der Art seiner Aufstellung für seine Geltung für die Wirklichkeit folgern können. Wenn wir uns den Zusammenhang zwischen den Sätzen des Systems und der Wirklichkeit klar machen wollen, müssen wir zusehen, wie Wissenschaft eigentlich zustande kommt. Einfache Überlegung sagt uns, daß jede Wissenschaft so beginnt, daß man Beobachtungstatsachen ausdrückt, also Aussagen über die Wirklichkeit macht. Um aber diese Aussagen formulieren zu können, sind Feststellungen lauter einzelner Tatsachen nötig; von diesen, die den eigentlichen Ausgangspunkt jeder Wissenschaft bilden, bis zu der zusammenfassenden Aussage darüber, sind schon viele Voraussetzungen, mannigfache Kenntnisse, also eine bereits entwickelte Wissenschaft nötig. Man stellt z. B. durch Beobachtung fest, wo sich die Venus zu einem gewissen Zeitpunkt befindet; das letzte Datum, auf das sich eine solche Aussage stützt, ist, daß ein heller Fleck mit dem Fadenkreuz des Fernrohrs zu einer bestimmten Zeit zusammenfällt.
Die einzelnen beobachteten Tatsachen bilden also die Grundlage für die in dem wissenschaftlichen System vereinigten Aussagen. Wir müssen uns nun klar werden, in welchem Sinne wir da von Grundlage sprechen können. – Die Aussagen, die man macht, daß z. B. die Venus in nahezu einer Ellipse läuft, scheinen nur die Zusammenfassung dieser einzelnen Feststellungen zu sein. Diese Aussagen umfassen aber auch die dazwischen liegenden und nicht beobachteten Punkte. Die Auffassung scheint berechtigt, daß in letzter Linie die Sicherheit des wissenschaftlichen Gebäudes zurückgeht auf die Sicherheit der Fundamentalaussagen. Dabei muß jedoch, um Irrtümer zu vermeiden, der Zusammenhang dieser Fundamentalaussagen mit dem System der Wissenschaft klargestellt werden.
Bei der Frage nach der Gültigkeit unserer Erkenntnis haben wir das Recht, die Frage der Sicherheit in den exakten Wissenschaften, die wir ja hier zugrunde legen, aufzuwerfen, denn die Sicher-

heit in der Wissenschaft ist außerordentlich viel größer als die der Erkenntnis des Laien im täglichen Leben. Die Erkenntnis in der Wissenschaft erreicht das höchste Maß an Exaktheit, deren der Mensch überhaupt fähig ist, und wenn wir diese Erkenntnis im täglichen Leben anwenden, so bauen wir sicher darauf, daß wir uns verlassen können. So essen wir das Brot im Vertrauen darauf, daß seine Zusammensetzung uns nicht schaden wird, wir benützen ein Auto etc. Die Wissenschaft ist in dieser Beziehung viel vorsichtiger, sie kann alles untersuchen und dann mit Sicherheit sagen, ob z. B. etwas bekömmlich oder verläßlich konstruiert ist. Aber auch bei dieser Behauptung wird die Geltung der Naturgesetze vorausgesetzt, denn prinzipiell könnte ja auch gutes Brot plötzlich als Gift wirken oder sich etwas anderes grundlegend ändern.
Die Aussagen in den exakten Wissenschaften haben also ihren psychologisch-kausalen Zusammenhang mit Beobachtungen; alles geht auf das zurück, was wir Sinneswahrnehmungen nennen. Diese, meist optischen Aussagen sind die Fundamentalaussagen, von denen wir dann zu den allgemeinen Sätzen gelangen. Diese speziellen Aussagen über einzelne Tatsachen gehören mit zum System der Wissenschaften, und zwar so, daß alles, was sonst zur Wissenschaft gehört, eine Verallgemeinerung dieser sogenannten Fundamentalaussagen ist. Diese aber gehen nicht aus wirklichen, logischen Ableitungen hervor, sondern es sind versuchsweise Zusammenfassungen der Beobachtungen, und sie enthalten auch eine Menge anderer Aussagen, die sich nicht auf Beobachtungen stützen. Das Verhältnis der allgemeinen Sätze zu den singulären Sätzen ist keine logische Ableitung, sondern ein Verhältnis des Ratens. Die ersten fundamentalen Sätze sind also nicht dasjenige, was wir früher die Axiome genannt haben; so wurden sie im System des Spinoza aufgefaßt. Unserer Anschauung nach sind die Axiome erst die allgemeinen Sätze. In der Wirklichkeit gibt es nicht so einen Tatbestand wie ein Gesetz, das wir mit unseren formulierten Gesetzen vergleichen könnten; in der Wirklichkeit gibt es nur einzelne Tatsachen. Die singulären Sätze sind nur Anregungen dazu, die allgemeinen Sätze aufzustellen; dennoch sind sie die Quelle, das Fundament, auf dem unsere ganze Wissenschaft ruht. Man pflegt nun zu sagen, daß diese singulären Sätze das unbedingt Sichere sind; dieses tatsächlich Beobachtete kann sich nicht als »Schein« herausstellen – so heißt es in der Ausdrucksweise der Transzendentalphilosophie.

Hier kann man schon mit einer gewissen Skepsis einsetzen, denn prinzipiell sind außerordentlich viele Irrtümer möglich. Man kann folgendermaßen argumentieren: Wenn man Beobachtungssätze ausspricht, wie z. B., daß man im Fernrohr eine helle Scheibe sieht, dann ist bereits eine Quelle für alle möglichen Irrtümer bezüglich der Art und der Zeit des Beobachteten etc. gegeben. Der Satz kann auch falsch sein, nur geträumt, oder, wenn es sich um schriftlich Festgehaltenes handelt, man könnte etwas anderes aufgeschrieben haben, als man gewollt oder gemeint hat usw. Dies sind verschiedene prinzipielle Möglichkeiten, und die werden in der Philosophie eben betrachtet, denn alles, was möglich ist, ist sinnvoll. Wenn diese aber bestehen, so führt dies dazu, daß sich unser eine gewisse skeptische Stimmung bemächtigt und wir sagen müssen, daß alles, was in der Wissenschaft als vollkommen sicher angenommen wird, auf dem sich unsere Gebäude gründen, nicht als absolut sicher gelten kann. Wir haben das schon zugegeben, als wir sagten, daß alle allgemeinen Sätze den Charakter von Hypothesen tragen. Nun sagen wir es aus dem weiteren Grunde, weil die Sätze, auf die sich diese Hypothesen stützen, auch schon Irrtümer sein können. Wenn die Gültigkeit der singulären Sätze (Protokoll-Aussagen) nicht sicher ist, so scheint der Wissenschaft der ganze Halt geraubt zu sein. Auch wenn man die allgemeinen Sätze mit der Wirklichkeit vergleichen will, muß man sich rückwärts bewegen zu den speziellen Sätzen und sehen, was für spezielle Sätze aus diesen allgemeinen Sätzen folgen. Die Prüfung der allgemeinen Sätze, ihre Verifikation, geschieht also nur durch die speziellen Sätze hindurch. Wenn diese Prüfung positiv ausfällt, dann pflegt man sie als Verifikation des Satzes zu bezeichnen; streng logisch besteht dazu eigentlich kein Recht, denn es könnte sich dennoch anders verhalten.

Man fragt nun, wie die Festigkeit zustande kommt, die die Wissenschaft überhaupt besitzt. Was das betrifft, gibt es speziell in der englischen Philosophie zwei verschiedene Wahrheitstheorien, erstens die *»correspondence-theory«* (Übereinstimmungstheorie), welche die Wahrheit der Aussagen in ihrer Übereinstimmung mit der Wirklichkeit sieht, und zweitens die *»coherence-theory«* (Zusammenhangstheorie), die besagt, daß die Wahrheit der Aussagen darin besteht, daß sie untereinander zusammenstimmen. Es ist merkwürdig, daß die Philosophen auf verschiedensten Wegen dazu gelangt sind, die Übereinstimmungstheorie durch die Zusammenhangstheorie zu verdrängen. Wir nehmen an unserem System der Wissenschaften auf Grund neuer Fundamentalurteile immer Veränderungen vor, es findet eine unaufhörliche Korrektur statt; die Aussagen untereinander stellen sich gegenseitig richtig, so daß sie ein möglichst harmonisches System bilden. Ja, man kommt dazu zu sagen, daß es gar keinen Sinn hat, die Übereinstimmung unserer Aussagen mit der Wirklichkeit zu überprüfen, sondern unsere Aussagen selbst müssen übereinstimmen, und dies muß immer wieder überprüft werden. Nicht der Vergleich der Aussagen mit der Wirklichkeit, sondern der Vergleich der Aussagen untereinander ist es also, der die Wissenschaft aufbaut. Der Grundgedanke ist der, es sei prinzipiell unmöglich, irgendwelche Sätze der Wissenschaft endgültig zu verifizieren, weil wir immer gesprochene, geschriebene, erinnerte Aussagen vergleichen müssen, um etwas über die Sicherheit in der Wissenschaft zu erfahren. Wenn man die Wissenschaft als System auffaßt, das aus irgendwie fixierten Sätzen besteht, so findet man innerhalb dieser so gedachten Wissenschaft keine Sätze, deren Gültigkeit man absolut feststellen kann.

Der Weg, der von der gegenwärtig ausgesprochenen Wahrnehmung zu der vergangenen Aufzeichnung führt, ist kein sicherer; ein Wahrnehmungssatz ist nur in dem Momente absolut sicher, in dem er ausgesprochen wird. Solche Sätze aber gehen in ein System der Wissenschaften, das ein historisches Gebilde geworden ist, nicht ein. – Wir können noch in einem anderen Sinn die Aussagen in der Wissenschaft nicht endgültig verifizieren: Wenn man nämlich behaupten würde, daß z. B. die Venus auf einer ganz anderen Kurve als einer Ellipse läuft, so kann man alle tatsächlichen Beobachtungen mit dieser Hypothese in Einklang bringen, wenn man sie so erklärt, daß man für das Abweichen von der beschriebenen Kurve andere Umstände verantwortlich macht; dies ist prinzipiell nicht zu widerlegen. Dadurch haben sich berühmte Männer der Wissenschaft, wie z. B. Eddington irreführen lassen. Er hielt viele allgemeine Aussagen über die Natur für bloße Festsetzungen, Konventionen, die nichts über die Wirklichkeit aussagen; diese Ansicht nennt man den »Konventionalismus«.

Wenn wir die Frage, wie es mit der Sicherheit der Fundamentalaussagen steht, in welcher Weise die Wissenschaft auf ihnen ruht, so formulieren, daß wir nach dem Zusammenhang des Systems der Wissenschaften mit der Wirklichkeit fragen, so ist dies eine gefährliche Ausdrucksweise. Es hört sich so an, als ob das System der Wissenschaften nicht Wirklichkeit sei, als ob wir etwas Ideales, Nicht-Existierendes mit der Wirklichkeit vergleichen würden; es ist eine platonische Ausdrucksweise. Wir bedürfen dieser Ausdrucksweise nicht, denn wir werden sehen, daß diese gesprochenen, geschriebenen, erinnerten Worte ebenso wirklich sind wie irgend etwas anderes; es ist auch ein Teil der Wirklichkeit, eben der, der aus Aussagen besteht und der mit einem anderen Teil der Wirklichkeit verglichen wird. Diese Einsicht ist auch der Weg zur Lösung des platonischen Problems.

Die ganze Frage nach dem Zusammenhang geht davon aus, daß die Fundamentalaussagen die Wissenschaft gleichsam tragen, und wenn diese ins Wanken kommen, muß das ganze System, d.h. seine Wahrheit ins Wanken kommen. Diese »Fundamente« waren häufig Gegenstand einer Streitfrage; wir müssen aber einen anderen Standpunkt einnehmen, denn Sätze, auf denen die Wissenschaft in gewissem Sinne tatsächlich ruht, sind nicht die letzten Sätze, die zu finden sind. Alles, was in einem Buch niedergelegt ist, sind Hypothesen, Sätze, die durch Erraten zustande kommen. Wir haben gesagt, daß die allgemeinen Sätze über die Wirklichkeit nur Hypothesen sind, also machen sie gar nicht von vornherein den Anspruch darauf, das auszudrücken, was wir in der Wirklichkeit beobachtet haben. Diese Aussagen bilden also nicht das Fundament der Wissenschaft, sondern etwas ganz anderes: Sie bilden die Punkte, bis zu denen uns die Anwendung der allgemeinen Sätze in der Wissenschaft auf einzelne Fälle führt. In gewissem Sinn sind sie Ausgangspunkte, nämlich für das Erraten der allgemeinen Sätze; aber sie können in jedem Moment durch neue Beobachtungen korrigiert werden. Betrachtet man aber das System der Wissenschaften als Gebäude, das uns zu gewissen letzten Beobachtungen führt, dann sind diese wirklich letzte Beobachtungen.

Wenn man diese letzten Beobachtungen aufschreibt, dann gehen die Sätze in die Wissenschaft ein und sind wieder korrigierbar, sie sind wieder Hypothesen, können wieder angezweifelt werden; sie haben dann wieder eine andere Funktion. Nur im Momente der Beobachtung selbst haben diese Sätze die Funktion der Gewährung vollkommener Sicherheit, und damit endet dieser Prozeß. Die Verifikation ist damit geleistet, daß uns die Wissen-

schaft zu den Beobachtungen, die man tatsächlich macht, hingeführt hat; und das heißt nur, daß man nun von dem, was man beobachtet hat, befriedigt ist.
Das menschliche Erkenntnisvermögen wäre nie entstanden, wenn es sich bei der Erkenntnis nur darum handeln würde, die allgemeinen Sätze zusammenzufassen und daraus eine Wissenschaft zu bilden; es ist vielmehr so, daß der Mensch dieser Aussagen bedarf, um sich für die Zukunft zurechtzufinden. Diese Sätze haben also nicht den Sinn, ein System zu formen, sondern mit Hilfe des Systems in die Zukunft zu blicken, einen Leitfaden zu haben. Das System der Wissenschaften ist also nicht Selbstzweck, sondern es dient dazu, Voraussagen zu machen. Die Aufgabe der Wissenschaft als Mittel, die Wahrheit über die Welt auszusagen, als Mittel, richtige Voraussagen zu machen, ist mit der tatsächlichen Beobachtung, die man macht, erledigt, und das ist das absolut Sichere, worauf sich die Frage nach nicht mehr Bezweifelbarem richten kann. Es spielt also die Beobachtung nicht dann, wenn sie zum Ausgangspunkt genommen wird und am Anfang steht, sondern dann, wenn sie durch die Wissenschaft erreicht wird, die Rolle des absolut sicheren Wissens. Das ist der Punkt, an dem der Philosoph schließlich anlangt. Wir finden diese Auffassung bei Augustinus, auch bei Descartes. Von der »Selbstbewußtheit des Bewußtseins« zu sprechen, wenn man diese letzten Sätze meint, über die man nicht weiter fragen kann, ist allerdings eine sehr gefährliche Ausdrucksweise.
Die letzten Sätze stehen nicht am Anfang, sie stehen am Ende. Es tritt dann ein Gefühl ein, das uns sagt, daß es nun in Ordnung sei. Wir empfinden Befriedigung darüber, daß das Vorausgesagte eingetroffen ist, denn dann hat man jenen Punkt erreicht, um dessentwillen man Wissenschaft betreibt, wo man aufhört zu philosophieren, die Frage nach dem letzten Ziel unseres Wissens verstummt. Das Wesen der Wissenschaft besteht eben darin, Voraussagen zu machen. Aber nicht die Voraussagen sind das Fundament, die Verbindung mit der Wirklichkeit, sondern das Eintreffen der Voraussagen. Nicht mit dem Grund berührt die Wissenschaft die Wirklichkeit, sondern mit den Spitzen; das, worauf es in der Wissenschaft ankommt, ist nicht das, worauf sie ruht, sondern das, wohin sie führt.
Wir kehren jetzt zur Betrachtung des inneren Zusammenhanges der Sätze eines wissenschaftlichen Systems zurück.

12. Das Wesen des Logischen

Durch die vorangegangenen Betrachtungen haben wir die Notwendigkeit erkannt, daß in einem sogenannten »System« die einzelnen Sätze untereinander einen Zusammenhang bilden; wir haben gesehen, was ein solcher Zusammenhang bedeutet und daß dieser Zusammenhang immer ein logischer sein muß. – Die Logik ist nichts anderes als die Lehre von dem Zusammenhang der verschiedenen Zeichen, die wir verwenden, untereinander; in der Logik wird von den Regeln, denen diese Zeichen gehorchen, gesprochen.

In der Logik pflegen vor allem verschiedene Grundbegriffe abgehandelt zu werden, und da kommt gewöhnlich an erster Stelle der Begriff des »Begriffes«. Es handelt sich hier um einen Fragenkomplex, der uns zur Lösung dessen führen soll, was man das »Platonische Problem« nennt, die Frage des Verhältnisses der Begriffe zur Wirklichkeit.

Wir haben das Wort »Begriff« noch als keinen besonderen Terminus eingeführt, sondern uns mit dem allgemeinen Wort des »Zeichens« geholfen, als wir die Fragen der Erkenntnis und des Ausdrucks aufwarfen und uns überlegten, wie es kommt, daß wir mit unseren Mitteln an Zeichen die Tatsachen der Welt ausdrükken und über sie nachdenken können. – Es ist nicht genau festgelegt, wann das Wort »Begriff« in die Philosophie eingeführt wurde. Die alten Griechen gebrauchten jedenfalls das Wort »logos« und wenn, etwa bei Platon, davon die Rede ist, wird das im Deutschen mit dem Worte »Begriff« übersetzt. In neuerer Zeit würde man sich dagegen sträuben zu sagen, daß ein Begriff einfach ein Wort sei – und das mit Recht. Aber man hat daraus, daß man Begriff und Wort nicht identifizieren kann, falsche Folgerungen gezogen und ist diesbezüglich in derselben Weise in die Irre gegangen wie einst Plato.

Wir wollen uns nun vergegenwärtigen, wie wir das Wort »Begriff« verwenden: Nehmen wir z. B. das Wort »Pferd«, so ist das ein Wort, das wir verwenden, um von verschiedenen Gegenständen, eben Pferden, zu reden. Wir benützen nun also dasselbe Wort für die Tiere, die untereinander verschieden sind. In der gewöhnlichen Darstellungsweise wird nun weiter gesagt, diese

Tiere hätten etwas Gemeinsames, das man angeben könne, und das Herausheben dieses Gemeinsamen nennt man das Aufzählen der Merkmale; die herausgehobenen Eigenschaften zusammen bilden also die Merkmale des Begriffes »Pferd«. – Wir fragen uns aber, was das heißen soll. Das ist in Wirklichkeit einfach zu sagen, wie wir später sehen werden. Die eigentliche Schwierigkeit besteht darin, nicht in die eigentümlichen Irrwege zu verfallen, die so nahe liegen, wie die Geschichte der Philosophie gezeigt hat. Wir betrachten die verschiedenen Seiten der Frage und gehen in der Weise an sie heran, wie es Plato getan hat. Wenn man von einem Pferde spricht und fragt, was ein Pferd eigentlich ist, so richtet sich diese Frage nach der Berechtigung, mit der man ein gewisses Tier als Pferd bezeichnen kann. Man fragt dann weiter, was das Wort »Pferd« bedeutet. Das einzelne Pferd? Gewiß, aber ist dies nun die Bedeutung des Wortes »Pferd«? In dem einen Sinne ja, in dem anderen nicht, weil man auch andere Pferde damit bezeichnet, die Bedeutung also damit nicht erschöpft ist. Wenn man sagen soll, was ein Pferd ist, so genügt es nicht, auf ein Pferd zu zeigen und zu sagen: »Das ist es.« Man muß auch noch die Merkmale hinzufügen. Nachdem man sie aber angegeben hat, kann man wieder fragen, was das Wort »Pferd« bedeutet. Etwa alle Pferde? Das nun auch wieder nicht, denn man muß bei Erläuterung des Wortes Pferd z. B. nicht wissen, wieviele Pferde auf der Welt sind. Das Wort »Pferd« scheint also weder das einzelne Pferd zu bedeuten, noch bedeutet es alle Pferde. Was aber bedeutet es nun? Denn irgend etwas scheint es ja bedeuten zu müssen. Darauf antwortet Plato: Der Begriff »Pferd« bedeutet die Pferdheit, d. i. dasjenige, was das Wesen des Pferdes ausmacht, etwas, das in Wirklichkeit nicht vorhanden ist, denn es gibt kein wirkliches Pferd, das alle die angegebenen Merkmale hat und sonst keine Eigenschaften. Man kann hier auch keinen Durchschnitt annehmen, also die Pferdheit gibt es in Wirklichkeit nicht. Plato sagt weiter: Da aber das Wort »Pferd« etwas bedeuten muß, so muß auch etwas existieren, das ihm entspricht, und das ist die Idee der Pferdheit. – Da aber die Idee nicht in der Wirklichkeit existiert, so ist diese Wirklichkeit nicht das Wichtigste, und Plato schafft ein neues Reich der wahren Wirklichkeit, das Reich der Ideen, in welchem die Allgemeinbegriffe oder universalia, eben die gerade den Philosophen so sehr interessierenden Ideen der Güte, der Schönheit etc., wirklich sind.

Die Frage, was ein Wort bezeichnet, das kein Name für einen einzigen Gegenstand ist, sondern eine ganze Klasse von Gegenständen bezeichnet, daher ein Universalbegriff ist, hat Plato also zur Behauptung der Existenz seines Reiches der Ideen geführt. Der naiv-anschauliche Sinn der Griechen konnte die universalia nur als Gegenstände auffassen, die eben einer anderen Welt angehören und welche man zum Unterschied von anderen Gegenständen nicht beobachten kann. Man nennt diese Ansicht den Begriffsrealismus.

Der Gedanke, daß etwas hinter dem Worte steht, das es bedeutet, ist durch die ganze Geschichte der Philosophie nicht aufgegeben worden. Sprach man auch nicht wie Plato von einem Reich der Ideen, so war es doch ein Reich der Begriffe. Der Begriff ist da gleichsam zwischen Wort und Wirklichkeit eingeschoben, er macht die Bedeutung des Wortes aus und haftet dem Worte wie ein Schimmer, sein Schatten, an. Dies ist die gänzlich abwegige Sprechweise, die sich durch die vielen Jahrhunderte hinzieht, gegen die wir uns wenden, die wir richtigstellen müssen.

Aristoteles hat dann geleugnet, daß die Ideen in einem besonderen Reiche eine Existenz haben. Er sagte, daß die Ideen in unserer Welt, nämlich in jedem einzelnen Gegenstande, so im Pferde die Pferdheit, real enthalten seien. Also sind die allgemeinen Begriffe nicht außerhalb der Welt, sondern in den einzelnen Gegenständen. Die Lehre des Plato spricht so von universalia ante rem, die Lehre des Aristoteles von universalia in re. Das Aristotelische Bild der Allgemeinbegriffe in den Dingen selbst, als ihr eigenstes, inneres Wesen, wurde lange Zeit festgehalten und spielt auch heute noch in gewissen Überlegungen eine Rolle.

Den geschilderten Anschauungen stand nun eine andere, genau so fehlerhafte, gegenüber, die sagte, daß etwas so Allgemeines, das in den Gegenständen als ihr innerstes Wesen drinsteckt, nicht auffindbar sei. Daher könne dieses Allgemeine auch nicht in demselben Sinne wirklich sein, wie Gegenstände wirklich sind. Man kann dieses Allgemeine nicht aufzeigen, nur davon sprechen. Wenn es aber dieses Allgemeine gar nicht gibt, auf das sich das allgemeine Wort richtet, dann bezeichnen die allgemeinen Worte gar nichts außer sich selbst. Wenn wir also von Allgemeinbegriffen sprechen, so meinen wir nichts anderes als diese Worte, die Begriffe selbst. So entstand im frühen Mittelalter der Nominalismus, die Ansicht, welche besagt, daß die Begriffe nichts anderes seien als Worte. – Im späteren Mittelalter gewann der Nominalismus die Oberhand, und zwischen Realismus und Nominalismus geht der Streit der Scholastik hin und her. – Wir müssen auch die Ansicht des Nominalismus als irrtümliche bezeichnen, denn es geht z. B. nicht an, das Wort »Pferd« als den Begriff »Pferd« selbst zu betrachten. Das folgt daraus, daß das Wort selbst wieder dieselbe Verschiedenheit aufweist, je nachdem, was es bedeutet, wer es ausspricht, in den verschiedenen Sprachen, ob es geschrieben oder gesprochen ist. Es herrscht wohl Übereinstimmung darüber, daß immer dasselbe damit gemeint ist; als Worte aber sind sie verschieden, wenn auch als Begriffe gleich. Man kann es unmöglich wörtlich meinen, daß das Wort selbst der Begriff sei; denn sonst könnte z. B. auch kein Unterschied zwischen gesprochenen und geschriebenen Worten bestehen, da dann die Begriffe auch verschieden wären. Auch könnte man die Worte dann nicht in eine fremde Sprache übersetzen. So sagt schon Augustinus: »Der Grieche und der Lateiner gebrauchen verschiedene Worte für denselben Begriff, deshalb kann das Wort nicht der Begriff sein.« Das ist sehr schlagend und unterscheidend ausgedrückt. – Man kann auch nicht annehmen, daß innerhalb der Worte etwas Gleiches vorhanden sei, eine Art universalia in nomina, als Gegensatz zu Aristoteles' universalia in re; zwischen Begriff und Wort muß ein Unterschied sein.

Wir haben nun gesehen, daß *weder* der Realismus befriedigen kann, denn die Begriffe können nicht als etwas Reales in den Gegenständen gefunden werden, und die Annahme, daß sie »außerhalb der Welt« existieren, ist nur eine metaphysische Sprechweise, *noch* der Nominalismus, der die Begriffe mit den Worten identifiziert.

Man findet noch einen anderen Versuch der Lösung des Platonischen Problems. Speziell zu Beginn des 19. Jahrhunderts war die Ansicht sehr verbreitet, daß der Begriff eigentlich eine Vorstellung, eine Art Bild in unserem Bewußtsein sei. Der Begriff des Pferdes sei also nur ein Erinnerungsbild, das man sich vom Pferde macht. Und der Begriff bedeute nicht ein einzelnes Pferd, noch alle Pferde zusammen, sondern ganz allgemein das Vorstellungsbild von einem Pferd. So nannte Höfler die Begriffe »Vorstellungen mit eindeutig bestimmtem Inhalt«. Weil bei dieser Ansicht als Faktum etwas Psychisches, nämlich eine Vorstellung, angenommen wird, so nannte man sie den Psychologismus. Der Psychologismus war eine Zeitlang sehr verbreitet. Er argumentiert wie folgt: Die Logik hat mit dem Denken zu tun, das Denken ist etwas Psychisches, der Begriff ist nichts Wirkliches, nur etwas Gedachtes, also Psychisches.

Daß der Psychologismus eine ganz gedankenlose und verkehrte Auffassung ist, ist leicht einzusehen. Man kann sich doch z. B. ein Pferd nicht »allgemein« vorstellen, also nicht groß und auch nicht klein, weder schwarz noch weiß noch von einer anderen Farbe etc. Schon Berkeley hat gesagt, daß es keine Allgemeinvorstellungen gibt. Es ist unmöglich, sich *das* Dreieck vorzustellen; man kann sich immer nur ein bestimmtes Dreieck vorstellen. Eine »Vorstellung mit fest bestimmtem Inhalt« gibt es nicht; man könnte nur in dem einen Sinne davon sprechen, daß man sich nämlich immer alles mit gewissen Eigenschaften vorstellt. Aber das soll man ja bei Begriffen gerade nicht. Ferner ist gewiß, daß es immer ganz verschieden ist, was sich verschiedene Personen bei einem ausgesprochenen Wort denken (z. B.: 2, II, zwei etc.). – Der Psychologismus sah wohl ein, daß die Idee vom »Reich der Begriffe« auf einer falschen Sprechweise beruht, suchte aber an anderer Stelle in fehlerhafter Weise, was die Bedeutung der Worte ausmacht und glaubte diese nun darin zu finden, was wir uns bei den Worten denken, in der Vorstellung, die auftaucht.

Die in Betracht kommenden Versuche der neueren Philosophie, sich mit dem »Platonischen Problem« abzufinden, stimmen in der Zurückweisung der drei Ansichten des Realismus, Nominalismus und Psychologismus überein. Speziell der Psychologismus gilt seit Bolzano, Frege, Husserl und deren grundlegenden Arbeiten zur modernen Logik nicht mehr als ernst zu nehmende Auffassung. Was setzen die genannten Logiker aber an Stelle dieser drei abgelehnten Auffassungen? Sie begnügen sich eigentlich mit der Feststellung, daß der Begriff dies alles nicht sei, eine andere »Seinsart« habe. Es wird da von idealen Gegenständen gesprochen; der Begriff sei etwas Abstraktes, Gedachtes, in dem Sinne, daß er Gegenstand des Denkens sei, nicht aber Produkt des Denkens wie die Vorstellung, und zwar ein idealer Gegenstand. Bolzano z. B. spricht von einer »Vorstellung an sich« oder einem »Satz an sich«, der in allen Sprachen denselben Sinn hat. Da gänzlich verschiedene Wortklänge oder -bilder vorliegen, kann der Satz im logischen Sinne nicht mit der gesprochenen oder geschriebenen Wortreihe identisch sein, sondern es muß ihm etwas Gleiches entsprechen, eben die Tatbestände. Man unterscheidet laut dieser Ansicht also zwischen dem geschriebenen oder gesprochenen Satz und dem Satz an sich. Die übrigen Philosophen derselben Denkrichtung haben ähnliche Ausdrucksweisen für den idealen Gegenstand. – Dadurch aber, daß man den Begriff als einen idealen Gegenstand bezeichnet, ist man doch nicht weiter gekommen und weiß dadurch noch nicht, was der Begriff eigentlich ist! – Es scheint, daß wir nicht umhin können, von solchen idealen Gegenständen zu sprechen. Sie kommen nicht nur in der Logik vor, sondern auch in der Mathematik als ideale geometrische Gestalten wie Kugel, Würfel etc. (Auch die Rechtswissenschaft handelt von der idealen »Gerechtigkeit«, ohne Rücksicht darauf, ob so etwas in der Wirklichkeit vorkommt.) Auch die Zahlen sind keine greifbaren, beobachtbaren Gegenstände, und doch können wir von ihnen sprechen. Dasselbe gilt auch von allen Abstrakta wie Liebe, Schönheit etc. Deshalb müssen alle diese »Begriffe«, meint man, eine Existenz haben, wenn auch keine reale, so doch eine ideale. Es ist die in der Philosophie am weitesten verbreitete Sprechweise. Es heißt also, daß die Begriffe ideale Gegenstände sind, die nicht dem Reiche der Wirklichkeit angehören. *Was* sie aber sind, das könne man nicht sagen, das sehe man laut Husserl nur durch die sogenannte »Wesensschau«. Dies ist eine Art Wiederaufnahme der Platonisch-Aristotelischen Auffassung, da man von dem wirklichen Gegenstand absehen und nur das betrachten will, was dem gedachten und dem wirklichen Gegenstand gemeinsam ist, sein »Wesen« nämlich. Diese Ansicht unterscheidet zwischen dem Sein, der *existentia*, und dem Sosein, der *essentia*. Es wird gesagt, daß die Logik es mit dem Wesen, welchem das Sosein, die *essentia*, entspricht, zu tun habe. Dies ist eine komplizierte und abstrakte Abart der Platonischen Denkweise und eine Rückkehr zum Realismus; denn man bewegt sich im Reich der Begriffe, wenn man nur daran denkt, wie die Gegenstände sind und nicht daran, wo sie sind, und es wird ein Unterschied gemacht zwischen »Wesen« und »Sein«.

Auch aus dieser Sprechweise erwächst uns kein Nutzen, und wir müssen uns nun fragen, worin das Unbefriedigende dieser wie auch der vorher geschilderten Ansichten besteht. In allen diesen Lehren wird der Grundfehler gemacht, daß man überhaupt nach einem Gegenstande sucht, der durch ein Wort von allgemeiner

Bedeutung bezeichnet werden soll. Dieser Fehler scheint zunächst unvermeidlich, denn bei Gebrauch eines derartigen Wortes fragt man, was es eigentlich bedeuten soll. Schon in dieser Frage aber liegt der Fehler, der allen irrtümlichen Auffassungen über das Wesen des Begriffes von Plato bis in die Gegenwart zugrunde liegt. Wäre die Bedeutung eines Wortes der Gegenstand, den es bezeichnet, so gäbe es das Problem des Begriffes nicht. Man macht den Fehler, weil es wirklich viele Worte gibt, die einen Gegenstand bedeuten, z. B. die Individualnamen. Setzt man an Stelle eines Wortes eine Reihe von Wörtern, so nennt man das eine Definition. Die Reihe der Definitionen scheint immer weiter fortgesetzt werden zu können, bis man zu dem Punkte kommt, an dem man sagen muß: »Das ist es, was ich meine.« Es scheint, daß wir auf den Gegenstand hinweisen müssen, ein wirklicher Akt uns deutlich macht, was man unter dem Worte versteht – die hinweisende Definition. Wenn alle unsere Worte so beschaffen wären, daß das, was sie meinen, ein aufgezeigter Gegenstand wäre – dies ist die Ansicht von Frege –, dann gäbe es, wie gesagt, hier kein Problem. Das Problem ist erst aufgetaucht, als sich Plato klar machte, daß unsere Worte nicht die Funktion haben, nur einen einzigen Gegenstand zu bezeichnen, sondern für jeden von vielen Gegenständen stehen können. Plato fragte nun weiter, was die Worte denn bedeuten, und kam so zu seiner früher geschilderten Auffassung. Wir müssen uns fragen, ob es wirklich so ist, daß wir bei den Worten, welche allgemein gebraucht werden, und den Individualnamen, die bestimmte Gegenstände bezeichnen, verschiedene Fälle vor uns haben. Müssen wir zwischen Gegenstand und Wort noch etwas einschieben, das man den Begriff nennt? Auf diese Art sind alle Ansichten über den Gegensatz von idealem und realem Gegenstand entstanden. Wir werden sehen, daß das Platonische Problem nicht durch Antwort auf die Frage, was ein Begriff ist, aus der Welt geschafft wird, sondern dadurch, daß wir dem Sinn der Frage nachforschen und zeigen, daß sie in der Art gar nicht gestellt werden kann.
Es ist ein Fehler zu glauben, daß jedem Wort ein Gegenstand entsprechen müsse; es ist ein Fehler, daß man diesen Gegenstand sucht, und wenn man ihn nicht findet, ihn philosophisch postuliert. Die Worte bezeichnen keine Gegenstände; selbst Namen stehen nicht direkt für ihre Träger. Wir können uns das leicht klar machen, wenn wir sehen, wie sich unsere Sprache ausdrückt. Der

Name »Odysseus« z. B. bezeichnet einen bestimmten Menschen. Man fragt nach der Bedeutung des Wortes »Odysseus«; Antwort: Dieser und dieser Mann... Nun müßte man auch überall anstatt des Wortes »Odysseus« die gegebene Erklärung »dieser und dieser Mann...« einsetzen können – aber das geht nicht. Man kann z. B. nicht sagen: »Die Bedeutung des Wortes ›Odysseus‹ trat in den Saal«, man kann nur sagen: »Der Träger des Namens ‹Odysseus‹..«

Wir sehen also, daß Freges Ansicht, daß alle unsere Worte durch hinweisende Definition zu erklären seien, nicht richtig ist. Wenn sie schon für Individualnamen nicht gilt, um so weniger kann sie für allgemeine Namen oder Worte gelten. Man muß also, um die Bedeutung eines Wortes zu finden, nicht nach dem Gegenstande suchen, den es bezeichnet. Die Platonische Frage richtet sich aber gerade darauf; dann werden die Ideen als solche Gegenstände aufgefaßt und es wird behauptet, daß sie wirklich existieren. Man muß sich darüber klar werden, was die Bedeutung eines Wortes ist, ohne daß man einen Gegenstand sucht und findet, den es bezeichnet.

Wenn man z. B. ein Substantivum nimmt, kann man deutlich sehen, wie man glaubt, einen Gegenstand angeben zu müssen, um die Bedeutung des Wortes zu fixieren. Ein Beispiel: Was ist die Bedeutung des Wortes »Schönheit«? Gewöhnliche Antwort: Der Begriff der Schönheit. Man kann aber auf keinen Gegenstand hinweisen, der dem entspricht, und so hat Plato eine andere Welt angenommen, wo dies doch möglich ist. Bei anderen Worten, wie z. B. bei dem Worte »Besitz«, kann man nicht einmal auf einzelne Repräsentanten hinweisen, die als Gegenstand der Bedeutung dieser Worte aufgezeigt werden können. Ebenso bei den abstrakten Worten »vergleichen«, »entschuldigen«, »vielleicht«, »dagegen« etc. Es gibt keine aufweisbaren Gegenstände für diese Worte, und deshalb nennt man sie »Begriffe«. Das ist aber eine ganz inhaltlose Sprechweise. Wer weiß, ob Plato für das Wort »vielleicht« eine Idee im Reiche der Begriffe angenommen hätte! Auch in den Lehrbüchern der Logik werden solche Worte und »Begriffe« wie »vielleicht«, »dagegen« etc. nicht erörtert; es wird nicht getan, obwohl man ja auch mit diesen Worten eine Metaphysik aufbauen könnte, wie man z. B. mit anderen Worten, wie dem Worte »nichts«, eine ganze »Philosophie des Nichts« geschaffen hat! Es ist in allen Fällen unsinnig, nach einem Gegen-

stand zu suchen, den die Worte bezeichnen, denn für die meisten Worte gibt es solche Gegenstände gar nicht, und als diese Gegenstände die Begriffe zu bezeichnen ist nichtssagend, weil dies bloß eine Übertragung der Sprechweise für manche Worte auf beliebige Worte ist.
An einem Beispiel von Frege selbst – er bringt es, um die von uns als irrig erkannte Ansicht zu stützen – können wir das sehr klar sehen. Frege sagt, das Wort »Abendstern« bezeichne eben die Venus. Wenn das aber richtig wäre, sollte man überall, wo man »Abendstern« sagt, auch »Venus« sagen können, ohne den logischen Sinn des Satzes zu verändern; das ist aber unmöglich, denn sonst müßte man sagen können: »Heute morgen ging der Abendstern auf.«
Dieses Problem des Verhältnisses der Begriffe zur Wirklichkeit oder des Verhältnisses des Logischen zum Psychologischen, tritt in der ganzen Philosophie, speziell in der Logik, störend auf, und es entstehen dadurch immer wieder Fragen, die sich nicht beantworten lassen, wenn man z. B. das Problem der Ideal-Wissenschaften erörtert, also fragt, wie sich die Gegenstände der Geometrie oder die Zahlen zur Wirklichkeit verhalten. Es gibt doch keine Zahlen und ideale Kugeln in der Wirklichkeit; sie sind nichts Psychisches, man kann sie nur durch geistige Prozesse bezeichnen, und doch gibt es Wissenschaften davon; diese Gegenstände sind Gegenstände des Denkens... Wie kommt man nun dazu? Da nimmt man eben ein Reich der Begriffe an, eine Redeweise, die für uns nichts erklärt.
Der psychologische Grund für alle irrigen Ansichten ist der, daß man sich den Begriff wie eine Art Schatten, einen Schimmer um das Wort vorstellt, der das Wort begleitet, eine Aura um das Wort schafft, die unterschieden werden muß vom Kern dessen, was das Wort tatsächlich bezeichnet. Auch wenn man das Wort in eine andere Sprache übersetzt, bleibt diese Aura. – So ist die allgemeine Denk- und Sprechweise, wenn auch der Logiker, der eine dieser falschen Ansichten vertritt, gefragt, natürlich negieren würde, daß er so etwas gleich einem Schattenwesen damit meint. Wir können bei einer solchen Ansicht nicht stehen bleiben; es muß gezeigt werden, was da immer fälschlich als eine Art Schattenwesen gedacht wird. Es kann nichts Problematisches und Kompliziertes sein, was als Bedeutung des Wortes von uns gebraucht wird, da wir uns doch immer unterhalten und fortwäh-

rend verstehen. Es ist auch etwas klar auf der Hand Liegendes, daß der Irrtum, in den man bei solchen Fragen so leicht verfällt, zu tun hat mit dem Bestreben des Menschen, alles zu substantialisieren und zu hypostasieren: Der »Begriff« ist ein bloßer Name für die Art, wie wir ein Wort gebrauchen, und weiter nichts. Es ist eine schlechte Substantivierung für den Inbegriff der Regeln, die wir befolgen, wenn wir ein bestimmtes Wort verwenden. Diese Regeln sind konventionell, d. h. sie haben sich, was die Worte des täglichen Lebens betrifft, im Laufe der Zeit herausgebildet, während bei wissenschaftlichen Worten ihre Einführung darin besteht, daß man die Regeln definiert, d. h. die Bedingungen und Umstände angibt, unter welchen man das Wort gebraucht. Die Definition ist die Angabe der Regeln, wie ein Wort gebraucht wird; deshalb ist der Begriff nicht das Wort. Der Begriff ist nur die Substantivierung für den Gebrauch der für das Wort insgesamt geltenden Regeln. (Z. B. ist die Geometrie hinsichtlich des Wortes »Würfel« nichts anderes als die Definition der Regeln, wann man einen bestimmten Körper als Würfel bezeichnen will. Betrachtet man diese Regeln für sich, so ergeben sie insgesamt die ideale Wissenschaft der Geometrie). – Wir gehen z. B. auch vollkommen in die Irre, wenn wir nach einem Gegenstand suchen, der der Bedeutung der Worte »Raum« und »Zeit« entspricht. Trotzdem können wir diese Worte sinnvoll gebrauchen: Ihre Erklärung besteht darin, daß wir den Satz, in welchem diese Worte vorkommen, durch andere Sätze erläutern, in denen die Worte »Raum« und »Zeit« nicht mehr vorkommen. Daß dieses Vorgehen richtig ist, wurde in den Wissenschaften, welche exaktes Denken und Sprechen verlangen, schon viel früher eingesehen als in der Philosophie. Der Mathematiker z. B. sagt nicht, was ein Kreis ist, sondern begnügt sich damit, einen Satz, in dem das Wort Kreis vorkommt, zu erklären: Wenn es heißt, daß ein Punkt P auf einem Kreise liegt, der mit dem Radius r um den Punkt M geschlagen ist, so sagt der Mathematiker, daß dieser Satz weiter nichts bedeutet, als daß die Entfernung von P und M gleich r ist. – Die Frage nach dem, was ein Kreis, der Raum etc. *ist*, führt uns also auf einen ganz falschen Weg.

Wir erklären die Worte so, daß wir den Sinn der Sätze, in denen sie vorkommen, angeben oder daß wir den Satz durch einen anderen ersetzen, in dem dieses Wort nicht mehr vorkommt. Die Frage kann also richtig nur so gestellt werden: »Wie wird das

Wort ›...‹ gebraucht? Was für einen Sinn haben Sätze, in denen das Wort ›...‹ vorkommt?«
Man glaubte für gewöhnlich, daß man durch hinweisende Erklärung einem Worte eine Bedeutung geben kann – indem man z. B. einem Kinde Kreide zeigt und dazu sagt »weiß« –, daß man eine Vorstellung erzeugen müsse, die dem Worte dann immer anhaftet als ein gewisses Schattenwesen, das seine Bedeutung ausmacht und aus welcher dann der Gebrauch des Wortes folgt. Das ist aber nicht richtig, sondern gerade das Umgekehrte ist richtig: Nicht das Wort bestimmt eine Vorstellung und bekommt von ihr seinen Sinn, sondern der Gebrauch des Wortes macht seine Bedeutung aus. Diese wichtige Einsicht verdanken wir Ludwig Wittgenstein (derzeit Cambridge), der zuerst gezeigt hat, daß die Bedeutung eines Wortes nicht darin besteht, daß wir einen Gegenstand aufweisen, der dem Worte entspricht, sondern daß wir die Regeln angeben, denen der Gebrauch des Wortes gehorcht. Nicht die Bedeutung bestimmt den Gebrauch des Wortes, sondern der Gebrauch ist die Bedeutung des Wortes.
Es müssen sich mit den Worten nicht immer Vorstellungen verbinden. Wir können Worte auch mechanisch gebrauchen, und die Verbindung eines Wortes mit einer hinweisenden Gebärde ist nur die Übersetzung aus der Wortsprache in eine Gebärdensprache und in dieser nur ein Teil des Gebrauches. Wenn man z. B. auf die Kreide hinweist, so könnte man ja einen Körper von eben solcher Form und Gewicht etc. meinen; das Weiß ist nur eines von sehr vielen anderen Momenten, die man an der Kreide aufzeigen kann. Die Aura, die als die Bedeutung um das Wort zu schweben scheint, ist also nichts anderes als die Regeln, die für den Gebrauch festgesetzt sind. Zu sagen, daß diese Regeln dem Worte »anhaften«, wäre eine unerlaubte bildliche Sprache. Diese Regeln sind willkürliche in dem Sinne, daß man sie auch ändern kann. Man kann also die Bedeutung eines Wortes auch ändern, aber man muß dabei immer genau wissen, in welcher Weise man das Wort gebrauchen will. Diese Einsicht ist sehr wichtig für viele Fragen innerhalb der Philosophie.
Jedes Wort hat also bestimmte Regeln seines Gebrauches, und diese kann man – im weitesten Sinne – als die *Grammatik des Wortes* bezeichnen. An Stelle des Begriffes tritt die Grammatik. Wenn man sagt, daß ein Wort ein »Begriff« ist, so heißt das nichts anderes, als daß die Regeln dieser Worte wohl bestimmt sind, so

daß diesen Worten eine Bedeutung gegeben worden ist. Im Begriffe sind die Regeln des Gebrauches vollkommen bestimmt. – Das, was man gewöhnlich als Definition zu bezeichnen pflegt, ist nur die Ersetzung eines Wortes, dessen Regeln schon bekannt sind, durch ein neues Wort. – Man darf nun nicht fragen, was eine »Regel« ist. Sonst begeht man wieder den alten Fehler der Hypostasierung oder Substantialisierung. Man kann keinen Gegenstand angeben, dem das Wort »Regel« entspricht, es ergibt sich die Bedeutung des Wortes »Regel«, indem wir es in unserer Sprache gebrauchen. –

Auch der Substanzbegriff, der in der Philosophie immer eine so große Rolle gespielt hat, ist weiter nichts als der greifbare Ausdruck der Tendenz, in Hauptworten zu sprechen und zu denken, daß diesen Worten Gegenstände entsprechen müssen. Speziell die deutsche Sprache ist in dieser Beziehung ungünstig, da man vor jedes Wort einen Artikel setzen, also alles substantivieren kann; z. B. »nicht« ... »das Nichts« usw. Auf diesem unsinnigen Gebrauch beruht die ganze Metaphysik. Sprachen, in denen das nicht möglich ist, sind von vornherein von ganz groben philosophischen Verirrungen verschont.

Auch das Wort »Schein« z. B. entsteht auf eine ganz ähnliche Weise. Wenn wir einen wahren Satz haben, so sagt man, daß ihm die Wirklichkeit entspricht. Daher will man, daß einem falschen Satze auch etwas entspricht, eben der Schein. In der Tat aber hat das Wort »Schein« eben keinen anderen Sinn, als darauf hinzuweisen, daß der Satz falsch ist. Solange man sich über diese Verwendung des Wortes klar ist – und im täglichen Leben ist man sich darüber klar, wie man die Worte verwendet –, ist alles in Ordnung. Man kann aber auf diesem Worte keine Metaphysik aufbauen. Sagt der Philosoph: »Alles ist nur Schein«, so ist das eine sinnlose Verwendung des Wortes, eine Verwendung, ohne dafür eine Gebrauchsregel angegeben zu haben.

Alle typischen philosophischen Probleme lassen sich darauf zurückführen, daß wir unsere Worte gebrauchen, ohne daß wir Regeln dafür angeben; es entstehen so lauter Scheinfragen, die berühmten »unlösbaren« Probleme. Sowie man die Bedeutung der Worte festlegt, verschwinden diese Probleme gewöhnlich, da man einsieht, daß diese Fragen in der Art gar nicht gestellt werden können.

Nicht nur bei den Substantiva, auch bei den Verba und anderen

Wortarten kann man Gefahr laufen, die Sprache in unvorsichtiger Weise zu gebrauchen, auf Dinge anzuwenden, für die sie zunächst nicht gemacht ist. Bei den Verba hat man ursprünglich die Meinung, daß ihnen immer eine Tätigkeit entsprechen müsse; nimmt man das auch für Worte an, die eine ganz andere Grammatik haben, so kommt man zu ganz irrigen Auffassungen und Ausdrucksweisen wie z. B.: »Die Welt existiert.« Speziell das Deutsche macht diesen großen Fehler der Verbalisierung (»Das Nichts nichtet«), was künstlich Probleme durch unsinnige Sprechweise schafft. – Es gibt auch in allen Sprachen viele Worte, die gleich klingen und doch verschiedene Bedeutung haben (z. B. das Wort »Feder« u. a.); in solchen Fällen ergibt sich aus dem jeweiligen Gebrauche, was gemeint ist. – Speziell bei so schwierigen Worten wie »ist« oder »sein« muß man genau die logisch-grammatischen Gebrauchsregeln beachten, um Fehler zu vermeiden. Das Wort »ist« hat drei Bedeutungen, erstens als einfache Kopula; zweitens bedeutet es Existenz; in $2 \times 2 = 4$ bedeutet es drittens eine mathematische Ersetzungsregel. Dieses Wort »ist« hat schon zu vielen philosophischen Verwirrungen geführt, speziell bei Hegel, der diese drei Bedeutungen nicht auseinandergehalten hat und meinte, daß etwas Gemeinsames da sein müsse, ein Wesen, das diesem immer selben Worte entsprechen müsse; daher suchte er danach. Die moderne Logik führt, um Fehler zu vermeiden, in solchen Fällen gleichklingender Worte mit verschiedenen Gebrauchsregeln auch verschiedene Schreibweisen ein, so daß Verwechslungen nicht mehr möglich sind.

Wir müssen immer eingedenk sein, daß die Sprache ein allen Menschen gemeinsames Gut ist und daß die Menschen mit philosophischen Bedürfnissen nur ein geringer Bruchteil aller Menschen sind. Die Sprache ist eben für die Majorität eingerichtet, für die Bedürfnisse des täglichen Lebens. Wenn man Worte dieser Sphäre auf eine ganz andere Betrachtungsweise überträgt, muß man bewußt festsetzen, in welcher Weise man diese Worte gebrauchen will; andernfalls sieht man sich zu unsinnigen Fragestellungen geführt. – Wir haben nun gesehen, daß alle Annahmen von Plato, Aristoteles, den Psychologisten und Phänomenologen über die Begriffe nur ein schlechter Ersatz für die Regeln sind, die den Gebrauch der Worte bestimmen. Dieses System der Regeln, die logische Grammatik, ist der eigentliche Hintergrund, vor dem das Wort steht und der seine Bedeutung ausmacht.

Wir müssen uns nun noch mit der Art der Regeln beschäftigen, durch die das Sprechen geregelt, der Ausdruck bestimmt wird, denen jede Erkenntnis gehorchen muß. Es sind dies die »Grundgesetze des Denkens« oder logischen Prinzipien. Wir wollen uns durch Beispiele klar machen, welchen Sinn sie haben, was sie bedeuten, worin sie bestehen. Wir nehmen also mehrere Sätze, in denen das Wort »Regel« vorkommt, als Beispiele und sehen zu, was sie heißen. Jeder Satz, der etwas aussagt, ist ein Ausdruck und muß nach bestimmten Regeln gebildet werden, damit er etwas aussagt. Wir sprechen auch von Regeln für das menschliche Verhalten; um ebensolche Regeln handelt es sich beim Ausdruck. Es sind auch Verhaltensregeln, nämlich solche für das Denken, Sprechen, Schreiben. Diese Regeln haben immer das Eigentümliche, daß sie willkürlich sind, d. h., daß wir sie nach Belieben fallen lassen und andere dafür einsetzen können. Das beste Beispiel für willkürliche Regeln sind alle Arten von Spielregeln, z. B. die Regeln für das Schachspiel. Diese Regeln besagen, daß die Steine sich nur in gewisser Weise bewegen dürfen; zieht man mit den Figuren anders, so spielt man eben nicht mehr Schach. Aber man könnte für Schach nach Übereinkunft auch andere Regeln einführen. Ein Beispiel für willkürliche Festsetzung ist z. B. auch die Verwendung vieler Worte aus dem täglichen Leben in der Technik, die aber da eine ganz andere Bedeutung haben, z. B. das Wort »Energie«. Es ist das eben willkürlich so bestimmt. – Soweit erscheint dies klar. Merkwürdig und paradox erscheint die Behauptung von der Willkür der Regeln erst, wenn man sie auf die logischen Regeln selbst erstreckt, auf die »Grundgesetze des Denkens«, den Satz des Widerspruchs, den Syllogismus etc.; denn diese scheinen doch das Allerfeststehendste zu sein. Das Paradoxon ist dies: Wenn wir es in der Logik mit Regeln zu tun haben, so handelt es sich um etwas Willkürliches. Dies scheint aber in Widerspruch zu stehen zu der allgemeinen Meinung, die man in der Philosophie von diesen Regeln hat, daß sie das Festeste und unumstößlich Richtige sind und als Grundlage alles Denkens anerkannt werden müssen. (In dem Ausdruck »Grundgesetze des Denkens« darf »Gesetz« nicht mißverstanden werden, denn es beinhaltet keinerlei Zwang.) Es handelt sich hier um ganz Fundamentales, denn die meisten Philosophen haben das wahre Wesen der logischen Regeln nie begriffen. Betrachten wir zuerst den »Satz der Identität«. Wenn man übereinkommt, daß ein Wort in ganz bestimmter Weise gebraucht werden soll, indem man die Regeln dafür festsetzt, begeht man einen Akt der Willkür. Das tut man in allen Fällen, wo man durch verschiedene Festsetzungen die Bedeutung der Worte eindeutig festlegt. Es geschieht dies aus rein praktischen Gründen, da man dasselbe Zeichen immer in derselben Weise verwenden will, und dies und nichts weiter besagt der Satz der Identität. Es ist das selbstverständliche Prinzip, daß, wenn man Sprechregeln aufgestellt hat, man sich auch nach ihnen richten will und es vom Gebraucher der Sprache ebenso erwartet. Man will dem Hörer nahelegen, daß für ein bestimmtes Wort eine bestimmte Regel festgesetzt worden ist, die er befolgen muß, wenn er sich verständlich machen will; sonst wäre der Zweck des Sprechens, eben sich verständlich zu machen, nicht erfüllt. Hier liegt nicht der Schatten einer Unklarheit oder Schwierigkeit vor, und doch ist dieser Satz der Identität so vielen Mißverständnissen ausgesetzt gewesen. Es schien sich dabei um ein ontologisches Prinzip, eine tiefe Einsicht in die Eigenschaften der Wirklichkeit zu handeln. Man sagte, daß der Satz nicht von Zeichen spreche, sondern von den Dingen, wie sie sind. Der Satz sagt aber gar nichts aus, wie die Dinge sein mögen, denn ein Satz sagt nur dann etwas aus, wenn es denkbar ist, daß er auch nicht wahr wäre. Wenn man aber von Dingen nur etwas aussagt, was immer zutrifft, so hat man gar nichts ausgesagt, denn man hat sie von nichts unterschieden. Der Satz der Identität ist also ein sinnloser Satz, weil er uns nichts mitteilt. Er ist eine bloße Zeichenregel, die Regel, daß man bei bestimmten Regeln bleiben will, wenn man sie einmal eingeführt hat. Nur diese Bedeutung können wir dem Satze der Identität zusprechen; er ist nicht etwa irgendein dunkles metaphysisches Prinzip. Daß wir die Bedeutung unserer Worte nicht ändern wollen, ist nicht etwa ein Naturgesetz, ohne das Verständigung nicht möglich wäre; man könnte wohl auch zwei verschiedene Zeichenkomplexe festsetzen. Aber wir verstehen eben unter Verständigung, mit denselben Worten immer dasselbe meinen. – Die verschiedenen gewöhnlichen Auffassungen dieses »logischen Grundgesetzes« sind bloßer Unsinn, der in unserem Reden besteht, wenn man, wie z. B. Hegel, meint, daß dasselbe doch ein anderes Sein haben könnte. Hegel hält den Satz der Identität sogar für widerspruchsvoll; er nimmt die beiden Dinge sogar verschieden, einmal subjektiv, einmal prädikativ, also widersprechend an. Das sind aber alles bloße Worte, die den Anschein des Denkens eines Gedankens nur deshalb machen, weil wir gewohnt sind, mit den Worten Gedanken auszudrücken. Dieser Satz aber sagt nichts aus, er ist eine bloße Kombination von Worten, die die äußerlichen Regeln der Grammatik nicht verletzt. Man muß aber immer unterscheiden zwischen diesen Regeln der Grammatik, die in den Lehrbüchern der Grammatik stehen, weil sie zu den Regeln der Sprachformen gehören und jenen anderen Regeln, die sich mit der Anwendung der Sprache befassen. Die Grammatik der Philologen hat es mit den Regeln der Sprachformen zu tun, die Grammatik des Philosophen aber mit der Anwendung der Sprachformen.

Betreffs der übrigen »Grundgesetze des Denkens« kann man eine ähnliche Betrachtung durchführen. Der »Satz vom Widerspruch« ist eine logische Zeichenregel, eine bestimmte grammatische Vorschrift für den Gebrauch der Worte »wahr«, »falsch« und »nicht«. Der Satz vom Widerspruch ist eine Festsetzung, diese Worte in bestimmter Weise zu gebrauchen und auch dabei zu bleiben; weiter drückt dieser Satz nichts aus. Er ist eine Sprechregel, die nichts damit zu tun hat, was durch unsere Sätze bezeichnet wird, und besagt, daß von zwei einander widersprechenden Sätzen einer falsch sein muß. – Der Satz des Widerspruchs scheint verschieden formuliert werden zu können. Bei Aristoteles finden wir zwei verschiedene Formulierungen; die eine hat eine mehr grammatische, die andere eine mehr ontologische, auf das Sein bezogene Bedeutung. In der einen Formulierung handelt der Satz des Widerspruchs wirklich von der Sprache, von den Sätzen und sagt aus, daß von zwei Sätzen, von denen der eine dasselbe bejaht, was der andere verneint, nicht beide zugleich wahr sein können. Z. B. können »Alle Menschen sind sterblich« und »Alle Menschen sind nicht sterblich« nicht zugleich wahr sein. Die scheinbar andere Formulierung besagt, daß ein Tatbestand oder Ding nicht zugleich bestehend und nicht bestehend sein kann. Aber wenn diese Formulierung auch von Tatsachen oder Dingen zu handeln scheint, so besteht der Unterschied zwischen diesen beiden Formulierungen doch bloß in Worten, denn »Eine Tatsache kann nicht zugleich wahr und falsch sein« heißt nichts anderes, als daß der Satz, der das behauptet, nicht zugleich wahr und falsch sein kann. Wir sehen also, daß es sich hier nur um einen Unterschied in der Sprechweise handelt. Hegel hat das so ausgedrückt: »Kann denn etwas, das schon einmal geschehen ist, vielleicht durch Gott ungeschehen gemacht werden?« Das heißt auch nichts anderes als: Kann der Satz »Es ist geschehen« in den Satz »Es ist nicht geschehen« umgewandelt werden? Es ist keine Aussage über die Wirklichkeit, wenn man den Satz des Widerspruchs behauptet, sondern nur eine Aussage über die Art, in der wir über die Dinge sprechen. Es ist eine Erläuterung des Sinnes der Negation.

In der neueren Logik pflegt man für logische Verhältnisse mathematische Zeichen einzuführen. Man bezeichnet z. B. einen Satz mit p, seine Verneinung mit $\bar{p}$:

p	$\bar{p}$
Es regnet.	Es regnet *nicht.*

Was heißt nun dieses »nicht«? Kinder fragen nach solchen Worten nicht so leicht, sie erlernen sie unmerklich; sie fragen viel eher nach Substantiven und Verben. Man muß diese Worte vorerst zu gebrauchen erlernt haben, um in der Sprache überhaupt Fragen stellen zu können (das ist aber eine psychologische Angelegenheit). Wollte man aber einem Ausländer erläutern, was dieses »nicht« bedeutet, es also in eine dem Hörer direkt verständliche Sprache übersetzen, so müßte man sagen: »Das ›nicht‹ bedeutet, daß der Satz ›Es regnet‹ falsch ist.« Das kommt der Aussage gleich: »Wenn der Satz p falsch ist, so gilt der Satz $\bar{p}$ oder umgekehrt.« Es ist also eine Erklärung des Wortes »nicht« durch das Wort »falsch«, und das und nichts anderes besagt der Satz des Widerspruches; er ist eine Erläuterung der Regeln für den Gebrauch des Wortes »nicht«. – Daß die doppelte Negation eine Bejahung ergibt, ist auch nichts anderes als eine solche Sprachregel, und diese gilt nicht in allen Sprachen, nicht einmal in allen deutschen Dialekten. Die Worte »wahr« und »falsch« und die Negation »nicht« entsprechen sich also durch eine sprachliche Festsetzung. In einer Sprache, die nur das Wort »nicht« oder nur das Wort »falsch« enthielte, wäre der Satz des Widerspruchs gar nicht nötig, da er in diesem Falle eine überflüssige Sprachregel wäre. Diese Sprachregel würde dann durch die Regel ersetzt, daß ein bestimmtes Wort in der Sprache, eben »nicht« oder »falsch«, selbst unübersetzbar ist, da es kein Äquivalent dafür gibt. In unserer Sprache besteht eben diese Äquivalenz, sonst wären wir gar nicht darauf gekommen, den Satz des Widerspruchs aufzustellen. Er ist eine Regel für den Gebrauch der Worte »falsch«

und »nicht«. Dieser Regel entspricht auch der Ausspruch: »Von zwei sich widersprechenden Sätzen muß einer wahr sein«; das ist eine Umschreibung derselben Sache. Falschheit von $\bar{p}$ heißt definitionsgemäß nichts anderes, als daß p wahr ist. – In der modernen Logik werden von vornherein die Zeichenregeln festgesetzt, daher erscheinen der Satz des Widerspruchs und der Satz des ausgeschlossenen Dritten gleich als die Regeln für unseren Sprachgebrauch, die sie ja sind. Der Satz vom ausgeschlossenen Dritten besagt eigentlich nichts anderes als der Satz vom Widerspruch, nämlich, daß eines von den Urteilen p und $\bar{p}$ wahr sein muß; das bedeutet, daß wir anstatt »$\bar{p}$ ist falsch« sagen können, »p ist wahr«. Die Frage: »Wie wäre es in einer Welt, in der der Satz des Widerspruchs nicht besteht?« ist unsinnig. Die Welt wäre gar nicht anders, denn der Satz des Widerspruchs sagt nichts über die Welt aus, sondern nur über die Art, die Welt zu bezeichnen. – Wenn man den Satz des Widerspruchs nicht gelten lassen will, so kann man das ja tun; man verwendet dann seine Worte eben anders, kann sich daher nicht verständlich machen, da für unseren Sprachgebrauch diese Regel eben gilt. Aber man kann seine Festsetzungen ja treffen, wie man will.
Wir haben nun an diesen logischen »Grundgesetzen« gesehen, daß die logischen Sätze Zeichenregeln, also in letzter Linie von uns selbst festgelegte Regeln sind, die auch anders sein könnten. Wir müssen nun klarmachen, daß zwischen dieser Behauptung und der allgemeinen Ansicht, daß diese »Grundgesetze des Denkens« das Festeste und unumstößlich Richtige sind, kein Widerspruch besteht, daß im Gegenteil eines die Folge des anderen ist. Gerade was wir selbst festgesetzt haben, ist das Bindende für uns; wir wollen dabei bleiben. – Dieser Entschluß ist es, der die Notwendigkeit der logischen Regeln ausmacht. Wenn wir selbst diese Regeln nicht festgesetzt hätten, wären wir nicht sicher, ob wir sie nicht eines Tages umstoßen müßten. Wenn z. B. diese logischen Gesetze von der Wirklichkeit abhängen würden und sich diese Wirklichkeit einmal ändern würde, worauf wir doch keinen Einfluß haben, dann würden die logischen Regeln nicht aufrecht zu erhalten sein. Wenn wir selbst aber festgesetzt haben, daß wir unsere logischen Zeichen in bestimmter Weise verwenden wollen, so haben nur wir selbst Einfluß, diese Festsetzung wieder abzuändern. Gerade die Willkür der logischen Regeln ist also ein Grund für ihre absolute Geltung. Es ist eine äußerst

wichtige Einsicht für jede Art von Erkenntnis, daß allen Sätzen, denen wir absolute Geltung zuschreiben, diese nur deshalb zukommt, weil wir selbst festgesetzt haben, daß wir dabei bleiben wollen. Diese Regeln sind nichts anderes, als was Kant die »analytischen Urteile« genannt hat, die Urteile also, die von einem Begriff nur das aussagen, was in ihm selbst schon darin steckt; dies letztere kommt aber daher, daß wir selbst es so definiert haben. Z. B. ist der Satz »Alle Körper sind ausgedehnt«, ein analytisches Urteil, weil die Körper so definiert wurden, daß sie ausgedehnt sind. Deshalb also sind diese Sätze unumstößlich richtig. – Bei den logischen Grundsätzen ist es noch am leichtesten einzusehen, daß sie nichts anderes als Festsetzungen sind, was von fundamentaler Bedeutung ist. Es gibt andere Sätze, bei denen es viel schwerer einzusehen ist, daß sie bloße Festsetzungen sind, daher nicht falsch sein können und immer Geltung haben müssen, weil man immer daran festhalten kann. Nehmen wir als Beispiel einen Satz aus der Phänomenologie von Husserl: »An derselben Stelle des Raumes können nicht zugleich Rot und Grün sein.« Es scheint dies eine Aussage über die Wirklichkeit zu sein, und es ist schwer einzusehen, daß es sich doch nur um eine Festsetzung für den Gebrauch der Farbworte handelt. (Wir werden versuchen zu zeigen, auf welche Art man einen solchen Satz angreifen muß, damit das plausibel wird.)
Es war auch wesentlich für uns zu sehen, daß es sich bei Sätzen von der Art der logischen Regeln, die von der früheren Philosophie als gleichartig mit den Sätzen über die Wirklichkeit betrachtet wurden, um etwas total anderes handelt. Diese »logischen Axiome« oder »obersten Denkgesetze« sind nicht Ausdrücke in dem Sinne, wie wir sie zu Anfang unserer Untersuchungen über das Wesen der Sprache, des Ausdrucks, der Sätze beschrieben haben. Sie drücken keine Tatbestände aus, sondern sind bloße Regeln, die den Gebrauch unserer Zeichen beherrschen. Sie drükken nichts aus, sondern sie geben irgendwelche Anweisungen; und wenn man diese beiden Arten von Sätzen verwechselt, so ist man hoffnungslos in das Platonische Problem verstrickt. Wenn man diese reinen Begriffssätze als einen Ausdruck auffaßt, so ist naheliegend zu fragen, was sie ausdrücken, und so kommt man auf das traumhafte Reich der Begriffe, Ideen etc. – Die logische Verknüpfung der Sätze ist etwas ganz anderes als die Beziehungen der Tatsachen. Wir wissen, diese beiden haben nichts mitein-

ander zu tun, und die folgenschwere Verwechslung rührt nur daher, daß wir es in diesen beiden Fällen mit sprachlichen Funktionen zu tun haben. Der Psychologismus nimmt die logischen Sätze als wirkliche Denkgesetze, d. h. als Sätze über den Ablauf unseres Bewußtseins, als Aussagen darüber, wie bestimmte Prozesse in unserem Bewußtsein verlaufen. Davon ist aber keine Rede, denn die sogenannten Denkgesetze der Logik sind nicht Gesetze des Denkens, sondern Regeln vom Bezeichnen.

Als wir unser Augenmerk darauf gerichtet hatten, wie die einzelnen Sätze eines Systems zusammenhängen, hatten wir gefunden, daß diese Verbindung die logische ist. Logische Verbindungen sind solche, die durch Regeln bewirkt werden, denen unsere Zeichen gehorchen. Z. B. ist $p \leftrightarrow \overline{\overline{p}}$ eine logische Verbindung, die durch die Partikel »nicht« geschaffen wird. Die Beziehung, die hier zu betrachten ist, ist die Beziehung des Ableitens, des Schließens. Das logische Schließen ist die Ableitung eines Satzes aus einem oder aus mehreren anderen Sätzen. Die Schlußlehre ist in der gewöhnlichen Darstellung das Zentrum der Logik. Sie beschäftigt sich damit zu sagen, welche Sätze wahr sind und wann bestimmte andere Sätze als wahr vorausgesetzt werden; es handelt sich also um die Ableitung eines Satzes aus Prämissen. Die bekannteste ist die von Aristoteles angegebene Form des Syllogismus. – Uns interessiert, was hier das Verbindende ist, der Kitt, der die Sätze innerhalb eines Systems zusammenhält, um zum Verständnis dieser Verbindung zu kommen und sie mit anderen Verbindungen zu vergleichen, z. B. mit der kausalen von Tatsachen in der Wirklichkeit. Dadurch, daß man diese beiden Arten von Verbindungen fälschlich gleichgewertet hat, wurde auch das Platonische Problem gänzlich verbaut, z. B. bei Plato, Spinoza u. a.

Wenn ein logischer Schluß wirklich Gültigkeit haben soll, dann kann er auch nichts anderes sein als eine Zeichenregel, eine Umformung innerhalb des Gebietes der Sprache. Deshalb ist der Schlußsatz auch nichts anderes als die Prämissen, nur seine Form ist eine andere. Schon die alten Skeptiker haben erkannt – bloß nicht so klar ausgedrückt –, daß das logische Schließen bloß eine formale Umstellung ist, uns daher keine neue Einsicht gewährt, keine Erkenntnisquelle darstellt.

Nehmen wir z. B. die Prämissen: »Alles, was Shakespeare geschrieben hat, ist gedankenreich und gefühlstief.«

»F. Bacon hat nichts Gedankenreiches und Gefühlstiefes geschrieben.« Wenn wir diese beiden Prämissen gegeben haben, so folgern wir in der bekannten Konklusion, daß Bacon nicht Shakespeares Werke geschrieben haben kann. Ein solcher Schluß, der gezogen werden kann, scheint eine Erkenntnis zu lehren, eine Frage zu beantworten, die vorher nicht beantwortet war. Man hat daher aus solchen Beispielen geschlossen, daß der Syllogismus doch ein Mittel sei, um Erkenntnis zu gewinnen, Neues zu schaffen. Wir müssen nun zeigen, daß wir durch diesen Schluß tatsächlich keine Beziehungen der Wirklichkeit aufdecken, daß er nur eine formale Umformung ist, die uns nichts Neues sagt.
In den Prämissen kommen immer verschiedene logische Partikeln vor, Worte wie »alle« oder »einige«; mindestens eine der Prämissen ist ein allgemeiner Satz. Man kann die erste Prämisse aus obigem Beispiel nur aufstellen, wenn man wirklich sicher ist, alle Werke Shakespeares zu kennen; andernfalls könnte man den Satz nicht aufstellen, sondern nur vermuten. Tatsächlich ist der Übergang von dem Satz »alle Werke Shakespeares, die ich kenne« zu dem Satz »alle Werke Shakespeares überhaupt« eine bloße Vermutung, entstanden durch den Prozeß der Induktion; es ist also kein logischer Prozeß, sondern eine Hypothese. Man kann den allgemeinen Satz nur aussprechen, wenn man alle Werke Shakespeares vor sich hat, man muß schon vor dem Aussprechen des allgemeinen Satzes sehen, daß die Werke Bacons nicht dabei sind; diese Werke muß man auch schon gesehen haben bzw. kennen. Man muß also schon vorher gewußt haben, daß die Werke Shakespeares nicht die Werke Bacons sind, sonst hätte man sie nicht getrennt. – Man mußte also das durch den Schluß scheinbar Abgeleitete schon vorher wissen, um die Prämissen aufstellen zu können; daher steckt logisch genommen in dem Schlußsatz nichts Neues. Er holt nur heraus, was in den Prämissen schon steckt, von dessen Wahrheit man schon vorher überzeugt war. Der Anschein, daß man im Schluß doch etwas Neues herausbekommt, entsteht dadurch, daß man die Prämissen nur als Hypothese aufstellt, man ist gar nicht von ihrer Wahrheit überzeugt, man ist es erst durch den Schluß, den man aus ihr herausholt. Das, was die *conclusio* sagt, ist in den Prämissen schon versteckt mitgesagt. Wenn ein Erkenntnisfortschritt vorliegt, liegt er nicht im Übergang von den Prämissen zur *conclusio,* denn der ist ein rein logischer, sondern im Übergang von einem nicht ganz allge-

meinen Satz zu einem ganz allgemeinen Satz, also vom Wissen zum Vermuten. Was wir beim Schluß als »logische Notwendigkeit« bezeichnen, liegt allerdings im Übergang von den Prämissen zur *conclusio.* Aber dieser Übergang ist ein schon bekannter, und es ist nicht wunderbar, daß, wenn man etwas schon gesagt hat, es nun in dem Satze darin steckt; man kann sich nicht über das Selbstverständliche wundern. Sofern das logische Schließen notwendig ist, kommt dadurch nichts Neues zustande; sofern etwas Neues zustande kommt, liegt es nicht im Schließen, sondern in der Vermutung.

Dies besagt wieder, daß die logischen Regeln Zeichenregeln sind. Sie zeigen, wie man von bestimmten Sätzen durch Umformung auf andere Sätze kommt, die schon in ersteren drinstecken. – Die Vermutung liegt in dem Wort »alle«; es gibt bekanntlich keinen Syllogismus, der nur aus partikulären Sätzen besteht; wenigstens eine der Prämissen muß ein allgemeiner Satz sein, damit er etwas Verstecktes enthalten kann. Das hängt mit der Grammatik der Worte »alle«, »einige« etc. zusammen. Der Syllogismus stellt also die grammatischen Regeln dieser Worte dar. »*Ex mere particularibus nihil sequitur*«, sagten deshalb schon die Scholastiker vom Syllogismus. Überall wo wir streng logische Schlüsse vor uns haben, handelt es sich darum, eine Analyse vorzunehmen, um zu sehen, was gesagt ist, also meist das Wort »alle« umzuformen; aber wir erfahren dadurch nichts Neues. Alle strengen Schlüsse sind von derselben Art, daß sie nur Umformungen dessen vornehmen, was in den Sätzen schon darin steckt. Dasselbe gilt von der Mathematik, die auch von vorbildlicher Strenge ist. Auch die Mathematik gibt uns also keine Erkenntnisse, sie drückt nichts aus in dem Sinne, wie wir es früher besprochen haben. In der Mathematik wird nichts über die Wirklichkeit gesagt, sie beschäftigt sich nur mit der Umformung von Zeichen und Zahlen. (Alle Geometrie läßt sich auf die Arithmetik zurückführen mit Hilfe der analytischen Geometrie.) In der Mathematik handelt es sich meist um die Auffindung von Identitäten (Gleichungen), welche zu finden gerade die Kunst des Mathematikers ist. – Es ist dies von Wichtigkeit, weil das Verhältnis des logischen und mathematischen Schließens zur Wirklichkeit früher in der Philosophie nie verstanden wurde, was ein Hauptgrund zur Entstehung des Platonischen Problems war. Man hatte immer gemeint, daß die mathematischen Sätze etwas über die Wirklichkeit aussagen. Ver-

ständlich ist dies bei der Geometrie, und da unterscheiden wir wie folgt: Wenn die Geometrie etwas über die Form von Gegenständen aussagt, wo es sich also um räumliche Verhältnisse handelt, macht sie tatsächlich Aussagen über die Wirklichkeit. Wenn man aber unter Geometrie, wie in der Mathematik meist, etwas anderes versteht, nämlich Ableitung von Aussagen über Aussagen, dann ist sie eine rein logische Angelegenheit.
Der Unterschied zwischen der Geometrie als reiner Begriffswissenschaft und der Geometrie als Lehre von etwas Wirklichem ist nicht so leicht zu sehen. Kant hat den Unterschied nicht gesehen; daher ist auch seine Philosophie der Mathematik gänzlich mißglückt. Er wurde erst von den heutigen Mathematikern klar erkannt. – Bei der Arithmetik handelt es sich um reine Umformungen von Zeichen; die arithmetischen Sätze sind daher Beispiele von absolut gültigen Wahrheiten. – Die extremen Empiristen haben behauptet, daß die arithmetischen Sätze Erfahrungssätze seien; wenn man z. B. den Satz hat »3 + 2 = 5«, so sei das ein Erfahrungssatz, von dem man sich durch Abzählen überzeugen könne. Das stimmt aber nicht! Wenn ich auf einen Tisch erst 3, dann 2 Gegenstände lege, könnte der Tisch ja zufällig die Eigenschaft haben, immer einen Gegenstand verschwinden zu lassen. Würde ich dann beim Zusammenzählen sagen, daß 3 + 2 = 4? Nein, ich würde sagen, daß ein Gegenstand verschwunden ist, daß aber 3 + 2 = 5. Die Geltung der arithmetischen Sätze hängt also gar nicht von der Erfahrung ab. Es heißt gar nichts weiter, es ist vollkommen gleich, ob man sagt 3 + 2 oder 5; man hat da beide Male nichts Verschiedenes gesagt. Die ganze Arithmetik dient nur dazu, um solche Umformungen innerhalb der Sprache vorzunehmen, wo Zahlworte vorkommen. Die Bedeutung der arithmetischen Regeln ist nur die, daß wir ein Zeichen für ein anderes setzen, und diese Zeichenregeln gelten, weil wir sie eingeführt haben und nicht, weil damit ein Verhältnis der Wirklichkeit beschrieben wird. So ist alles Rechnen eine rein formale Angelegenheit. Wenn wir immer alles, was in den Sätzen gesagt ist, präsent hätten, also fast allwissend wären, würde man die Logik und das Rechnen nicht brauchen.
Das logische Schließen bedeutet also keinen psychischen Prozeß für uns, außer insofern dieses Schließen von einer Bedeutung auf die andere in psychischen Prozessen vor sich geht. Die logischen Schlüsse geben auch keine Tatbestände der Wirklichkeit wieder.

Sie sind nur Regeln für die Verwendung unserer Zeichen. Das logische Schließen ist ein reines Umformen der Ausdrücke, das nur innerhalb ihrer Form stattfindet, unabhängig davon, was diese Zeichen bedeuten, also die Sätze von der Wirklichkeit aussagen. Man hat die reine Logik deshalb auch die »formale Logik« genannt, wobei »formal« und »die Zeichenregeln betreffend« gleichbedeutend ist. Ein logischer Schluß gewährt uns keine plötzliche Einsicht, die in den durch den Schluß betrachteten Sätzen nicht schon vorhanden gewesen wäre, man kann durch das logische Schließen keine neue Erkenntnis gewinnen, und das sagt wieder, daß die logischen Regeln bloß Zeichenregeln sind.
In der Logik handelt es sich immer um die Umformung von Zeichenkomplexen. Die logischen Gesetze sind also keine Denkgesetze in dem Sinne, daß sie etwas über den Ablauf des Denkens sagten, sondern es handelt sich um Setzungen, die natürlich notwendig sind, damit wir überhaupt sprechen können. Durch diese Regeln wird die Bedeutung und Zusammensetzung unserer Worte festgelegt, und weil diese Regeln eben als Festsetzungen zu betrachten sind, sind sie auch gültig, solange wir uns in der Sprache bewegen.
Diese Ansicht muß nun mit den Ansichten verglichen werden, die man früher in der Philosophie darüber gehabt hat.

13. Von der sogenannten Denknotwendigkeit

Eine der Grundfragen der Philosophie ist die Frage, die es mit der sogenannten »Denknotwendigkeit« zu tun hat; mit dieser wollen wir uns jetzt auseinandersetzen.

Die Ansicht derjenigen Richtung, die wir als Psychologismus bezeichnet haben, war die, daß die Denknotwendigkeit eine gewisse Art Naturnotwendigkeit sei. Das Denken wurde als Naturvorgang betrachtet (was es auch ist), und die logischen Gesetze sollten nun auch nichts anderes sein als die Gesetze, die diese Vorgänge des Denkens beherrschen in demselben Sinne, wie man von einem Naturgesetz sagt, daß es einen Naturvorgang beherrscht. Dem liegt die Meinung zugrunde, daß »Notwendigkeit« in dem einen Falle dasselbe heißt wie in dem anderen Falle. Bei dieser Ansicht stößt man aber auf große Schwierigkeiten. Daß die Naturgesetze gelten, wissen wir nur aus der Erfahrung. Die Naturgesetze könnten sich aber auch von heute auf morgen ändern, darauf haben wir keinen Einfluß. Wenn aber die Denkgesetze Naturgesetze wären, könnten sie sich auch so ändern. – Man kommt daher zu der Lehre, daß alles, was wir sagen und wissen, nur für den Menschen gilt, alles nur subjektiv und relativ ist und es überhaupt keine objektive Gültigkeit gibt; vielleicht wäre für andere Wesen $2 \times 2 = 7$, vielleicht hätten sie einen anderen Satz des Widerspruchs.

Bei dieser Ansicht kann man gar nichts Festes mehr sagen, alles könnte auch anders sein. Man hat das Gefühl, daß bei dieser Argumentation etwas nicht stimmen kann und findet das bestätigt, wenn man sich überlegt, daß es sich gewiß um total Verschiedenes handelt, wenn man sagt: »Die Flüssigkeiten könnten einmal bergauf fließen«, oder wenn man sagt, daß $2 \times 2 = 7$ ist. Wenn man sagt, daß die sogenannte Notwendigkeit der Naturgesetze, also die Notwendigkeit des Geschehens, aus denen die Naturgesetze folgen, die gleiche ist wie die Notwendigkeit der logischen Sätze, dann wäre eben der Unterschied zwischen Naturgesetzen und logischen Sätzen aufgehoben! Und da wir festgestellt haben, daß die logischen Sätze Festsetzungen sind, so sehen wir auch ein, daß es Unsinn ist zu sagen, daß der Satz des Widerspruchs für andere Wesen nicht gelten könnte.

Wir betrachten nun den Begriff der »Notwendigkeit« und unterscheiden logische Notwendigkeit und Naturgesetzlichkeit; letzteres sind Notwendigkeiten, aus denen die Naturgesetze folgen. Wir werden später auch noch eine dritte Bedeutung von »Notwendigkeit« separat behandeln. Ferner betrachten wir auch den konträren Begriff zum Notwendigen, das Mögliche. Das Unmögliche ist vom Notwendigen kontradiktorisch verschieden.
Wir wollen nun erst feststellen, was das Wort »möglich« bedeutet, und zwar einmal, wenn es auf das Denken angewandt wird, und einmal, wenn es auf Naturgesetze angewandt wird. Wir nennen einen Vorgang in der Welt »möglich«, wenn er mit den Naturgesetzen vereinbar ist, d. h., wenn aus den Naturgesetzen nicht folgt, daß dieser Vorgang nicht stattfinden kann. Es ist also unmöglich, daß die Flüssigkeiten bergauf fließen, die Erde nicht mehr rotiert etc., denn es widerspricht den Naturgesetzen. Natur-»notwendig« dagegen heißt dasjenige, was aus den Naturgesetzen folgt. In diesem Sinne wird das Wort gewöhnlich gebraucht; es ist dies aber schon ein wissenschaftlicher Sinn, denn im Gebrauche des täglichen Lebens bedeuten die Worte »notwendig« und »möglich« wieder anderes; »notwendig« im alltäglichen Sinne nennt man etwas, das mit Gewalt, Zwang, hervorgeht. Diese Art der Notwendigkeit bei den Naturgesetzen bedeutet offenbar gar nichts anderes, als daß in allen Fällen das Geschehen nach den Naturgesetzen verläuft. Was hier als »Notwendigkeit« bezeichnet wird, ist also nichts anderes als Allgemeinheit (z. B.: überall, wo ein Fluß fließt, fließt er bergab), und daher sollte man also bei den Naturgesetzen besser von Allgemeinheit als von Notwendigkeit sprechen. Verwendet man aber das Wort »Notwendigkeit«, so muß man eingedenk sein, daß man es im Sinne von Allgemeinheit verwendet. Diese Einsicht bedeutet viel, wenn wir uns vor Augen halten, daß früher in der Philosophie gesagt wurde, daß die Notwendigkeit gleichsam so etwas sei wie ein Band, welches die Ursache mit der Wirkung verbindet, ein Etwas, das wie eine treibende Kraft aus der Ursache die Wirkung gleichsam hervorzwingt. Diese Ansicht hat den Begriff der Naturnotwendigkeit mit dem populären Begriff der Notwendigkeit identifiziert. Man muß sich aber klar machen, daß von einer Gewalt bei den Naturgesetzen nicht die Rede sein kann. Das Naturgesetz beherrscht nicht gleichsam die widerspenstige Materie und zwingt sie, sich so zu verhalten, wie das Gesetz es will. Das

Naturgesetz sagt ganz allgemein, wie die Natur sich eben verhält. – Man spricht auch davon, daß ein Vorgang »wirklich« sei. (Der Ausdruck »Wirklichkeit« ist auch ein verschwommener, im täglichen Leben und in der Philosophie sehr vieldeutig gebrauchter Ausdruck.) Ein Vorgang ist »wirklich«, wenn er eben eintritt, und »notwendig« muß ein anderer daraus folgen, wenn der Anfangszustand bekannt ist und das Naturgesetz angibt, welcher andere daraus folgt.

Nun wollen wir sehen, was logische Notwendigkeit, logische Möglichkeit bedeuten. Ein Grund für die zahlreichen philosophischen Verwirrungen war der, daß man meinte, der Begriff der »Notwendigkeit« sei bei den logischen Regeln derselbe wie bei den Naturgesetzen. Wir wollen nun die Unterschiede aufweisen. Wir sagen von einem einzelnen logischen Vorgang, er ist notwendig, wenn wir seine Grammatik festgelegt haben. Die logischen Regeln sind allgemeingültig, sie bleiben unter allen Umständen fest, sie sind ja Konventionen, die wir getroffen haben und an denen wir festhalten, solange wir nicht andere Regeln einführen. Wir haben uns von vornherein geeinigt, die Worte nach einer bestimmten Grammatik zu gebrauchen, und so gibt es keine Ausnahme. Die Allgemeinheit oder Allgemeingültigkeit der logischen Regeln besteht darin, daß sie gültig sind, weil wir selbst in der Hand haben, wie lange sie gelten. Diese Notwendigkeit ist die des *a priori*, d. h. wir brauchen keine Erfahrung dazu, um zu wissen, daß die logischen Regeln gültig sind. Wie würden wir uns auch eine solche Erfahrung vorstellen? Man kann ja nicht sehen, daß ein Ding zugleich so und nicht so ist, z. B. beim Satz des Widerspruchs. Die logische Notwendigkeit ist das schlechthin Allgemeine; es ist jene Geltung, die wir selbst von den Sätzen festgesetzt haben. Verschieden von dieser Notwendigkeit der logischen Regeln ist die naturgesetzliche Notwendigkeit. Die Naturgesetze sind nicht als solche selbst notwendig, denn sie könnten auch anders sein; nur die Vorgänge, die aus den Naturgesetzen folgen, sind notwendig. Die aus diesem Gesetz folgenden Vorgänge heißen notwendig, solange dieses Gesetz eben gilt. Es ist aber mit den Naturgesetzen vereinbar, daß sie sich ändern könnten, und das hängt nicht von uns, sondern von der Natur ab. Wir können im Falle der Naturgesetzlichkeit die Notwendigkeit gar nicht anders prüfen, als daß wir zusehen, ob das Gesetz auch in jedem Falle zutrifft. – Die Verwandtschaft zwischen diesen beiden Bedeutungen – der logischen und der naturgesetzlichen Notwendigkeiten – ist die, daß beide eine Allgemeingültigkeit zu bezeichnen scheinen. Wir haben gesehen, in welchem Sinne sich diese Allgemeinheit dennoch unterscheidet. –

Wir betrachten nun den Begriff der »Möglichkeit«. Wir haben schon festgestellt, daß ein Vorgang naturgesetzlich möglich ist, wenn er den Naturgesetzen entspricht. Wenn man nun aber sagt, daß die Naturgesetze sich ändern könnten, so ist das schon ein Übergang zur logischen Möglichkeit. Was heißt es denn z. B., wenn ich sage: »Es ist möglich, daß die Flüsse bergauf fließen«? Das heißt nichts anderes, als daß es vorstellbar, denkbar ist, daß es so sein könnte, und das ist schon die logische Möglichkeit.

Die »logische Möglichkeit« bedeutet, daß das, was man sagt, vorstellbar oder besser, daß es überhaupt sinnvoll ist, d. h., daß man es denken kann. Ein Vorgang ist also logisch möglich, wenn der Satz, der ihn ausdrückt, Sinn hat. (Man darf nicht Sinnlosigkeit und Falschheit verwechseln; z. B. hat der Satz: »Die Flüsse fließen bergauf«, Sinn, wenngleich er falsch ist.) Alles, was man so ausdrücken kann, daß es sinnvoll ist, ist also im logischen Sinne »möglich«. Unmöglich dagegen ist es, daß ein Ding zugleich sein und nicht sein kann, denn man kann das in keiner Weise erklären; dieser Satz besagt nichts, es ist kein Tatbestand, der ausgedrückt werden kann. Es ist ein Verstoß gegen die Zeichenregel dieser Worte. Es ist z. B. auch sinnlos zu sagen, daß es noch eine dritte Möglichkeit gibt, außer daß das Papier auf dem Tisch liegt oder nicht auf dem Tisch liegt. Also die logische Unmöglichkeit bedeutet Sinnlosigkeit. Ein Satz, der überhaupt etwas darstellt oder ausdrückt, drückt eine Möglichkeit aus; wenn er nichts darstellt, drückt er eine Unmöglichkeit aus. »Logisch möglich« heißt also sinnvoll; logisch möglich ist alles, was so gesagt werden kann, daß es der andere auch versteht.

Wir haben festgestellt, daß wir von Denknotwendigkeit nur in dem Sinne sprechen können, daß das gilt, was wir einmal festgesetzt haben. Die Notwendigkeit besteht eben darin, daß wir es selbst so wollen; wir haben unsere Zeichen so eingerichtet, daß sie gewissen Bedingungen gehorchen und an diesen Bedingungen halten wir fest. Das ist eine Notwendigkeit *a priori*, d. h. vor jeder Erfahrung gültig, und diese haben nur die Sätze der Logik und was aus ihnen folgt. Kant hat aber behauptet, daß es auch Sätze *a priori* gäbe, die Aussagen über die Natur darstellen, also wirkliche

Tatsachen ausdrücken. Er meint diese synthetischen Urteile *a priori* dadurch erklärlich zu machen, daß unser Bewußtsein uns diese Sätze vorschreibt. Kant glaubt, daß die Natur sich in der Weise nach uns richtet, daß wir ihr, indem wir sie wahrnehmen, die Formen unseres Bewußtseins aufprägen. Wir können das aber nicht als Erklärung für die Existenz solcher Sätze annehmen, denn unser Bewußtsein könnte sich doch einmal ändern, und dann würden sich auch die Formen unseres Bewußtseins ändern. – Es gibt auch keine andere Erklärung für solche synthetischen Sätze *a priori*; solche Sätze gibt es nicht. Was Kant dabei aber richtig gesehen hat, ist, daß nur das gilt, was wir selbst willkürlich vorschreiben, und zwar solange wir dabei bleiben wollen. Die logischen Regeln sind solche Regeln, aber nicht Regeln, die wir der Natur vorschreiben, sondern Regeln für unsere Zeichen, durch die wir die wirklichen Tatsachen ausdrücken. Diese logischen Sätze, denen bei Kant die analytischen Sätze entsprechen, sind auch bei Kant bloße Zeichenregeln, die nichts über die Welt aussagen. Rechenschaft zu geben über die Geltung der logischen Sätze, wäre eigentlich in der Richtung der Kantischen Philosophie gelegen (es ist dies bei Kant aber nie so recht klar geworden). Er hat die logischen Sätze richtig als etwas Selbstverständliches hingestellt; die Denknotwendigkeit der analytischen Sätze war also für Kant kein Problem mehr. Wenn man einmal festgesetzt hat, daß das Wort, das als Subjekt des Satzes steht, etwas bezeichnen soll, kann man jederzeit von diesem Gegenstand die in der Definition angegebene Eigenschaft wieder aussagen. Was man festgesetzt hat, muß gelten, solange die Worte denselben Sinn haben. Es gilt nicht mehr, wenn die Worte ihren Sinn ändern, denn dann liegt eine neue Aussage vor.

Wir wollen uns unsere Einsicht, daß die logischen Gesetze bloße Zeichenregeln sind, noch von einer anderen Seite her klarmachen. Wir folgen dabei Betrachtungen, die von L. Wittgenstein stammen, indem wir diese logischen Sätze als Grenzfälle vorstellen, die noch etwas über die Wirklichkeit aussagen. – Bei dem Satz »Die Kreide liegt auf dem Tisch« ist zu bemerken, daß dieser Satz nicht ganz genau den Tatbestand wiedergibt, wie er in der Natur vorliegt, denn die Kreide kann noch an verschiedenen Stellen des Tisches liegen. Es bleibt für die Geltung des Satzes also noch ein bestimmter Spielraum offen, innerhalb dessen sich der Tatbestand (die Natur) bewegen kann, ohne daß sich die Richtigkeit des

Satzes ändert. Man kann durch immer genauere Hinzufügungen den Satz zu einer immer genaueren Beschreibung der Wirklichkeit machen. Man kann aber auch umgekehrt vorgehen. Wenn ich sage: »Diese Kreide befindet sich in meiner Nähe« oder »im Zimmer«, so bleibt es immer ein Satz, der noch gilt. So kann man den Spielraum, den man der Natur läßt, auch immer vergrößern – um das zu tun, benützt man z. B. räumliche Begriffe – und schließlich sagen: »Die Kreide befindet sich hier oder nicht hier.« Mit diesem Satz hat man den Spielraum so sehr erweitert, daß es in der Welt gar keinen Tatbestand mehr gibt, der mit diesem Satze nicht in Einklang wäre. Der Satz ist so verallgemeinert, daß sein eigentlicher Inhalt uns unter den Händen verschwunden ist; der Satz sagt nichts mehr aus. Dieser Satz setzt auch nicht voraus, daß es überhaupt Kreide gibt oder daß man weiß, was das ist etc. – Man hat also mit diesem Satz nichts über die Wirklichkeit behauptet, und doch ist er wahr. Dieser Satz ist wahr, nicht weil er über die Wirklichkeit nichts behauptet, sondern weil er vermöge einer Zeichenregel nichts aussagt, nämlich wegen des Satzes vom Widerspruch. Diese beiden Möglichkeiten (die Disjunktion) schließen die ganze Wirklichkeit ein. Dadurch, daß man die beiden Worte »nicht« und »oder« verwendet, hat man eine Verbindung hergestellt, die vermöge der für sie geltenden Zeichenregeln mit jedem Tatbestand der Welt verträglich ist. Das ist immer der Fall, wenn man einen Satz und seine Negation mit »oder« verbindet. Ein solcher Satz ist vermöge der Zeichenregeln wahr, er drückt nichts aus, er ist eine Tautologie (τὸαυῖό, dasselbe; ursprünglich ein Satz, bei welchem das Prädikat etwas sagt, was das Subjekt schon enthält).

Wir nennen jeden Satz, der vermöge seiner bloßen Form richtig ist und der nichts mehr aussagt, also mit jedem Tatbestand vereinbar ist, eine Tautologie. Man kann sagen, die logischen Regeln sind Tautologien; sie sagen nichts über die Wirklichkeit, sie sind gültig, weil wir eben so verfügt haben. Man kann solche Tautologien auf verschiedene Weise bilden. Z. B. ist der Satz »Die Kreide liegt in diesem oder im nächsten Hörsaal oder irgendwo oder nirgendwo« auch eine Tautologie, unbedingt wahr und sagt nichts aus. Es kommen in diesen Sätzen Worte vor, die in der Wirklichkeit etwas bezeichnen, und deshalb glaubte man irrtümlich, daß solche Sätze doch etwas über die Wirklichkeit aussagen. Man kann aber über die Wirklichkeit reden, ohne etwas darüber zu behaupten. Jeder Satz, der über die Wirklichkeit etwas aussagt, muß so beschaffen sein, daß die Welt anders ist, wenn der Satz wahr ist, als wenn der Satz falsch ist. Das ist ein wichtiges und selbstverständliches, aber in der Philosophie doch oft nicht gesehenes Prinzip.

Die Tautologien sagen nichts über die Welt aus, aber sie sind auch die einzigen Sätze, die denknotwendig sind; d. h. die Gültigkeit dieser Sätze beruht auf den Zeichenregeln und nicht auf ihrem Verhältnis zur Wirklichkeit. Eine Tautologie ist nicht deshalb wahr, weil sie einen bestimmten Tatbestand ausdrückt, sondern deshalb, weil sie gar nichts ausdrückt, also mit jedem Tatbestand vereinbar ist. – »Denknotwendig« ist also ein ganz harmloses Wort und heißt »mit den Zeichenregeln vereinbar«.

Zu dem Begriff der »Denkunmöglichkeit« können wir auf analoge Weise kommen, indem wir einen Satz immer mehr verengen, immer mehr hinzufügen, so daß der Satz mit gar keinem Tatbestand mehr übereinstimmen kann. Wenn wir durch allzuvieles Hinzufügen die Zeichenregeln verletzt haben, kann der Satz nichts mehr ausdrücken. Das kann man z. B. dadurch machen, daß wir in den Satz irgendeinen Widerspruch einführen: »Die Kreide liegt hier und auch dort« – dieser Satz ist nicht mehr richtig, denn wir haben die Grammatik unserer Ortsangaben verletzt, die wir beachten müssen, damit unsere räumlichen Angaben einen Sinn haben. Wir haben daher etwas gesagt, was »notwendig falsch« ist, und zwar nicht deshalb, weil es erfahrungsgemäß nicht in der Natur vorkommt, sondern weil es den Zeichenregeln für die Worte »hier« und »dort« widerspricht. – Der Satz »Die Kreide liegt sowohl hier als auch dort« ist auch immer falsch vermöge der besonderen Bedeutung der Worte »sowohl als auch«. – Wenn man seine Zeichen dem Satze des Widerspruchs entgegen ordnet, so entsteht eine Kontradiktion.

Es gibt also zwei Grenzfälle von sinnvollen Aussagen: 1. Die Sätze werden so allgemein, daß sie mit jedem beliebigen Tatbestand in der Natur vereinbar sind, dann sagt ein solcher Satz nichts mehr über die Wirklichkeit aus; ein solcher Satz ist immer wahr, denknotwendig, eine Tautologie. – 2. Der Satz ist so sehr verengert, daß er mit keinem Tatbestand in der Welt mehr übereinstimmt, er widerspricht den Zeichenregeln; dann ist dieser Satz falsch, denknotwendig falsch oder denkunmöglich, Unsinn.

»Denkmöglich« heißt also, mit den Regeln des Sprechens oder den Zeichenregeln konform sein, »denkunmöglich« oder »denkfalsch« heißt, nicht mit den Regeln des Sprechens oder den Zeichenregeln konform sein. Denknotwendig sind also nur die Sätze, die tautologischen Charakter haben, und dem entsprechen bei Kant die analytischen Urteile. Wenn Kant diese so definiert, daß wir in ihnen von einem Gegenstand nur aussagen, was im Subjektsbegriff schon »mitgedacht« ist, so hat Kant gewiß das Richtige vorgeschwebt, nur ist es nicht zutreffend ausgedrückt, weil es gewisse mathematische Beispiele gibt, die Tautologien sind, und von denen man dies nicht sagen kann. Kants Beispielsatz: »Alle Körper sind ausgedehnt«, sagt nichts über die Wirklichkeit aus, wenn Körper so definiert waren, daß sie ausgedehnt sind. Anstatt »was im Subjektbegriff schon mitgedacht ist« sollte es besser heißen: »was wir als Bedeutung des Subjektbegriffes festgesetzt haben«. Denn wenn man vom »Mitdenken« spricht, so hängt die Gültigkeit des Urteils eben von dem ab, was man gerade »mitdenkt«; man kann bei einem Worte aber alles Mögliche denken. Das veranlaßt nun Th. Ziehen zu dem Urteil, daß Kant nicht beachtet habe, daß die Unterscheidung zwischen synthetischen und analytischen Urteilen eine fließende sei. Ziehen meint, wenn man nun die Körper anders definiert habe als durch ihre Ausgedehntheit, diese also nicht »mitdenkt«, dann werde das Urteil »Alle Körper sind ausgedehnt« ein synthetisches, denn man habe nun das »ausgedehnt« neu hinzugefügt. Ob ein Urteil analytisch oder synthetisch ist, hänge also davon ab, was mitgedacht sei. – Diese Kritik von Ziehen ist eine oberflächliche, falsche. Denn wenn man das Subjekt auf verschiedene Weise definiert, hat man beide Male nicht denselben Satz vor sich; das Subjekt bedeutet dann eben etwas anderes, nur die Worte sind dieselben geblieben. Der Satz »Alle Körper sind ausgedehnt« hat dann einen anderen Sinn, und es ist nur zufällig, daß dieselbe Reihe von Worten einmal eine analytische und einmal eine synthetische Aussage darstellt. Man kann ja seine Worte so definieren, wie man will. Der Fehler Ziehens ist folgender: Er verwechselt den Sinn des Satzes mit den zufälligen Worten, die darin stehen. Es gibt in jeder Sprache Worte, die gleichlautend sind und doch verschiedenen Sinn haben. Wenn der Sinn der Worte feststeht, so steht auch fest, ob der Satz in unserem Sinne denknotwendig ist oder eine Erfahrungstatsache ausspricht. Nur die

synthetischen Sätze sind richtige Erkenntnisse, wahre Aussagen und sprechen etwas über die Natur der Welt aus. – Für Kant waren die analytischen Sätze *a priori*, für uns sind sie die einzigen Sätze *a priori*, weil sie nichts anderes als Zeichenregeln sind, und die Zeichenregeln, mit denen wir arbeiten, sind vor, d.h. unabhängig von jeder Erfahrung festgesetzt. Daher gelten die Tautologien denknotwendig. – Wir haben nun den Begriff »tautologisch« einwandfreier festgelegt, als Kant die analytischen Urteile festgelegt hat. Also ist der Unterschied zwischen Tautologie und wirklicher Aussage ein absolut scharfer.
Wir wollen damit auch die Frage berühren, wie es mit der Einsicht in die Wahrheit solcher Sätze steht. – Was der Satz für eine Aussage darstellt, hängt davon ab, was die Worte für eine Bedeutung haben. Wenn man die Bedeutung der Worte verstanden hat, so hat man damit zugleich gesehen, ob der Satz eine Tautologie ist oder nicht. Von unserem Gesichtspunkt aus betrachtet sind z.B. alle arithmetischen Sätze Tautologien. Es gibt aber kompliziertere Sätze, bei welchen man geneigt ist zu sagen, daß man sie schon verstanden habe, nur noch nicht wisse, ob sie richtig seien; man muß z.B. oft erst nachrechnen, ob der Satz tautologisch oder Unsinn ist. Es handelt sich da um eine laxe Ausdrucksweise. Man hat den Satz vorerst nur vage, nur in einem ganz beschränkten Sinne verstanden. Wirklich verstanden hat man den Satz erst, wenn man ihn vollständig durchgegangen ist, wenn man alles von den unendlich vielen Eigenschaften der Zahlen weiß; man versteht nur soviel von dem Satz, als man gerade an der betreffenden Zahl eingesehen hat. Man hat den Satz also erst wirklich verstanden, eingesehen, was damit gemeint ist, wenn man weiß, daß er richtig ist. Diese Einsicht spielt in der modernen Logik eine große Rolle. Mit anderen Worten ausgedrückt: Bei einer Tautologie hat man in dem Augenblick, in dem man sie verstanden hat, auch schon eingesehen, daß es sich um eine bloße Zeichenregel handelt (auch ohne sich das direkt auszusprechen). Das bloße Verstehen des Sinnes ist hier zugleich Einsicht in die Wahrheit. Verstehen und Einsicht in die Richtigkeit sind hier also derselbe Prozeß; das Verstehen führt nicht zur Einsicht, es ist schon diese Einsicht. Wenn man sich das nicht klarmacht, können die merkwürdigsten Probleme auftauchen; so nennt Husserl die analytischen Urteile das schwierigste Problem, während schon Kant gesehen hat, daß hier gar kein Problem darin

steckt. Das Problem wird dann in der Weise gestellt, daß man fragt, woher man denn weiß, daß das Urteil richtig ist. Man müsse das erst untersuchen, da vergeht Zeit, man kann vergessen haben und die Erinnerung kann, prinzipiell gesprochen, auch für ganz kurze Zeitspannen täuschen, man kann vergessen, was man mitgedacht hat. Wie kann man dann z. B. wissen, daß der Satz des Widerspruchs richtig ist? – Damit ist auf die psychologischen Prozesse des Verstehens hingedeutet, die, wie man meint, in Betracht zu ziehen sind. Das ist eine Verwirrung, und doch ist die Frage ganz einfach zu lösen. Selbst wenn man annimmt, daß man die Bedeutung der Worte gar nicht im Gedächtnis behalten kann, ist damit nichts widerlegt. Denn dann hat man den Sinn nicht verstanden, und dann ist noch gar kein Satz da, bloße Worte, über die man nichts Endgültiges sagen kann. Sobald man aber verstanden hat, handelt es sich um einen Satz und man weiß auch im selben Augenblick seinen Sinn.

Es ist eine sehr wichtige Einsicht, daß das Verständnis eines Satzes von tautologischem Charakter mit der Verifikation zusammenfällt und daß nicht eines auf das andere folgt. In dem Verhältnis muß schon eingeschlossen sein, ob der Satz eine Aussage über die Wirklichkeit ist oder nicht. Sagt man: »Es schneit oder nicht«, so weiß man, daß dieser Satz durch die Zeichenregeln so eingerichtet ist, daß er jedem beliebigen Tatbestand in der Welt entsprechen kann. Sage ich aber: »Es schneit und es schneit nicht«, so weiß ich, daß das Unsinn ist, weil ein Verstoß gegen die Zeichenregeln vorliegt. Bei den Tautologien ist also die Einsicht in die Richtigkeit derselbe Prozeß wie das Verständnis des Satzes, während es bei einer wirklichen Aussage, einer Erkenntnis, einem synthetischen Urteil sich ganz anders verhält. Hier muß man sich erst klarmachen, was der Satz bedeutet, und dann erst in der Wirklichkeit nachsehen, ob der Satz zutrifft; hier fallen Einsicht in den Sinn und Verifikation, Einsicht in die Wahrheit gänzlich auseinander.

Wir müssen bei den Tautologien oder evidenten Sätzen gar nicht gleich verstehen, was sie heißen; wir brauchen dazu kein »Evidenzgefühl«, kein *»lumen naturale«*. Wenn wir sie aber verstehen, so ist das zugleich die Einsicht in die Wahrheit dieser Sätze. – Wenn man diese Einsicht auf die Mathematik anwendet, was eine eigene Aufgabe wäre, folgen daraus weittragende Konsequenzen, und viele schwebende Streitfragen müssen von diesem Punkt aus gelöst werden.

Wir haben nun also Einsicht gewonnen in die ungeheure Verschiedenheit der sogenannten denknotwendigen Sätze von den echten Aussagen. Gemeinsam ist beiden nur, daß sie äußerlich die Form eines Satzes haben; ansonsten sind die einen ihrem Charakter nach Zeichenregeln, die andern dagegen Aussagen über die Wirklichkeit. Bei den einen schließt das bloße Verständnis schon die Einsicht in ihre Wahrheit mit ein, bei den andern müssen wir ihren Sinn erst mit der Wirklichkeit vergleichen. Sätze, die nicht bloß Zeichenregeln darstellen, können nicht denknotwendig sein, sie beruhen auf der Erfahrung. Kant nannte diese Sätze *a posteriori; a priori* können nur Zeichenregeln sein. (Schon die Ausdrücke *»a priori«* und *»a posteriori«* sind ein Hinweis darauf, daß man diese beiden so ganz verschiedenen Arten von Sätzen in gleicher Weise behandelt hat.)
Wie schon bemerkt, hat Kant überdies behauptet, daß es noch echte Sätze über die Wirklichkeit gibt, die trotzdem *a priori* sind. Kants Theorie, daß dies nur möglich ist, indem der Verstand auf eine kausale Art der Natur vorschreibt, was von ihr gelten soll, indem er ihr die Formen unseres Bewußtseins aufprägt, kann nicht befriedigen. Richtig daran ist Kants Gedanke, daß *a priori* nur ist, was wir selbst vorschreiben. Der Welt aber können wir nichts vorschreiben, wir haben sie nicht gemacht, sie steht uns gegenüber. Wir können nur die Art vorschreiben, wie wir über die Welt reden. Wir müssen sogar die Art, wie wir unsere Aussagen über die Welt einrichten wollen, festsetzen, sonst könnten wir uns über diese Welt nicht verständigen. In der Einsicht, daß wir nur verordnen können, wie wir uns in unserer Sprache der Natur gegenüber verhalten wollen, bleibt ein Gedanke Kants erhalten; sein ganzes System aber ist annulliert, denn für die Geltung *a priori* bleiben nur die analytischen Urteile übrig. Sprache und Sprachregeln sind etwas ganz Verschiedenes.
Die Einsicht, daß bei einer Tautologie das Verständnis des Satzes zugleich auch die Einsicht in seine Wahrheit ist, d. h. die Einsicht, daß es sich um eine richtige Zeichenregel handelt, gilt analog auch für die Kontradiktion. Wenn man die Regeln verletzt, durch die unsere Sprache eine Sprache wird, so spricht man nicht mehr, sondern man stammelt, und in dieser Hinsicht sind viele Philosophien ein bloßes Gestammel.
Es muß noch auf eine besondere Kategorie von echten Aussagen

hingewiesen werden, bei welchen in gleicher Weise wie bei den Tautologien Einsicht in den Sinn und Einsicht in die Wahrheit des Satzes zusammenfallen, also kein Unterschied besteht zwischen dem psychischen Prozeß des Einsehens und dem Prozeß der Verifikation. Es sind dies synthetische Sätze, welche hinweisende Erklärungen enthalten, Worte wie »hier«, »jetzt«, »das da«, die also erst dadurch zustande kommen, daß sie sich auf die Wirklichkeit beziehen. Ein solcher Satz kann nicht verstanden werden, ohne daß gleichzeitig die Wirklichkeit mit hereingezogen, in sie Einsicht genommen wird. Bei diesen Sätzen schließt das Verständnis selbst schon den Hinweis auf die Tatsachen ein, ist ohne diesen Hinweis nicht möglich. Man kann also bei dieser Art von echten Aussagen das Verständnis des Sinnes von dem Vergleich mit der Wirklichkeit nicht abtrennen. Indem man den Sinn versteht, hat man sie schon mit der Wirklichkeit verglichen. Diesen Sätzen entspricht auch eine Notwendigkeit. Die Wahrheit dieser Sätze wird zugleich mit ihrem Sinn eingesehen, sie sind schlechthin über jeden Zweifel erhaben. Man nennt deshalb solche Sätze »evident«. Das sind nun die Sätze, auf die es uns in letzter Linie ankommt; die ganzen Wissenschaften dienen nur dazu, um uns auf solche Sätze hinzuführen, denn alle übrigen Sätze sind bloß Hypothesen. Aber diese Sätze über das unmittelbar Gegebene können nicht als Grundlage des Aufbaus einer Wissenschaft dienen, sie bilden immer ein Letztes. Denn wenn ich einen solchen Satz ausspreche oder hinschreibe, um ihn später zu verwenden, dann hat der Satz bereits den Charakter des absolut Gewissen verloren, das »hier« und »jetzt« wird zu einem »an dem und dem Tage«, der Satz wird zur Hypothese. Die Wissenschaften bestehen aus Sätzen, die sich an solche Sätze über unmittelbar Gegebenes anschließen, aber es sind nicht selbst solche Sätze, sondern angenommene Verallgemeinerungen. Damit ist der logische Ort dieser Sätze im System unserer Erkenntnis deutlich gemacht. – Diese Sätze können also nicht dazu dienen, eine Wissenschaft von absoluter Gewißheit aufzubauen, denn wenn man sie aufnimmt, erhalten sie den Charakter eines Erfahrungssatzes, eines synthetischen Urteils und verlieren dadurch ihre Denknotwendigkeit. Denknotwendigkeit können wir nur Sätzen zuschreiben, die äußerlich so aussehen wie richtige Sätze, die aber keine solchen echten Aussagen sind, sondern nur willkürlich festgesetzte Zeichenregeln. Diese sind denknotwendig, d.h. wir können nicht umhin, sie zu denken, weil wir es selbst so bestimmt haben.

Zu den Zeichenregeln gehören aber nicht nur diese selbst, sondern auch jene Sätze, die scheinbar von wirklichen Vorgängen sprechen und aus deren Struktur wir erst erkennen müssen, daß es sich bloß um Tautologien handelt. Z.B. ist der Satz »Es regnet und es regnet nicht« aus Zeichen so zusammengesetzt, daß sein einer Teil den anderen wieder aufhebt. Wenn man den Satz »Es regnet« ausspricht, so hat man zugleich damit gesagt, daß man weiß, daß es nicht nicht regnet. Viele Philosophen haben sich aber durch Tautologien irreführen lassen, weil es scheint, daß sie von Dingen der Wirklichkeit sprechen, z.B. in der Arithmetik oder der Geometrie der reinen Mathematik (der Grammatik der räumlichen Bestimmungen). Das wirkliche Verhalten des Raumes ist eine physikalische Angelegenheit; die physikalische Geometrie ist ein Teil der Physik, was schon Newton eingesehen hat. Daß ein Zimmer nicht zugleich 20° und 25° haben kann, ist kein physikalisches Gesetz, sondern eine logische Aussage; sie betrifft die Grammatik der Temperaturaussagen. Man kann den zweiten Satz auslassen, weil er vermöge der Bedeutung der Zahlen schon mitgesagt ist. Der Satz »Ein Zimmer kann nicht zugleich 20° und 25° haben« ist also kein empirischer, sondern ein apriorischer. Ein Tatbestand, der dem Satze »Ein Turm ist zugleich 350m und 300m hoch« entspricht, ist in unserer Sprache nicht vorgesehen; der Satz ist eine Kontradiktion, er sagt nichts aus. – Es gibt noch viele solche Sätze, die den gleichen logischen Charakter haben, bei welchen es aber schwerer einzusehen ist. Der Satz »Eine Fläche kann nicht zugleich rot und grün sein« drückt z.B. keine empirische Tatsache aus, es handelt sich hier nicht um eine physikalische, sondern um eine logische Unmöglichkeit; dieser Satz ist denkunmöglich, denn er verstößt gegen die Grammatik unserer Farbworte. – Sagt man hingegen: »Ein Fluß fließt bergauf«, so ist das physikalisch unmöglich, es widerspricht den Naturgesetzen, aber es ist denkmöglich, es liegt keine logische Unmöglichkeit vor. Wenn man einigermaßen geschult ist, unterscheidet man gut die logische von der empirischen Unmöglichkeit schon rein gefühlsmäßig. – Es ist in der Philosophie sehr fundamental, hier das Richtige einzusehen; es liegen diesbezüglich hauptsächlich zwei verschiedene irrige Ansichten vor.

Die Phänomenologen erkennen richtig den logischen Charakter

der apriorischen Aussagen, daß es sich also z. B. bei Sätzen wie »Der Turm ist 350 m und 300 m hoch« um logische Unmöglichkeit handelt; aber sie nehmen dennoch falsch an, daß diese Sätze etwas über die Wirklichkeit aussagen. Das ist der ganze Inhalt der Phänomenologie; sie ist also eine rationalistische Weltansicht. – Kant hat die ganze Schwierigkeit gesehen, die in der Frage liegt, wie es möglich sei, etwas *a priori* über die Welt auszusagen. Die Phänomenologen aber beunruhigt diese Frage nicht, und schon deshalb ist diese Philosophie ganz unmöglich.

Die Empiristen sehen wohl ein, daß es keine synthetischen Sätze *a priori* gibt, glauben aber, daß bei Sätzen wie »Man kann Rot und Grün nicht an derselben Stelle des Raumes sehen« keine logische Unmöglichkeit vorliegt, sehen also nicht, daß man damit gegen die Zeichenregeln verstößt, sondern meinen, daß es sich dabei um eine Erfahrungstatsache handle. (Es wird so argumentiert: Wenn man auch Rot und Grün noch nie an derselben Stelle gesehen hat, so könnte man es vielleicht doch einmal sehen ...)

Damit man aber überhaupt von Erfahrung sprechen kann, muß man sich jedenfalls etwas vorstellen können. Man hat wahrscheinlich noch nie ein regelmäßiges rotes Siebeneck gesehen, weil es zu selten ist, aber man kann sich denken, daß man eines sehen könnte. Ein rotes und zugleich grünes Siebeneck aber kann man sich keinesfalls denken, weil wir unsere Farbworte schon so definiert haben, daß Rot nicht zugleich eine andere Farbe haben kann. Solche Widersprüche lassen sich besser bei den mathematischen Regeln beweisen und einsehen; etwa an dem Beispiel, daß ein Viereck nicht zugleich ein Fünfeck sein kann. Wollte man dergleichen bloß für eine empirische Unmöglichkeit erklären, so könnte man fragen, wie eine Fläche aussehen soll, die zugleich rot und grün ist. Kann man das nicht beantworten, so ersieht man daraus, daß eben eine logische Unmöglichkeit vorliegt. Man fragt also nach der Bedeutung eines solches Ausspruchs, d. h. der andere soll die Regeln für die Verwendung seiner Worte angeben (die man ja nach Belieben bestimmen kann). Kann der andere das nicht, so will er es wahrscheinlich deshalb nicht tun, um nicht gegen die Regeln für die Worte »rot« und »grün« zu verstoßen, denn das käme der Einführung einer neuen Sprache gleich. (Durch Einführung einer neuen Sprache könnte man ja solchen Sätzen wohl einen Sinn geben.)

Wir müssen also ganz genau zwischen den beiden verschiedenen

Fällen der Unmöglichkeit unterscheiden. »Logisch unmöglich« ist das den festgesetzten Zeichenregeln Widersprechende. Ein solcher Satz ist Unsinn oder »denknotwendig falsch«; das heißt nichts anderes, als daß der Satz keinen Sinn hat, weil man ihm keinen gegeben hat, so wie unsere Sprache nun einmal geschaffen ist. »Empirisch unmöglich« heißt »den Naturgesetzen widersprechend«. – Wenn man die Aussagen nach der Kantischen Weise einteilt, ergibt sich folgendes Schema:

Analytische Urteile *a priori*	sind eigentlich selbstverständlich.
Synthetische Urteile *a priori*	gibt es nicht; aber Kant glaubte daran.
Analytische Urteile *a posteriori*	kann es nicht geben.
Synthetische Urteile *a posteriori*	sind die echten Erfahrungssätze.

Kant wollte in seiner *Kritik der reinen Vernunft* das Vorkommen synthetischer Urteile *a priori* erklären. Diese Erklärung ist mißglückt. Wir brauchen sie auch gar nicht, weil es diese Urteile nicht gibt. (Also brauchen wir auch die *Kritik der reinen Vernunft* nicht.) Hingegen haben schon die Empiristen eingesehen, daß sich alle echten Aussagen auf die Erfahrung gründen. Diese empiristische Richtung ist es, zu der wir zurückkehren können, da sie unserer Überzeugung nach die Philosophie der Zukunft sein wird.

14. Sinn und Verifikation

Indem wir nun schon viele Feststellungen über Sätze und Aussagen gemacht haben, ist uns das Platonische Problem unter der Hand zerronnen, es existiert für uns nicht mehr. Wir sprechen immer von dem »Sinn« der Sätze und Aussagen. Das Wort »Sinn« spielt auch in der metaphysischen Philosophie eine große Rolle. Wir wollen uns aber mit dem gesunden Menschenverstand fragen, was wir unter dem Sinn einer Aussage verstehen. Der Sinn eines Satzes ist etwas, was der Bedeutung eines Wortes analog ist; ein Satz heißt das und das, ein Wort bedeutet dies und dies. Wir stehen hier vor derselben Frage wie bei den Begriffen: Der Begriff ist nicht ein Schattenwesen, das als die Bedeutung des Wortes gleichsam hinter diesem steht; hinter den Zeichen steht nichts Besonderes, das gleichsam den Gedanken des Satzes ausmacht. Wir dürfen also nichts einem Gegenstande Vergleichbares suchen. Wir dürfen auch nicht in die in den letzten Jahrzehnten übliche psychologistische Denkweise verfallen, die unterscheidet zwischen der äußeren Erscheinungsweise der Aussage, dem akustischen oder optischen Phänomen und dem allein wesentlichen Gedanken, der dadurch ausgesprochen ist und den Sinn der Aussage darstellt. Demnach wäre der Sinn eines Satzes dasjenige, was allen möglichen Ausdrucksweisen des Satzes gemeinsam ist und was Bolzano den »Satz an sich« nennt, etwa folgendem Schema entsprechend:

Dieses Schema ist falsch; es hat keinen Sinn, nach einem Substrat zu suchen, das dem Substantivum »Sinn« entspricht, einem idealen Gebilde im Reiche der Begriffe mit ganz bestimmten Eigenschaften. Ebenso falsch wäre es, als den »Sinn« die hinter den Satzzeichen stehenden psychischen Prozesse, die sich abspielen, aufzufassen, denn diese sind bei den einzelnen Individuen ebenso verschieden wie die Ausdrucksweisen in den verschiedenen Sprachen. Wir können diese Prozesse, wenn wir wollen, »Gedanken«

nennen, das ist aber dann etwas rein Psychisches, etwas anderes, als wir suchen. Wir müssen nach derselben Weise vorgehen, dieselben Argumente anwenden wie bei dem Suchen nach der Bedeutung eines Wortes. Ein Satz hat ja z. B. auch einen Sinn, wenn er sagt, was gar nicht richtig ist, wenn er keinem wirklichen Tatbestand entspricht. Der Sinn ist also vom Tatbestand verschieden; er ist ein möglicher Tatbestand. Ein Tatbestand ist dann möglich, wenn der Satz, der ihn ausdrückt, sinnvoll ist. Dabei müssen wir beachten, daß es ein großer Irrtum wäre, die Möglichkeit als eine mehr oder minder wahre oder greifbare Wirklichkeit zu betrachten; so geschieht es gewöhnlich im verantwortungslosen Denken, das »Möglichkeit« als »ein bißchen Wirklichkeit« auffaßt. Wenn z. B. ein leerer Stuhl da steht, ist es möglich, daß jemand darauf sitzen kann; das heißt aber nicht, daß man ein bißchen darauf sitzen kann. Weder die Möglichkeit noch der Sinn sind also Schattenwesen, die hinter den Zeichen des Satzes stehen. Der Sinn des Satzes ist nichts anderes als die Regeln, die wir für seine Anwendung gegeben haben, und zwar ausdrücklich oder durch den Usus der täglichen Sprache festgelegt. Die Gesamtheit dieser Anwendungsregeln setzt sich zusammen aus den Bedeutungs- und den grammatischen Regeln, denen die Worte gehorchen müssen. Diese logischen Regeln sind nicht mit den reinen Sprachregeln zu verwechseln; denn nach diesen wäre es z. B. erlaubt zu sagen: »Die Gerechtigkeit ist gelblich«, denn hier ist von einem Substantiv eine Tätigkeit ausgesagt, und das entspricht den Regeln der Sprach-Grammatik. Dieser Satz ist also kein falscher Satz – er ist überhaupt kein Satz, nur eine Aneinanderreihung von Worten, weil in Widerspruch mit der logischen Grammatik. Die Sprache ist ein lebendiges Gebilde, das nicht in starren, strengen Formen verläuft, und darum ist es oft nicht leicht zu unterscheiden, ob ein Satz falsch oder sinnlos ist.

Ein Satz drückt einen Tatbestand, resp. einen möglichen Tatbestand aus. Sätze gebraucht man ja, um über die Wirklichkeit etwas zu sagen. Wir wollen etwas mitteilen, und da ist es dann für uns wichtig, ob das, was der Satz ausdrückt, wahr ist, denn wir wollen ja wissen, wie es sich verhält. Wenn uns ein Satz etwas mitteilt, so weist er auf etwas Bestimmtes in der Welt hin, er sagt etwas über die Beschaffenheit der Welt aus. Ist der Satz falsch, dann ist der Tatbestand, den er behauptet, in der Welt nicht vorhanden. Man kann also sagen, daß der Sinn des Satzes darin besteht, diese Tatbestände auszudrücken. Daher kann der Sinn nur gefunden werden, wenn man auf diese Tatbestände zurückgeht. Findet man den Tatbestand vor, dann ist der Satz wahr, sonst ist er falsch.

Es ist nicht möglich, den Sinn eines Satzes zu verstehen, ohne zugleich das zu wissen, was in der Welt anders wäre, wenn der Satz falsch wäre. Man muß sehen, welche Umstände in der Welt vorliegen müssen, damit man den Satz mit Recht aussprechen kann. Weiß man das, so weiß man damit den Sinn des Satzes. Man kann das noch so ausdrücken, daß man sagt: Der Sinn des Satzes ist die Art (Methode) seiner Verifikation; um den Sinn des Satzes zu verstehen, muß man zusehen, wie sich der Satz verifiziert und wie er sich falsifiziert.

Wenn man wissen will, was ein Satz bedeutet, also seinen Sinn angeben will, so formt man den Satz solange um, bis er durch andere Sätze ersetzt ist, die etwas unmittelbar Prüfbares darstellen. Man geht auf die verschiedenen Definitionen zurück, welche Regeln für die Verwendung der Zeichen sind. Diese Definitionen sind Erklärungen der in dem Satze auftretenden Worte. Der Sinn des Satzes ist die Gesamtheit der Verwendungsregeln, die für den Satz bestehen; diese Anwendungsregeln entsprechen dem engeren Begriff der Logik als Definition.

Man sagt z. B.: »Alle Bewegung ist relativ.« Die Frage: »Ich habe es nicht verstanden, was meinst Du damit?«, ist die Frage nach dem Sinn. Man wird nun also erläutern, was Bewegung ist, indem man auf die Definition der Bewegung zurückgeht, dann, wie das Wort »relativ« gebraucht wird, und dann wird der Hörer den Satz wahrscheinlich verstehen. – Oder man sagt: »Das Wasser besteht aus Wasserstoff und Sauerstoff«; man erklärt also die Eigenschaften dieser Substanzen, wie man sie zerlegen und aus den einzelnen wieder Wasser herstellen kann, daß ihre bloße Mischung Knallgas ergibt, das beim Entzünden explodiert etc. Durch diese Erläuterungen weiß man dann, wie dieser Satz zu verstehen ist. Worin besteht dieses Verstehen? Darin, daß man den Satz anwenden kann; d. h. man weiß von dieser Aussage, ob sie in einem bestimmten Falle richtig oder falsch ist. Die Erläuterungen sind nichts anderes als eine Methode, die man dem anderen an die Hand gibt, um herauszufinden, unter welchen Umständen ein Satz wahr oder falsch ist; d. h. eben, daß der Sinn des Satzes die Art seiner Verifikation ist. Der Satz sagt uns nur

dann etwas, wenn man den Unterschied zwischen seiner Wahrheit und Falschheit einsieht; andernfalls weiß man nicht, was mit dem Satz gemeint ist.
Die Methode der Verifikation besteht also darin, daß man Erläuterungen und Beispiele gibt, den Satz in andere, leichter verständliche Sätze übersetzt oder für die einzelnen Worte ihre Definitionen einsetzt. Diese Definitionen sind dann die Wegweiser, die zu den Tätigkeiten hinleiten, die nötig sind, um über die Wahrheit oder Falschheit des Satzes zu entscheiden.
Der Sinn ist die Gesamtheit der Anwendungsregeln oder die Methode der Verifikation (beides bedeutet dasselbe), und es ist von fundamentaler Wichtigkeit, sich darüber klar zu werden, wann ein Satz einen Sinn hat und wann nicht. Dies ist die Aufgabe des Philosophen überhaupt. Er hat eigentlich nichts anderes zu tun, als die in einer philosophischen Stimmung ausgesprochenen Sätze auf ihren Sinn zu untersuchen; denn die Prüfung der Wahrheit oder Falschheit wird ja durch die Methoden der Wissenschaft unternommen.
Wir stellen also den Sinn eines Satzes fest, indem wir angeben, was aus diesem Satze folgt oder wie wir zu ihm gekommen sind. Der Sinn des Satzes ist identisch mit den Sätzen, die unmittelbar mit der Wirklichkeit verglichen werden können. Nicht jeder Satz kann selbst unmittelbar mit der Wirklichkeit verglichen werden. Daher ersetzen wir den Satz durch andere und diese wieder durch andere, die daraus folgen, und schließlich landen wir bei den Sätzen über das unmittelbar Gegebene. Das sind diejenigen Sätze, zu denen die Wissenschaft uns hinführt. Es wird dann immer »hier«, »jetzt« beobachtet, und wenn das eintrifft, so sagt man, daß der ursprüngliche Satz richtig war; d. h. es war mit diesem Satz gar nichts anderes gemeint als das, wodurch man zu einem solchen »Hier-Jetzt«-Satz gelangt. Für uns ist daran das Wesentliche, daß ein Satz nur dann einen Sinn hat, wenn das eben beschriebene Verfahren für ihn angebbar ist, wenn man also eine Methode an Hand hat, diesen Satz zu verifizieren. Diese Methode der Verifikation ist schon die Angabe des Sinns und nicht erst die Angabe, die zum Sinn hinführt. Kann man keine Vorschrift angeben, wie der Satz zu verifizieren ist, dann hat er auch keinen Sinn, man kann ihn nicht anwenden. Man muß immer genau sagen können, was der Fall sein muß, damit der Satz einen Sinn hat; es muß damit ein Unterschied in der Welt angegeben sein.

Ferner muß auch immer das Gegenteil möglich sein, das dann eintritt, wenn der Satz nicht wahr ist.
Erst in den strengen Naturwissenschaften ist es klar geworden, daß alle unsere Sätze nur dann Sinn haben, wenn man weiß, wie man es anstellen muß, um ihre Wahrheit oder Falschheit zu kontrollieren; ich muß wissen, wie ich es anstellen muß, sonst kann ich den Sinn nicht verstehen. Diese Überprüfung muß nicht tatsächlich durchgeführt werden, man muß nur prinzipiell dazu imstande sein, es muß die logische Möglichkeit dazu vorliegen. Z. B. hat der Satz »Auf der Rückseite des Mondes sind 3000 m hohe Berge« Sinn, weil seine Prüfung logisch möglich ist, wenn derzeit auch technisch unmöglich.
Wenn man sich an die Grenzen der Wissenschaft heranbegibt in den exakten Naturwissenschaften, ist es oft schwer, den konkreten Gebrauch der Worte zu beschreiben. Im täglichen Leben liegen da keine Schwierigkeiten vor, man weiß immer, wie man es erklären muß, wann ein Satz wahr oder falsch ist. In der Philosophie ist der Gebrauch der Worte meist ein mehr verschwommener, deshalb ist man erst spät darauf aufmerksam geworden, daß wir im täglichen Leben unsere Sätze nur deshalb so gut verwenden können, weil wir immer sagen können, was wir damit meinen, also angeben können, wie wir es anstellen würden, um sie als wahr oder falsch zu erkennen. Wenn man z. B. sagt: »Ich habe einen Schlüsselbund in der Tasche«, so ist, wenn man ihn zeigen kann, der Satz verifiziert, wenn man ihn nicht zeigen kann, falsifiziert. Würde man aber sagen: »Ich habe einen Schlüsselbund in der Tasche, ich kann ihn aber nicht zeigen, ich weiß nicht, wo er ist«, so wäre das kein falscher, sondern ein unsinniger Satz. Das ist nur eine Analogie zur Philosophie, in der viel so Unsinniges behauptet wird. Ein Beispiel: Vom »Ding-an-sich« wird gleichzeitig behauptet, daß es existiert, daß man es aber unmöglich erkennen kann. Sätze, die über dieses »Ding-an-sich« sprechen, sagen deshalb gar nichts aus, sind bloß Unsinn. Sinnlosigkeit aber ist viel schlimmer als Falschheit. Im täglichen Leben wissen wir genau, was mit den Sätzen gemeint ist, weil wir immer den Weg ihrer Verifikation angeben können. So verhält es sich auch mit den Sätzen der Wissenschaft; man kennt immer den Weg, um ihre Richtigkeit festzustellen. Man weiß z. B. genau, wie man es anstellen müßte, um sich zu überzeugen, daß ein bestimmter Berg in Afrika eine gewisse, angegebene Höhe hat.

Die Sätze der höheren theoretischen Wissenschaften zu verifizieren ist viel schwieriger, weil die in ihnen vorkommenden Worte eine mehr allgemeine Bedeutung haben. Eines der berühmtesten Beispiele ist da der Satz der Gleichzeitigkeit, durch dessen Kritik Einstein die Relativitätstheorie geschaffen hat. Einstein hat darauf verwiesen, daß der Begriff der Gleichzeitigkeit nur dadurch gegeben ist, wie diese Gleichzeitigkeit festgestellt wird. Im gewöhnlichen Gebrauch haben wir eben vergessen, die Methode genauer zu prüfen, durch die Gleichzeitigkeit festgestellt wird, und daher übersehen, daß wir durch diese nie zu einem absoluten, sondern zu dem relativen Begriff der Gleichzeitigkeit kommen können. Zwei Ereignisse können also, von einem bestimmten System aus beurteilt, gleichzeitig sein, von einem anderen System aus beurteilt, nicht gleichzeitig, und beides ist richtig. Von Gleichzeitigkeit kann man nur sprechen in bezug auf eine bestimmte Methode der Feststellung. Einstein hat gezeigt, daß man das bei den gewöhnlichen Methoden des täglichen Lebens nicht beachtet, weil die Signalgeschwindigkeiten, durch die man es merkt, so große sind, daß diese Überlegungen für die irdischen Verhältnisse und Entfernungen keine Rolle spielen.
Die Relativitätstheorie ist das berühmteste Beispiel, das zeigt, daß der Sinn eines Satzes die Methode seiner Verifikation ist. Die Konsequenzen dieser Einsicht waren weittragend, sie hat zu neuen Erkenntnissen, einem ganz anderen Weltbild geführt. Der Fortschritt der Relativitätstheorie ist also ein Fortschritt der philosophischen Klarheit. Es liegt immer und überall dasselbe vor, daß einem Satze nämlich dann kein Sinn gegeben ist, wenn man nicht sagen kann, unter welchen Umständen man ihn anwendet und unter welchen nicht, wie man imstande ist, ihn zu verifizieren.
Wir werden diese Erkenntnis nunmehr auf einzelne philosophische Probleme und Fragen anwenden. Wir stellen nun unsrerseits die Frage: »Was bedeutet die Frage? Was heißt diese Frage? Welches sind die möglichen Antworten darauf?« Wenn man auf eine Frage keine mögliche Antwort geben kann, so heißt das, daß die Frage sinnlos ist. Fragen sind eigentlich insofern keine Sätze, als sie nichts mitteilen; sie sind zunächst eine Anregung, eine bestimmte Mitteilung zu geben, und der Sinn der Frage kann nur darin bestehen, daß man weiß, welche Antwort darauf erwartet wird. Der Sinn einer Frage ist erst dann verstanden, wenn man

mögliche Antworten darauf weiß, und beantwortet ist die Frage erst dann, wenn man weiß, welche von diesen Antworten richtig ist. Die Frage ist überhaupt erst dann eine Frage, wenn man mögliche Antworten darauf geben kann; ansonsten ist sie nichts als eine Reihe von Worten mit einem Fragezeichen dahinter, hat keinen Sinn. Z. B. ist die Frage »Was ist das Wesen der Kraft?« zunächst sinnlos. Sinn hat diese Frage nur, wenn sie so verstanden wird, daß sie eine Anweisung ist, etwas über die Regeln des Gebrauches des Wortes »Kraft« anzugeben. So wird diese Frage aber in der Philosophie gewöhnlich nicht gestellt; der Philosoph erwartet als Antwort irgendein Substantiv (»Kraft ist Aktivität, inneres Vermögen...« etc.). Aber das sind keine möglichen Antworten, denn sie lassen sich nicht verifizieren. Diese Frage hat nur Sinn, wenn damit gefragt ist, wo man in der Wissenschaft das Wort »Kraft« verwendet. Wenn der Philosoph aber nicht zugeben will, daß diese Frage nur so gemeint ist, dann muß er erst angeben, was eigentlich gemeint ist. – Es verhält sich scheinbar so mit allen diesen Fragen nach dem mysteriösen ›Wesen‹ von Dingen. Sinnvoll können sie nichts anderes heißen als die Frage, wann man dieses bestimmte Wort gebraucht. Eine solche Frage ist z. B. auch die Frage nach dem Urstoff. Solange die alten Griechen sie noch dahingehend beantworteten, er sei das Wasser, die Luft usw., hatte diese Frage noch einen bestimmten Sinn; wenn man aber fragt und alles Bekannte nicht als Antwort anerkennt, selbst nicht weiß, was man fragt, dann wird diese Frage sinnlos. Sinnlos sind auch alle Fragen, die zu allgemein gestellt werden, z. B. »Was ist das Verhältnis zwischen Körper und Seele?«

Es ist nicht immer leicht, die Wahrheit eines Satzes zu kontrollieren. Da ist es gut, einen Kunstgriff anzuwenden und sich vorzustellen, wie es sich verhielte, wenn der Satz falsch wäre; ist das unmöglich, so sieht man, daß es sich um einen sinnlosen Satz handelt. Wenn man z. B. sagt: »Alles ist mein Bewußtseinsinhalt« (der bekannte Satz des Solipsismus), so scheint dieser Satz eine Erfahrungstatsache auszusprechen. Fragt man aber nun, was für Erfahrungen man machen würde, wenn man nicht existierte, so sieht man, daß dieser Satz nur Unsinn ist. Daraus geht hervor, daß der berühmte Satz des Descartes »Cogito, ergo sum« nichts aussagt, also kein Satz ist; er ist nur eine Zeichenregel dafür, wie das Wort »existieren« gebraucht werden soll. Also ist dieser Satz wie auch der Satz des Solipsismus logischer Unsinn und nicht vielleicht ein Problem, durch das die Frage der Betrachtung der Wirklichkeit gelöst werden könnte. Ebenso verhält es sich auch mit dem Satze »Alles ist nur Schein«, denn der »Schein« ist nur ein ›Index‹, durch den an den Dingen nichts geändert wird.

Den Sinn eines Satzes angeben, heißt also angeben, wie seine Wahrheit oder Falschheit erfaßt wird. Jeder Satz muß eine greifbare Grundlage haben, und man muß immer sagen können, was anders wäre, wenn der Satz nicht zu Recht bestünde. Und alles das ist nur eine Sache unserer Sprachregeln.

15. Das Problem der Willensfreiheit

Als ein leicht zu übersehendes und typisches Beispiel für die philosophischen Verwirrungen, die sich durch die Geschichte der Philosophie ziehen und die sich durch eine Klärung der Worte aus der Welt schaffen lassen, behandeln wir hier die Frage der Willensfreiheit. Was daran das wirklich Beunruhigende, also das echt philosophische Problem ist, ist die Sinnfrage der Worte.

Bezüglich dieses berühmten Problems gibt es zwei Anschauungen, den Determinismus und den Indeterminismus, die gewöhnlich wie folgt formuliert werden:

Der *Determinismus* geht davon aus, daß die Wissenschaft feststellt oder daß wir auch von vornherein ohne Wissenschaft einsehen, daß alles in der Natur seine Ursache und Wirkung hat; kurz, alles in der Welt ist nach dem Kausalprinzip streng determiniert und bestimmt. Das soll heißen, wenn im jetzigen Augenblicke irgendwelche Umstände gegeben sind, so folgen daraus die Umstände des nächsten Augenblickes mit Notwendigkeit. Wenn dies aber gilt, so muß es auch vom menschlichen Handeln gelten; dieses muß also in jedem Augenblick vollständig durch die menschliche Natur bestimmt sein, und diese hängt wieder von Charakter, Geburt etc. ab. Was der Mensch also tut, ist eine notwendige Folge. Dann scheinen wir aber sagen zu müssen, daß der Mensch für seine eigenen Handlungen gar nicht verantwortlich ist, da es der Willkür des Menschen entzogen zu sein scheint, was er tun will. So heißt es also, daß das Kausalprinzip den freien Willen des Menschen unmöglich mache, denn alles, was er tut, ist determiniert.

Die *Indeterministen* sind der entgegengesetzten Ansicht, da sie finden, daß es jedenfalls eine Moral geben müsse und die moralische Verantwortung durch die Prinzipien des Determinismus aufgehoben wäre. Außer diesen beiden Richtungen entstanden auch noch Kompromißansichten. Kant unterscheidet einen Naturmenschen, der den Naturgesetzen unterworfen ist, und einen intelligiblen Menschen, dessen Wille ›frei‹ ist. Dies ist eine Art Flucht in ein zweites Reich, in dem man das Gewünschte verwirklichen kann.

Der Gefühlsgrund, aus dem sich das Problem der Willensfreiheit nun ergibt und der alle die verkehrten Gedanken und falschen Sätze entstehen läßt, ist, daß sich also ein Widerspruch zu ergeben scheint zwischen Naturgesetz und Moral, weil die Verantwortlichkeit durch die Determiniertheit des Geschehens beeinträchtigt ist. Das Problem lautet dann so: »Ist auch der menschliche Wille der Kausalität unterworfen, oder ist er frei?« In dieser Weise sind Freiheit und Kausalität einander gegenübergestellt worden. Oder man wollte auch die Gegensätze versöhnen – wie Kant – und sprach von einer ›Kausalitäts-Freiheit‹; auf diese Weise vereinte man unvereinbare Worte. – Der Fehler liegt hier nur in einer Unklarheit der Sprechweise, indem man nicht weiß, was man meint, wenn man Freiheit und Kausalität einander gegenüberstellt und dann auch noch einige andere Begriffe in primitiver Weise verwechselt, wie gleich gezeigt werden soll. Wir müssen auch untersuchen, ob es wirklich stimmt, daß es sich hier um die Frage handelt, ob der Wille der Kausalität unterworfen ist oder nicht. Die Beweise des Determinismus und Indeterminismus laufen darauf hinaus, daß sie irgendwie das Kausalprinzip zu beweisen oder zu widerlegen suchen. Wenn dies wirklich nötig wäre, um die Frage der Willensfreiheit zu entscheiden, dann wäre es äußerst schwierig, ja unmöglich, denn daß das Kausalprinzip gilt oder nicht gilt, läßt sich nicht beweisen, jedenfalls nicht durch Spekulationen wie bei Deterministen und Indeterministen. Nur die Erfahrung, die wissenschaftliche Forschung kann das lehren; man kann nur die Natur beobachten und sehen, in welchen Fällen das Kausalprinzip gilt, in welchen nicht. Wir wissen nicht endgültig, ob Kausalität besteht oder nicht. Die gegenwärtige Naturwissenschaft ist der Ansicht, daß eine ganz strenge Kausalität in der Natur und also auch für den Menschen nicht herrscht. Wir wissen nur aus der Erfahrung, daß in der Welt jedenfalls soviel Kausalität herrscht, wie wir im täglichen Leben und zwecks der festen wissenschaftlichen Aussagen brauchen. So war es bisher, wie es später sein wird, wissen wir nicht.

Wenn die Verbindung der Fragen zwischen kausal und nicht kausal einerseits und Willensfreiheit oder nicht andererseits überhaupt besteht, so ist sie ganz anderer Natur. Es wird bei den vorerwähnten Theorien zunächst von den Naturgesetzen gesprochen und behauptet, daß sie *notwendig* gelten. Dieses »notwendig« wird aber unrichtig in einem anderen als dem Sinne gebraucht, daß damit die Allgemeingültigkeit der Naturgesetze ausgesprochen wäre, was heißen soll, daß die Naturgesetze in jedem Fall, ohne Ausnahme gelten. Hier liegt der Ausgangspunkt der Schwierigkeit. Es ist eine Verwechslung ganz grober Art zwischen zwei grundsätzlich verschiedenen Bedeutungen des Wortes »Gesetz«. Das Wort ist dem täglichen Leben entnommen, wo es eine Vorschrift bedeutet, die den Bürgern im Staate gemacht wird, um sie zu einem bestimmten Handeln zu veranlassen; der Staat übt also einen gewissen Zwang aus. Der Sinn des Wortes »Gesetz« im täglichen Leben ist, daß es einen Zwang bedeutet, d. h., daß der Mensch unter seinem Einfluß so handelt, wie er nicht gerne möchte, oder nicht so handelt, wie er gerne möchte. Diese Bedeutung ist ganz klar. Der Mensch würde anders handeln, als er handeln muß, wenn er unter Drohung oder physische Unmöglichkeit (Gefängnis) gesetzt wird. Ist kein Zwang vorhanden, dann ist man ›frei‹, d. h. man wird nicht daran gehindert, so zu handeln, wie man wünscht. Es ist eine empirische Tatsache, daß der Mensch frei handelt, sofern er nicht unter Zwang steht, kein Narkotikum bekommen hat, nicht gefesselt ist etc. Diesen Sinn hat es, wenn wir einem Menschen Freiheit zuschreiben; diese Art der Freiheit kommt z. B. bei juristischen Überlegungen einzig in Betracht. Es ist die Freiheit des Handelns, wie Hume sie bezeichnet hat, der der merkwürdige Begriff der Freiheit *des Willens* gegenübersteht, den die Philosophen geschaffen haben. – Man hat nun das Wort »Gesetz« in dem Sinne, daß es als Zwang wirken soll, auf die Natur übertragen, und das war der erste unglückliche Schritt, denn ein Naturgesetz ist mit dem Gesetz im bürgerlichen Leben gar nicht vergleichbar; beiden Fällen gemeinsam ist nur, daß es sich um eine allgemeine Formel handelt, der Sinn dieser Formel ist aber in beiden Fällen ein ganz verschiedener. Daß man dasselbe Wort verwendet, hat die Entwicklung aller großen Mißverständnisse begünstigt. Man stellt sich nämlich nun ein Naturgesetz als eine Vorschrift vor, die der Natur gemacht wird, daß sie in gewisser Weise handeln muß, und dies wird dann als »notwendig« bezeichnet. Also ist in der Sprechweise der Deterministen und Indeterministen (und auch des naiven Menschen) ein Naturgesetz etwas, das die Natur zu einem bestimmten Verhalten zwingt, und der Zwang ist eben die Notwendigkeit. Dieser Auffassung nach würde also das Keplersche Gesetz die Planeten zwingen, auf einer Ellipse zu laufen, wenn sie auch gerne anders möchten! In der Tat heißt aber »Die

Planeten *müssen* sich in Ellipsen bewegen...«, nichts anderes als *daß* sie sich so bewegen, weil das eben im Wesen der Materie liegt. Die Naturgesetze formulieren nur das Geschehen in der Natur, sie beschreiben es, sie schreiben es nicht vor; die Naturgesetze sind Beschreibungen. Die Naturgesetze drücken das Wesen der Natur aus, das, was in der Natur liegt, und nicht etwas, das gleichsam zu diesem Wesen noch hinzukommt. Die Naturgesetze haben also nichts mit Zwang zu tun, sie sind Beschreibungen dessen, was geschieht, und die ›Notwendigkeit‹ ist hier etwas ganz anderes als ein Zwang, es ist die Allgemeinheit oder Allgemeingültigkeit. Für ›Zwang‹ im schon angegebenen Sinne des täglichen Lebens hat man dann auch das Wort »Notwendigkeit« benützt, was die Verwechslungen begünstigte.

Wenn die Naturgesetze nichts anderes sind als Beschreibungen dessen, was in der Natur geschieht, wie die Welt sich verhält, so sind auch die Naturgesetze über den Menschen nichts anderes als Beschreibungen, allgemeine Formeln, die angeben, wie der Mensch sich tatsächlich verhält. Die Naturgesetze zwingen aber den Menschen und seinen Willen nicht, sich in einer bestimmten Weise zu entscheiden; es wäre sinnlos, das zu sagen. Sie sind nur Formeln, die beschreiben, wie der Wille sich tatsächlich auswirkt. Der Begriff des Zwanges kommt da nicht vor, ›Notwendigkeit‹ hat hier nur den Sinn der allgemeinen Gültigkeit. Man kann auch von der Natur nicht sagen, daß sie gegen die Naturgesetze verstößt, wie man vom Menschen sagen kann, daß er gegen die Gesetze des Staates verstößt. Solange wir uns auf seiten der Naturgesetze befinden, wird nur das Verhalten beschrieben, und nur wenn wir von »Gesetzen« in der Bedeutung sprechen, daß sie gewisse Vorschriften sind, die vom Staate oder einem anderen Gesetzgeber eingeführt sind, hat es einen Sinn, den Gegensatz Zwang/Freiheit aufzustellen.

»Der Mensch ist gezwungen«, ist die Verneinung des Satzes »Der Mensch ist frei«. – Es werden erst die Naturgesetze mit Staatsgesetzen verwechselt und dann der Zwang mit Naturnotwendigkeit, also Allgemeinheit; weiter wird dann verwechselt die Freiheit als Gegensatz zum Zwang mit dem Gegensatz zur Naturnotwendigkeit, also dem Fehlen von Gesetzen.

Mit der Redeweise »Es bestehen Naturgesetze« ist gemeint, daß alles, was gesetzmäßig ist, zwangsläufig notwendig ist durch die Naturgesetze; d.h., daß das im jetzigen Augenblick Geschehende das im nächsten Augenblick Geschehende ›bestimmt‹, daß es also aus ihm folgt, dem Kausalprinzip unterliegt. Wenn man nun sagt, der menschliche Wille sei deshalb nicht »frei«, so ist das ein ganz anderer Begriff der Freiheit. Ein Willensgesetz ist ein Naturgesetz, zwingt also nicht, es beschreibt nur, was der Mensch wünscht. Die Philosophen haben nun herausgefühlt, daß der Mensch nur dann frei ist, wenn er nicht den Naturgesetzen unterworfen ist; macht man sich aber klar, daß das nur heißt, daß sein Wünschen durch keine Formeln beschrieben werden kann, so sieht man das Unsinnige dieses Ausspruchs ein. Es ist sinnlos zu sagen, daß die Natur, hier also der menschliche Wille, nicht den Naturgesetzen gehorcht, denn wenn sie es nicht tut, so liegt eben kein Naturgesetz vor. Ein Naturgesetz beschreibt, wie die Natur wirklich ist und wie sie sich verhält. Wenn der Philosoph das Ausgenommensein des menschlichen Willens von Naturgesetzen »frei« nennen will, so müßte er sagen, warum er es tun will; der wirkliche Grund war eine Verwechslung. Es leuchtet auch gar nicht ein, warum man verlangt, daß der Wille dem Kausalprinzip nicht unterworfen sein soll; denn es ist unwesentlich oder eher noch unerwünscht, daß es so wäre. Man muß genau überlegen, was es heißen würde, wenn der menschliche Wille von Kausalität frei, also besser gesagt, akausal wäre. Um das genau auszudrücken, müßte man erst sagen, was »kausal« in bezug auf den menschlichen Willen heißt. Dazu müssen wir feststellen, was Kausalität oder Akausalität mit Verantwortlichkeit zu tun hat. Einen Menschen verantwortlich machen heißt, ihn an einem gewissen Punkte angreifen, wo Beeinflussung einsetzen muß, um ihn zu hindern, dieselbe Handlung wieder zu begehen, die er früher absichtlich, also mit seinem Willen getan hat. Wenn der Mensch schlechte Handlungen unter Zwang getan hat, dann braucht man später nicht auf ihn einzuwirken, d. h. man zieht ihn nicht zur Verantwortung. Den Menschen zur Verantwortung ziehen oder nicht zur Verantwortung ziehen heißt also, ihn als Gegenstand nehmen, auf den man einwirken kann, um bestimmte Handlungen zu verhindern oder hervorzurufen. Die Verantwortung ist die Voraussetzung für die moralischen Regeln. Wenn der Mensch nun in irgendeinem Augenblick vollkommen ursachenlos handeln, z. B. nur aus seinem ›Willen‹ jemanden ohne sonstigen Grund erwürgen würde, so wäre das ein Beispiel für den sogenannten metaphysischen Willen, das Handeln ohne Kausalität.

Man würde dann eben sagen, daß dieser Mensch wahnsinnig ist. Wäre das aber oft oder immer der Fall, dann müßte man sagen, daß das menschliche Handeln nicht dem Kausalprinzip unterliegt. Wir haben einen gewissen Begriff von den Formeln, nach denen sich die Wünsche und Handlungen der Menschen abspielen. Würde aber der Wille des Menschen nicht dem Kausalprinzip unterliegen, so müßte man einen solchen Menschen auch von jeder Verantwortung freisprechen. Verantwortlich ist nur ein Mensch, den man beeinflussen kann. Das Reden solchen Menschen gegenüber würde ja nichts nützen, da sie doch wieder ganz ohne Grund handeln müßten. Hier kann nicht von einem höheren Grade der Freiheit die Rede sein. Es ist sogar so, daß der erstere Begriff der Freiheit (als Gegensatz von Zwang) gar keine Anwendung finden kann, wenn nicht schon Kausalität vorausgesetzt ist. Denn Freiheit heißt ja Abwesenheit von Zwang, und Zwang setzt voraus, daß der Mensch gewisse Wünsche, die sich durch Formeln beschreiben lassen, und außerdem noch die Eigenschaft hat, sich durch Drohungen, Fesseln etc. vom Handeln diesen Wünschen gemäß abhalten zu lassen. Der Begriff der Freiheit im Sinne des Nichtunterworfenseins unter die Kausalität widerspricht also sogar dem Begriffe der Moral und der moralischen Freiheit. Wir haben schon vorher erwähnt, daß die Kausalität jedenfalls eine sehr weitreichende ist, und eben deswegen haben die Menschen ihre moralische Freiheit. Das Reden von Freiheit setzt gerade das Bestehen von Kausalität voraus.

16. Form und Stoff

In diesem Kapitel soll uns die Überlegung der Einwände, die man gegen das in Kapitel 14 über Sinn und Verifikation Gesagte machen könnte, zu sehr wichtigen Gesichtspunkten führen.
Wir hatten uns klar gemacht, daß ein Satz nur dann eine Aussage darstellt, wenn wir prinzipiell imstande sind, einen Weg anzugeben, auf dem die Wahrheit oder Falschheit des Satzes geprüft werden kann. Die Sätze, welche diese Methode beschreiben, müssen ihrerseits wieder sinnvolle Sätze sein und ganz bestimmte Vorschriften beinhalten. Es sind damit nicht allgemein-nebelhafte Vorschriften von der Art »Versenke Dich in Dich selbst« und ähnliche gemeint; das würde nicht genügen, wäre keine Verifikationsmethode. – Es gibt nun in der Philosophie eine ganze Reihe von Sätzen, von denen es heißt, daß sie einen Sinn haben, wenn es auch nicht möglich sei, sie in der gewünschten Weise zu verifizieren. Im täglichen Leben kommt das nie vor; da merkt man gleich, wenn man etwas sagt, das man nicht verantworten kann.
Wir gehen von der Frage aus, ob es einen Sinn hat zu sagen, daß zwei Personen das gleiche Erlebnis haben. Man hat z. B. grünes Papier vor sich und fragt nach der Farbe dieses Papiers. Antwort: »Das ist grün«. Darauf die andere Person: »Ja, ich sehe es auch grün, also sehen wir beide dieselbe Farbe«. Diese Aussage scheint nun den Sinn zu haben, daß die zweite Person das Papier ebenso sieht wie die erste, weil sie die Farbe auch »grün« nennt und man überzeugt ist, daß diese Person nicht farbenblind ist, was eben aus der gleichen Benennung der Farbe hervorgeht. Man hat hier eine Feststellung. Ist das aber auch eine Verifikation in unserem früheren Sinne? Bei solchen Untersuchungen über Farbenblindheit erhalten wir Auskünfte, und diese haben zweifellos einen Sinn, bedeuten etwas, denn sie können wahr oder falsch sein. – Es gibt aber auch einen Sinn, in dem man nicht sagen kann, daß es *feststellbar* ist, was die andere Person sieht. Sie könnte z. B. immer dort Rot sehen, wo andere Grün sehen; die Folge davon wäre, daß sie das Erlebnis, das ich als rot bezeichnet hätte, als grün bezeichnet, weil sie es von anderen so gehört, in ihrer Kindheit so erlernt hat. Aus diesem Beispiel sehen wir, daß, wenn die Versuchsperson auch mit »grün« antwortet, noch nicht daraus

folgt, daß sie ›das gleiche‹ sieht wie ich; es ist unmöglich festzustellen, ob der andere ›dasselbe‹ erlebt wie ich, wenn Licht von derselben Wellenlänge in sein Auge fällt. Die Bedeutung des Wortes »grün« scheint daher gar nicht festgelegt zu sein. – Andrerseits aber müßte man auch in diesem Falle sagen, daß derselbe Sinn vorliegt, wenn beide ihren Farbeindruck mit »grün« bezeichnen, denn die Angabe der Bedeutung der Worte besteht doch allein in der Angabe des Weges ihrer Verifikation.
Man könnte auch noch sozusagen indirekt feststellen, ob der andere etwas Verschiedenes sieht als ich. Wenn man z. B. weiter fragt, welchen anderen Farben die erste Farbe ähnlich ist, dann könnten sich Verschiedenheiten in den Aussagen ergeben. Wir wollen nun einmal annehmen, daß bei dieser Prüfung der Verwandtschaft der Farben kein Unterschied herauskäme. Dann wird man bei diesem Menschen festgestellt haben, daß er so sieht wie ich, nicht farbenblind ist, d. h. er fällt über alle Farbenkombinationen die gleichen Urteile wie ich, oder seine Reaktionen sind die gleichen. Man nimmt dann also an, daß der andere die Farben nicht bloß so nennt, sondern auch dasselbe sieht. Hier scheinen wir aber zwischen zwei verschiedenen »sehen« unterscheiden zu müssen. Einmal gibt es einen Tatbestand, den wir wirklich feststellen können und in dem Satz ausdrücken: »Er ist nicht farbenblind, hat dasselbe Farbunterscheidungsvermögen wie ich«. Das ist etwas Feststellbares, man kann es prüfen, dieser Satz ist also sinnvoll. Wenn wir dann aber einen weiteren Schritt darüber hinaus machen, so kommt man zu einer Hypothese, die der Naturforscher und Philosoph immer macht, daß nämlich der andere grün *ebenso* sieht wie ich und nicht nur dieselben Reaktionen zeigt, daß nicht nur die Verhältnisse seiner Farberlebnisse den Verhältnissen meiner Farberlebnisse entsprechen, daß also nicht nur die Form, sondern auch der Stoff derselbe ist.
Was beide Versuchspersonen angeben, bezieht sich aber immer nur auf gewisse Ordnungen, wie Farbeindruck, Sättigungseindruck etc., es sind Strukturaussagen. (Man kann alle Farben auf den bekannten Doppelkegel auftragen, wie man in der Psychologie die Farben gewöhnlich darstellt, geordnet nach Farbton, Sättigungsgrad und Helligkeit. Der Kegel ist ein räumliches Bild für die formalen Verwandtschaftsbeziehungen zwischen den Farben. Jede Farbe wird durch einen Ort im Raume dargestellt. Man kann dann die Aussagen über die Farben direkt ›herauspräparie-

ren‹.) Das, was wir durch Befragen feststellen können, ist, daß die Reaktionen der Versuchspersonen ein gewisses System bilden, und das ist das System, in das man die Farben einordnet. Die Fragen können sich nur auf Einteilung in dieses System beziehen und damit auf bestimmte Verhältnisse zwischen den einzelnen Farberlebnissen hindeuten. Die Beziehungen zwischen den einzelnen Farberlebnissen nennen wir die Form dieses Farbsystems. Eine dieser Beziehungen ist z. B., daß Orange zwischen Rot und Gelb liegt. Dieses System hat also eine gewisse Konstitution, bestimmte Dimensionen (Farbtöne, Helligkeit etc.). Den Ausdrucksweisen der beiden Versuchspersonen ist also die Form gemeinsam, und das Gemeinsame nennen wir nun die formale Struktur der Aussagen. Dabei kommt es gar nicht auf den Stoff der Aussagen an. Wenn jemand also sagt, daß ein Mensch nicht farbenblind ist, so hat man etwas über die Struktur seiner Farberlebnisse oder -aussagen angegeben. Das aber, was das Wesen der Farbe ausmacht, was der Mensch wirklich sieht, der Inhalt, der Stoff, scheint immer jenseits unserer Erkenntnis liegen zu müssen.

Wir können also zunächst sagen: Wenn wir in unserer Sprache von irgendwelchen Qualitäten reden, z. B. von Sinnesqualitäten, Gefühlen, also sozusagen von dem, was wir »psychologische Erscheinungen« nennen, läuft alles, was wir feststellen können, darauf hinaus, daß sich diese Qualitäten in ein bestimmtes System einordnen. Irgend etwas anderes, als was dieses System betrifft, können wir überhaupt nicht aussagen. Es scheint nur so, daß es außerdem noch Sätze gibt, die von Qualitäten handeln, ohne daß sie die Beziehungen dieses Systems betreffen, ohne daß sie prüfbar sind; man kann ja auf keine Weise feststellen, ob solche Sätze richtig oder falsch sind. Man könnte z. B. auch fragen, ob das, was eine bestimmte Person in das System einordnet, auch *dieselben* Dinge sind. Es könnte das, was sie als Farbe in der erlernten Sprechweise bezeichnet, ja auch als Ton wahrgenommen werden; also mit den Augen Töne, mit den Ohren Farben. Man würde das nie merken, vorausgesetzt, daß ihr Farbsystem die Struktur meines Tonsystems hätte und umgekehrt. Die Prüfung kann sich eben immer nur auf die Struktur beziehen. Der Stoff der Tatsachen ist nicht auszudrücken.

Wir stellen die Strukturgleichheit der Systeme fest, also formale Beziehungen. Es scheint aber noch darüber hinaus die Hypothese zu bestehen, daß die Dinge, die da eingeordnet werden, dieselben *sind*; ja man hat sogar gesagt, daß wir diese Hypothese deshalb machen, um zu erklären, daß die Reaktionen ebenso verlaufen wie die Reaktionen anderer normaler Personen. Es wird also unterschieden zwischen dem, was wir feststellen können, und dem, was wir noch hinzudenken können. Wir haben aber gesagt, daß wir einem Satz nur dann Sinn zusprechen können, wenn die Möglichkeit besteht, seine Wahrheit oder Falschheit festzustellen. Und diejenigen, die behaupten, daß ein Satz wie »Sieht ein anderer wirklich dieselbe Farbe wie ich?« noch einen anderen Sinn hat als den, daß er fragt, ob der andere dieselbe Struktur des Farbsystems habe, bemühen sich auch, noch einen anderen Sinn nachzuweisen. Man meint nämlich, wenn die eine Person an Stelle der anderen tritt, also das Bewußtsein austauschen könnte, dann würde sie auch sagen, daß sie dieselbe Farbe sieht. Darauf müssen wir antworten, daß sich das vielleicht ganz gut anhört, aber die Unmöglichkeit des Austausches der Erlebnisqualitäten ist nicht nur eine praktische, sondern eine prinzipielle. Denn man kann keinen Weg angeben, den man beschreiten müßte, um das durchzuführen; es ist undenkbar. Man hat zwar mehrmals solche Spekulationen angestellt wie, das Nervensystem der beiden Personen in Verbindung zu bringen, z. B. die optischen Nerven – aber das Resultat einer solchen Untersuchung, wenn es auch interessant wäre, würde für unsere Frage nichts bedeuten, da man doch weiter mit den eigenen Augen sehen würde; es wäre weiter die eigene Bewußtseinsqualität. Man nennt ja auch verschiedene Personen deshalb verschieden, weil sie ihre Bewußtseinsqualitäten nicht vergleichen können. Andernfalls wäre es ja dieselbe Person. Es ist also logisch unmöglich, die Bewußtseinsqualitäten zweier Personen zu vergleichen. Wenn wir von zwei Personen sprechen, so ist schon die Unvergleichbarkeit ihrer Bewußtseinsqualitäten mitgesagt. Es liegt dies in der Ableitung des Gebrauches von »ich« und »du«, ist also eine logisch prinzipielle Angelegenheit und nicht vielleicht nur zufällig für unsere menschliche Kraft nicht angänglich, Bewußtseinsqualitäten zu vertauschen. Wenn man also zwei Personen verschmilzt, so sind es nicht mehr zwei, sondern *ein* Bewußtsein. Sind es aber zwei, so sind sie deswegen eben verschieden.

Wir können also nur feststellen, daß ein Mitmensch ein Wesen ist, das auf bestimmte Dinge in bestimmter Weise reagiert. Daneben aber kann man nur die Hypothese machen, daß dieser Mensch ein Bewußtsein hat. Descartes hat z. B. bezüglich der Tiere die Annahme gemacht, daß sie kein Bewußtsein haben und bei ihnen alles nur automatisch geschehe. Es handelt sich hierbei um Fragen, die wir prinzipiell nicht prüfen können. Dennoch werden aber in der Philosophie Fragen wie »Hat der Mensch ein Bewußtsein oder nicht?«, »Sieht er wirklich Rot, wenn er es sagt?« als sinnvolle Fragen zugelassen. Wenn wir konsequent sein wollen, so müssen wir sagen, daß solche, manchmal sehr schwer zu untersuchenden Fragen doch keinen Sinn haben, weil sie sich nicht verifizieren lassen. Bei Entscheidung darüber, ob ein Satz sinnvoll ist oder nicht, handelt es sich darum, was in der Welt prüfbar anders wäre, wenn der Satz wahr oder wenn er falsch ist. Was aber wäre prüfbar anders, wenn der Mensch ein oder kein Bewußtsein hätte, wenn er doch in beiden Fällen gleich reagiert? Nichts! Man würde also nicht feststellen können, ob der Mensch ein Bewußtsein hat oder nicht, und daher muß man einen solchen Satz als sinnlos erklären. Das Wort »Bewußtsein« ist das schwierigste und am meisten mißbrauchte Wort in der Philosophie. Es ist sehr schwer, sich bei solchen Worten von den Fesseln der Sprache zu befreien und klar zu sehen.

Wir waren von dem Versuch ausgegangen, den Vergleich zweier Farben durch zwei Personen zurückzuführen auf den Vergleich zweier Farben durch eine Person, und haben gesehen, daß das nicht geglückt ist. Alles, was wir feststellen können, ist eine bestimmte Strukturgleichheit. Es ist sehr wichtig, im Hinblick auf alle metaphysischen Fragen hier klar zu sehen.

Wir wollen nun die Aussage, daß zwei Personen dasselbe Grün sehen oder denselben Ton hören, mit der Aussage vergleichen: »Ich sehe jetzt zwei Flecke derselben Farbe«. Man macht diese letztere Aussage, wenn man damit sagen will, daß man die beiden Farbflecke vertauschen könnte, ohne daß etwas Neues entsteht. Also scheint man dieser Feststellung den Sinn gegeben zu haben, daß nicht nur das System, sondern auch der Stoff der gleiche ist. Es hat wohl einen ganz bestimmten Sinn, wenn man selbst zwei Farben vergleicht und darüber Aussagen macht; ob sich aber dieser Sinn auf den Stoff bezieht und nicht auf die Struktur, ist die Frage. Es wird ja damit nichts anderes getan, als eine bestimmte Struktur meiner Erfahrung beschrieben. Nur dann ist der Satz sinnvoll, nur dann bildet er einen Tatbestand ab, wenn er die

Struktur dieses Tatbestandes wiedergibt. Ein Satz wird verifiziert, indem man die verschiedenen Experimente macht, die nötig sind, um einzusehen, ob dieser Satz wahr ist. Nun ist aber die Verifikationsmethode in den beiden angenommenen Fällen des Farbvergleichs verschieden. In dem Falle, wo eine Person selbst die Farben vergleicht, braucht man keine Experimente anzustellen, die Feststellung der Gleichheit ist eine direkte. Es handelt sich um einen Beobachtungssatz, dessen logische Struktur so ist, daß man das Verständnis seines Sinnes von dem Vergleich mit der Wirklichkeit nicht abtrennen kann. In dem Falle aber, wo zwei Personen die Farben vergleichen, stellt man die Gleichheit indirekt fest. Es ist nur eine Hypothese, daß die beiden Personen das gleiche sehen, eine Hypothese, die sich überhaupt nicht verifizieren läßt. Man zieht einen Schluß von der gleichen Benennung der Farben darauf, daß diese auch tatsächlich gleich *sind*, wenn man sie auch nicht tatsächlich vergleichen kann. Man kann also wohl sagen, was es bedeutet, wenn zwei verschiedene Personen *dieselbe* Farbe sehen; daß man dann aber geneigt ist, die Feststellung des »gleich« auf das andere »gleich« zurückzuführen, das bei direkter Beobachtung durch nur eine Person vorliegt, entspricht einer irrtümlichen Auffassung. Die Verifikationsmethode ist in beiden Fällen verschieden, also werden zwei verschiedene Tatbestände beschrieben, daher bedeutet die Aussage »Diese beiden Farben sind gleich« in beiden Fällen nicht dasselbe. Das liegt nur an dem verschiedenen Gebrauch des Wortes »gleich«; es bedeutet in den verschiedenen Fällen wohl etwas Analoges, aber nicht dasselbe. In der früheren Philosophie wurde gesagt, daß das Wort »gleich« selbstverständlich dasselbe bedeute, gleichgültig ob *zwei* Personen ›dasselbe‹ sehen oder *eine* Personen das von sich feststellt. Es wird als wahrscheinliche Hypothese eben angenommen. Wir aber sehen, daß es sich nicht so verhält. Was prinzipiell nicht festgestellt werden kann, ist eben keine Aussage; auch eine Hypothese hat nur dann Sinn, wenn man prinzipiell angeben kann, was in der Welt anders wäre, wenn sie wahr, was, wenn sie falsch wäre. Das Wort »gleich« kann in den beiden angeführten Fällen nicht dasselbe bedeuten. Die Definition des Wortes »gleich« in einem bestimmten Fall ist nichts anderes als eine Angabe der Methode des Vergleichens, und das gilt für alle Fälle. Ist die Methode des Vergleichens verschieden, so ist auch die Bedeutung des Wortes »gleich« in den Sätzen, in denen es vorkommt, verschieden. Die ganze Metaphysik aller Zeiten beruht darauf, daß man hier den Gebrauch der Worte unvorsichtig übertragen hat von einem Falle, wo er klar war, auf einen anderen Fall, in dem die Worte eine andere Bedeutung haben müssen.

Ein anderes Beispiel, wo es sich auch um zwei verschiedene Bedeutungen des Wortes »gleich« handelt, ist der berühmte Begriff der »Gleichzeitigkeit« aus der Relativitätstheorie. Wir alle wissen, was es bedeutet, wenn wir sagen, daß zwei Ereignisse am selben Orte gleichzeitig stattfinden; es geht dies aus dem Gebrauche des Wortes »gleichzeitig« eindeutig hervor. (Z. B.: Ich sehe ein Licht aufblitzen und höre gleichzeitig einen Knall.) Dieser Fall entspricht dem Beispiel mit den Farben, wenn man selbst sie vergleicht; man weiß, was gemeint ist, ohne weitere Erläuterung. Man hat aber früher nie gesehen, daß es eine gänzlich andere Bedeutung hat, wenn man von »gleichzeitig« an verschiedenen Orten spricht. Man muß da erst feststellen, was man mit diesem gleichzeitig an verschiedenen Orten überhaupt meint; man kann in diesem Falle nicht unmittelbar, sondern nur durch Experimente, also indirekt feststellen, was es bedeutet. Die Gleichzeitigkeit am selben Orte aber ist kein zusammengesetzter Begriff. Die Gleichzeitigkeit wird in beiden Fällen total anders verifiziert, und wer glaubt, daß es sich da um *dasselbe* handelt, kann die Relativitätstheorie nie verstehen. Der Begriff der Gleichzeitigkeit am selben Orte wurde von Einstein keiner Kritik unterzogen.

Wir können aber noch eine dritte Methode der Vergleichung von den zwei vorerwähnten unterscheiden. Wenn man z. B. urteilt: »Ich sehe jetzt dasselbe Grün, das ich gestern gesehen habe«, dann kann man den Unterschied zu dem Satze »Das Grün dieser beiden Flecke ist gleich« so formulieren, daß man sagt, im zweiten Falle liegt ein Beobachtungssatz vor, bei welchem es keinen Sinn hat, von einer Täuschung zu sprechen, weil dazu die logische Möglichkeit nicht gegeben ist. Man kann die Besinnung über den Sinn eben nicht trennen von der Feststellung der Wahrheit; im ersten Fall ist hingegen Täuschung möglich. Den Beobachtungssatz mit dem hinweisenden Worte »diese« kann man nur aussprechen, wenn man gleichzeitig Einblick in die Wirklichkeit nimmt. Es hätte auch keinen Sinn, in diesem Falle zu sagen: »Ich glaube, daß die beiden Farben gleich sind« (z. B. eine der Farben sähe nur deshalb gleich der anderen aus, weil sie stärker beleuchtet ist). Wenn sie im subjektiven Sinne gleich sind, ich sie gleich sehe, so sehe ich sie eben gleich. Im anderen Falle vergleicht man die Vorstellung der Farbe von gestern mit der Wahrnehmung der Farbe von heute. (Es können sich dabei verschiedene psychologische Prozesse abspielen, die uns aber hier nicht interessieren.) Um in diesem Falle die »Gleichheit« der Farben festzustellen, muß man Voraussetzungen empirischer Natur machen. Empirische Voraussetzungen aber können sich auch als falsch erweisen, denn die Natur muß sich ja nicht so verhalten, wie man glaubt. Man kann prinzipiell nicht feststellen, ob ein Objekt, das ich gestern gesehen habe, sich bis heute nicht verändert hat. Wir benützen alle möglichen physikalischen und chemischen Hilfsmittel, die letzten Mittel der Wissenschaft, um festzustellen, daß sich die Farbe nicht verändert hat. Wenn wir auf irgendeinem Wege ermitteln können, daß die Farbe chemisch dieselbe Wirkung hinterläßt wie die gestrige Farbe, so genügt das nicht. Man müßte nun Beobachtungen bezüglich möglicher Veränderungen auch in bezug auf den Beobachter, sein Nervensystem etc. machen. Um eine wirkliche Täuschung könnte es sich auch dann handeln, wenn z. B. ein anderer feststellt, daß die Farbe nicht dieselbe Beleuchtung hat wie gestern. Wenn wir aber prinzipiell nicht feststellen können, ob sich die Farbe nicht verändert hat, dann hätte es wohl keinen Sinn zu sagen, daß die Farbe gestern und heute dieselbe, »gleiche« war. Man sagt das aber oft, und es hat auch einen guten Sinn, nämlich den, den man prüfen kann; man kann ihn dadurch festsetzen, daß man eine Methode des Vergleichens angibt. Im täglichen Leben hat man diese angegeben; man sucht sich nämlich den Gegenstand von gestern zu verschaffen, schaut nach und stellt empirische Betrachtungen darüber an, ob sich nichts geändert haben könnte etc. Wenn man das macht, so ist es eine *Festsetzung*, wann man sagen will, daß die Farbe dieselbe ist; aber es liegt hier keine mysteriöse Aussage über den Stoff vor. Die Vergleichungsmethode besteht in diesem Fall darin, daß man auf einem Umwege Beziehungen für einen direkten Farbenvergleich herstellt, und wenn man an diese Verifikationsmethode denkt, dann hat die Aussage, daß die gestern und heute gesehenen Farben »gleich« sind, einen guten Sinn; man deckt damit Strukturbeziehungen auf. Unsere Aussage über die Gleichheit bildet also auch in diesem Falle gewisse Strukturen der Wirklichkeit ab.

Mit alledem hat man nicht ermittelt, wann die Farbe dieselbe *ist*.

Es ist also keine Ermittlung über eine Tatsache der Natur; es geht vielmehr darum, wann ich sie gleich nennen will. Es hat also keinen Sinn, etwa zu sagen: »Die äußeren Umstände waren dieselben; ist aber außerdem auch die Farbe dieselbe?« Wenn wir z. B. annehmen, daß außer uns niemand anderer die Farbe gesehen hat, bleibt uns nichts anderes als unser Gedächtnis. Man kann unter Umständen dennoch die Frage aufwerfen, ob das Grün, das man allein gesehen oder von dem man nur geträumt hat, *dasselbe* war. Was bedeutet dann eine solche Aussage? Wir haben es hier mit einem letzten Beobachtungsdatum zu tun, bei welchem es keinen Sinn hat, von Irrtum zu sprechen, bei welchem weitere Analysen nicht möglich sind; es ist eine endgültige Feststellung, die sich eben auf das Gedächtnis stützt. Auch wenn man annimmt, daß es eine komplizierte Methode geben könnte, um z. B. aus dem Zustand des Gehirns festzustellen, daß ich tatsächlich dieselbe Farbe gesehen habe, es bliebe jedenfalls Konvention, unter den und den Umständen von »gleich« zu sprechen. Bei der Erinnerung von Täuschung oder ›Schein‹ zu sprechen hat keinen Sinn, weil die Erinnerung mit nichts verglichen werden kann, das nicht ›Schein‹ wäre. Wenn die Erinnerung mir etwas sagt, so ist es eben so; die Methode des Vergleichens ist in diesem Falle – definitionsgemäß festgesetzt – eben das Gedächtnis, die Erinnerung. »Ich habe gesehen« heißt in diesem Fall »Ich erinnere mich, gesehen zu haben«. Wir sehen, daß hier eigentlich derselbe Fall vorliegt, wie wenn zwei verschiedene Personen vergleichen; es gibt keine endgültige Verifikation. Das Gedächtnis sagt mir, es war dasselbe, und es hat dann keinen Sinn mehr zu fragen, es gibt keinen Weg mehr festzustellen, ob es wirklich dasselbe war – meine Methode hat es ausgeschlossen. Fragen nach dem Inhalt oder, ob das Gedächtnis vielleicht in dem Sinn getäuscht habe, daß doch ein anderer Inhalt zugrunde liege, schweben im Leeren.

Was wir als letztes betrachten wollen, ist sozusagen immer unserem eigenen Belieben überlassen, und wo wir stehen bleiben und was wir daraus machen, das verändert eben die Bedeutung des Wortes »gleich«. Ein absolutes »gleich« – gleichsam für einen göttlichen Verstand – gibt es nicht; es gibt Gleichheit nur in bezug auf eine Methode des Vergleichens. Wo diese nicht vorliegt, gibt es keine Möglichkeit, von Gleichheit zu sprechen. Ebenso verhält es sich bei jedem anderen Worte unserer Sprache;

wir müssen eine Methode angeben können festzustellen, daß das Wort an seinem Platze ist.

Wir haben das Wort »gleich« betrachtet, weil es schien, daß es zweierlei Fragen gibt: erstens diejenigen, die sich auf den Stoff, auf das innere Wesen der Dinge, und zweitens diejenigen, die sich auf die Beziehungen zwischen den Dingen, auf ihre Form beziehen. Als Resultat unserer Betrachtungen hat sich nun ergeben, daß alle unsere Aussagen darin bestehen, daß sie die Struktur der Tatbestände wiedergeben und daß von dem Inhalt, dem Stoff unserer Erlebnisse, in diese Aussagen nichts eingeht. Ein Stoff, der diese Form hat und das Absolute wäre, existiert nicht. Die Eigenschaften sind eben die Struktur, die wir abbilden. Alle Aussagen spiegeln die Struktur wider, wir haben in ihnen nicht die Dinge selbst gegenwärtig; das ist Wesen und Sinn der Aussage, sie ist Abbild. Es ist kein Verzicht, wenn wir sagen, daß der Stoff das schlechthin Unausdrückbare ist, wir immer nur Strukturen abbilden können. Wir wollen nichts anderes, wollen nicht die Dinge selbst in uns hineinziehen, um sie auch so zu erleben, wie der andere sie erlebt. Wir fragen, wie es um die Gleichheit z. B. der beiden Farben steht, solange die Farbe die des anderen ist, und nicht, wenn sie nur meine ist; wir meinen ja, daß die Farbe von mir und von einem anderen gesehen wird. Daher ist die Intuition, das unmittelbare Erleben, etwas vom Erkennen ganz Verschiedenes. Die Erkenntnis wäre nicht vollkommener durch sie. Es verhält sich nicht so, daß unsere Erkenntniskraft nicht groß genug wäre, um über den Stoff selbst Aussagen zu machen. Nicht deshalb sind unsere Aussagen für die Wiedergabe der Form bestimmt, sondern weil sie eben ihren Zweck erfüllen, wenn sie dies tun und nichts anderes.

17. Mitteilbarkeit der Struktur

Wir haben gesehen, daß alle unsere Aussagen sich darauf beschränken, die Struktur der Tatsachen wiederzugeben, in denen der Inhalt oder Stoff vorkommt. Daraus, daß in diese Aussagen nichts von dem Stoff eingehen kann, schließen wir, daß es keinen Sinn hat, von einem solchen Stoff zu sprechen. Nur die Struktur der Tatsachen ist dasjenige, was mitgeteilt werden kann; darin liegt keine Unvollkommenheit, sondern es ist von vornherein das Wesen des Ausdrucks, den Stoff beiseite zu lassen. Es könnte sich nun die Frage erheben, ob das vom Stoff Gesagte nicht auch von der Struktur gilt, von der Form, in welcher die Erlebnisse da sind. Ob, wenn wir über den Stoff nicht sprechen können, wir eigentlich über gar nichts sprechen können? Es ist sehr wichtig, hier klar zu sehen, denn alles Positive, das wir über die Lösung der philosophischen Probleme zu sagen haben werden, beruht darauf. Schon diese Frage liegt von vornherein an einer Verkennung der bisher entwickelten Tatsachen. Die Art und Weise, wie sich für uns die Nichtmitteilbarkeit des Stoffes ergeben hat, war eine solche, daß sie nur für dieses, jenseits alles Sprechens gelegene Element gilt und sonst für nichts.

Wir gehen nochmals zu unserem Beispiel von der Beurteilung zweier Farben durch verschiedene Personen zurück. Wir können nicht feststellen, daß der andere dasselbe Grün sieht wie ich, aber wir können feststellen, daß er das gleiche sieht. Man kann nur sagen, daß die Beziehungen zwischen den Reaktionen von mir und dem anderen gleich sind; aber man kann nicht wissen, ob beide Personen denselben Stoff erleben. Hier handelt es sich eigentlich schon um eine Ausdrucksweise, die wir als nicht legitim zurückweisen müssen, denn von etwas prinzipiell nicht Feststellbarem hat es überhaupt keinen Sinn zu sprechen. In dieser Aussage wird eine bestimmte Struktur dargestellt, z. B. ausgesagt, daß eine Farbe heller als die andere sei. Dadurch ist eine Verschiedenheit angegeben. Man könnte nun fragen, ob das Erlebnis der Verschiedenheit nicht auch eine Qualität, ein Stoff im selben Sinne sei wie die Qualität der Farben. Könnte man trotz der gleichen Reaktionen, die vorliegen, nicht schließen, daß hier doch verschiedene Erlebnisse stattfinden? Wenn ich sage:

»Diese andere Person nennt das, was ich ›gleich‹ nenne, ›verschieden‹«, so würde das heißen, daß ich zwei Farben verschieden sehen kann, die andere Person *sieht* sie zwar gleich, *nennt* sie aber verschieden. Ist es in diesem Falle auch so, daß derselbe Ausdruck Verschiedenes bezeichnet, hier Gleichheit, dort Verschiedenheit, wie derselbe Ausdruck »grün« verschiedene Farberlebnisse zweier Personen bezeichnen kann? Das ist unmöglich, es würde sich zeigen müssen, denn Verschiedenheit und Gleichheit liegen in der Struktur, und wenn verschiedene Reaktionen eintreten, so liegt schon Verschiedenheit vor, hat die Sache schon die Eigenschaft der Verschiedenheit, ganz gleichgültig, ob eine andere Person dasselbe mit »gleich« bezeichnet. Das liegt daran, daß es sich bei »gleich« und »verschieden« um rein logische Festsetzungen handelt, die mit der Grammatik unserer Sprache zu tun haben.
Ein logischer Unterschied ist z. B. auch der Unterschied in der Anzahl, d. h. es ist ein Unterschied in den Festsetzungen. Um uns das klar zu machen, wollen wir untersuchen, ob es im selben Sinne unmöglich ist, den Stoff einer Farbe mitzuteilen wie die Bedeutung des Wortes »zwei«. Wenn jemand behauptet, ein Grün gesehen zu haben, so können wir doch nicht wissen, ob er dasselbe erlebt hat, wie wenn wir ein Grün sehen, ob er also nicht doch eine andere Farbe gesehen hat. Wir fragen uns nun, ob jemand mit »zwei« vielleicht auch etwas anderes meinen könnte als wir, wenn er berichtet, zwei Dinge gesehen zu haben. Ist es von vornherein unsinnig, das zu bezweifeln, oder hat eine solche Frage Sinn? Voraussetzung ist natürlich, daß man weiß, was mit dem Worte »zwei« gemeint ist, also die Zahlworte gelernt hat, wie man auch die Farbworte gelernt haben muß.
Man lehrt z. B. jemanden den Gebrauch der Zahlworte, indem man seine Aufmerksamkeit auf den eigentümlichen Tatbestand hinlenkt, daß da *zwei* Dinge vorhanden sind. Man könnte nun argumentieren, daß man nicht wissen könne, ob der andere dasselbe sieht, ob er nicht vielleicht alles doppelt sieht und dann also mit dem Worte »zwei« einen anderen Begriff verbindet. Wäre es denn wirklich ein anderer Begriff, den der andere dann vom Worte »zwei« – und also auch von allen übrigen Zahlworten – hätte? Würden für ihn die Regeln, die für die Zahlworte gelten, andere sein? Nein! Für ihn würden eben die Paare mit den Worten 1, 2, 3 usw. gemeint sein. Was der andere sieht, kann man

nicht feststellen, aber die Bedeutung der Zahl »zwei« würde dieselbe bleiben, denn die Regeln würden dieselben bleiben, und das allein ist das logische Wesen der Zahl »zwei«. Man kann sich daher auch vollkommen verständigen. Die Rechenregeln der Arithmetik bleiben dieselben, wie immer die Zahlen aussehen mögen. Wenn die Regeln erhalten bleiben, kommt es auf die Figur nicht an, mit der wir eine Zahl bezeichnen – »eins« oder »1« oder »11« oder anders –, das ist ein unwesentlicher Faktor. Am Wesen dessen, was man tut, wenn man mit Zahlen rechnet, würde sich nichts ändern, nur die Zahlzeichen selbst. Wenn wir von Zahlen sprechen, haben wir schon von vornherein das Logische, Mitteilbare, herausgehoben, und es ist nichts da außer den Rechenregeln. Etwas Analoges läßt sich für die Farben nicht sagen; man kann nicht im selben Sinne sagen: »Er sieht Rot, wenn wir Grün sehen«, wie: »Er sieht doppelt, wenn wir einfach sehen«. Wir können im selben Sinne auch von »Rot« und »Grün« sprechen und das gleiche meinen, wenn nur die Regeln für den Gebrauch der Farbworte erhalten bleiben. In dem früheren Vergleich glaubten wir, es sei noch etwas anderes da, was »Rot« von »Grün« unterscheide, der sogenannte Stoff oder Inhalt. Bei den Zahlen liegt die Sache insofern anders, als wir bei einer Zahl von vornherein nicht in Versuchung kommen zu meinen, es könnte etwas anderes dahinterstecken als die Regeln, nach denen wir die Zahlworte verwenden. Eine Zahl ist weiter nichts als ein Zeichen, das nach bestimmten Regeln verwendet wird. Daher läßt sich auch sehen, wie völlig verkehrt die sogenannte empiristische Theorie der Zahlen ist. Diese Theorie betrachtet die Zahlenregeln als Naturgesetze, welche man aus der Verwendung der Zahlen abgelesen hat. Demnach wäre z. B. der Satz »$2 \times 2 = 4$« der Ausdruck für die Erfahrungsregel, daß man 4 Objekte so $\begin{smallmatrix}\circ\circ\\\circ\circ\end{smallmatrix}$ oder auch so ○○○○ anordnen kann. Wenn man nun aber annähme, daß bei Anordnung von vier solchen Objekten immer ein fünftes entstehen würde? Diejenigen, die den Empirismus falsch ausgelegt haben, antworten darauf: »Dann würden wir sagen, $2 \times 2 = 5$«. Das würden wir aber selbstverständlich nicht sagen, sondern daß, wenn wir vier Gegenstände ordnen, ein fünfter entsteht, aber »$2 \times 2 = 4$« bleibt wahr.

Die Regeln, welche für das Zählen, das Rechnen gelten, haben nichts mit der Ordnung der Dinge in der Wirklichkeit zu tun; sie sind bloße Mittel zur Beschreibung. Die arithmetischen Regeln sind Regeln für die Bezeichnung, welche mit der Zusammenstellung irgendwelcher Erlebnisse nichts zu tun haben; sie haben den Charakter der reinen Form, der logischen Struktur. Am Beispiel der Zahl kann man sich am besten klarmachen, daß die Struktur mitteilbar ist, weil sie die Veränderungen der Wirklichkeit abbildet; der Stoff ist nicht mitteilbar, man kann von ihm überhaupt nicht sprechen. Darum hat es keinen Sinn, weiter zu fragen, wenn ein Mensch die Zahlregeln einmal gelernt hat, ob er damit vielleicht etwas anderes meint. Das bloße Zählen läßt die Gegenstände vollkommen unverändert, sagt gar nichts über ihre Natur aus. Unsere Zahlen sind eigentlich nur als Abkürzung gewisser anderer Zeichen eingeführt. Bei den arabischen Ziffern wird gleich abgekürzt, bei den römischen erst von IV an; daher muß man ihren Gebrauch erst erlernen. Bei einem sozusagen monistischen Zahlensystem I II III IIII IIIII IIIIII handelt es sich natürlich auch um Zeichen, nur könnte man sagen, daß man die Zahlzeichen noch nicht eingeführt hat, sondern immer die logische Form selbst hinschreibt.

Beispiel eines anderen Zweiges, wo man es nur mit logischen Formen zu tun hat, sich nur in der Sphäre der logischen Struktur bewegt, ist die Geometrie der reinen Mathematik. Die Strukturen sind immer etwas Selbstgeschaffenes, sie entstehen erst, wenn wir für die Dinge, die wir betrachten, Zeichen eingeführt haben. Der ›Stoff‹, von dem die Geometrie handelt, ist das, was wir den *Raum* nennen. Was ist nun der Raum oder, besser gesagt, was sind die räumlichen Verhältnisse? Wir müssen lernen, hier verschiedene mögliche Antworten zu sehen. Es handelt sich dabei um diejenigen Verhältnisse, die wir mit dem Auge im Gesichtsfeld oder mit dem Tastsinn im Tastfeld wahrnehmen. Diese Wahrnehmungen einer ausgedehnten Mannigfaltigkeit, die eigentümlichen Erlebnisse des Nebeneinander oder der Ausgedehntheit, der räumlichen Erstreckung, sind beim Gesichts- und beim Tastsinn etwas ganz Verschiedenes, völlig unvergleichbar! Man sagt, daß das Räumliche auf gewisse Erfahrungen zurückgeht. Man sieht eben im Gesichtsfeld die Dinge nebeneinander und hintereinander, und diese besondere Ordnung nennt man dann eine »räumliche«; das ist also nur ein Wort, das man für eine Ordnung eingeführt hat, die man im Gesichtsfeld hat. Außerdem aber pflegt man auch zu sagen, daß man die räumlichen Verhältnisse auch mit dem Tastsinn wahrnimmt, daher kann man als

»räumliche« Verhältnisse auch die eigentümlichen Beziehungen verstehen, die zwischen den Tastempfindungen walten, also Verhältnisse der Ordnung der Tastempfindungen. Es gibt also im Gesichts- und Tastfeld bestimmte Ordnungen, für die wir den Namen »räumlich« eingeführt haben, und nun wurde für gewöhnlich immer gesagt, daß man durch Gesichts- und Tastsinn dieselben räumlichen Verhältnisse wahrnimmt, dieselben Verhältnisse feststellt. Das sagt z. B. auch Locke und schließt daraus, daß die räumlichen Verhältnisse den Dingen selbst zukommen, wie sie unabhängig von unserer Erfahrung sind; denn sonst könnte man mit zwei verschiedenen Sinnen nicht dasselbe wahrnehmen. Auch Kant spricht gleichermaßen von »dem Raum«. Die frühere Philosophie hat nicht gesehen, daß hier ganz Verschiedenes vorliegt. Sind denn die beiden Erlebnisse miteinander vergleichbar, so daß man sagen kann, daß man in beiden Fällen dasselbe feststellt? Es ist doch vielmehr so, daß beide nur dadurch in Verbindung gebracht werden, daß sie erfahrungsgemäß miteinander auftreten, daß man lernt, welche Gesichts- und Tasterfahrungen sich immer entsprechen. Der Blindgeborene muß hingegen lernen, wie die räumlichen Konturen, die er so oft getastet hat, aussehen. Die Koordination zwischen räumlichen Tast- und Gesichtsverhältnissen muß also erst durch die Erfahrung gestiftet werden. Es sind verschiedene Erlebnisse, ein verschiedener ›Stoff‹; ja noch mehr, es liegt hier nicht nur Verschiedenheit der Sinnesqualität, sondern auch Verschiedenheit der Modalität der Sinnesempfindung vor. Die Entsprechung bedeutet, daß auf den beiden Gebieten des Gesichts- und Tastraumes dieselbe Ordnung herrscht, die dadurch entsteht, daß wir gewissen Erlebnissen Zeichen zuordnen und dann finden, daß diese Zeichen sich in derselben Weise ordnen, wenn wir mit ihrer Hilfe die Erfahrung beschreiben. Es entsprechen sich dann gewisse Reihenordnungen – dargestellt durch die analytische Geometrie – z. B. in der Weise, daß soundsoviele ausgezeichnete Erlebnisse zusammenfallen, wenn wir mit dem Finger über Kerben im Holz fahren. Es entspricht sich eine gewisse Ordnung der Aufeinanderfolge. Diese Strukturordnung ist von dem Inhalt dessen, was wir erleben, ganz unabhängig. Wir pflegen diese Entsprechung der beiden Ordnungen so auszudrücken, daß wir sagen, wir nähmen »denselben Raum« wahr. Das besagt nur, daß eine logische Ordnung zwischen Gesichts- und Tasterlebnissen vorhanden ist, es muß aber nichts Gemeinsames vorhanden sein, nichts Wirkliches, was dem entspricht. Würden unsere Tast- und Gesichtserlebnisse nicht zusammenfallen, so würde man mit vollem Recht behaupten können, daß der Mensch in verschiedenen Räumen lebt, sich sein Wesen zwischen verschiedenen Räumen teilt, die miteinander nichts gemeinsam haben. Die Erlebnisse würden dann gänzlich auseinanderfallen. Diese Betrachtungen sind auch sehr instruktiv für alles, was das psycho-physische Problem betrifft, was mit dem »Ich« gemeint ist.

Die Regeln, welche die Struktur betreffen, sind nicht empirische, sondern willkürliche Einführungen. Man kann erst dann etwas zählen, wenn man festgesetzt hat, was man als Einheit betrachten will, und das ist natürlich willkürlich. Man kann Strukturen so gestalten, daß immer eine Entsprechung stattfinden kann; man kann das, was man mit dem Gesichtssinn gesehen hat, dem Tastsinn mitteilen. Wie immer auch Sinnesempfindungen, die jemand hat, beschaffen sein mögen, wenn es nur eine Möglichkeit gibt, solche Ordnungen herzustellen, die sich auf zwei Gebieten entsprechen, ist die Mitteilbarkeit vorhanden; z. B. also dann, wenn man die Zahl solcher Sinneseindrücke übereinstimmend machen kann.

Wir könnten uns z. B. denken, daß wir Mittel hätten, den Marsbewohnern Mitteilungen zu senden, auch ohne daß wir wüßten, wie deren Sinnesempfindungen überhaupt beschaffen sind – wenn nur irgend etwas von hier Gesendetes auf sie irgendeinen Eindruck macht, gleichgültig welchen. Wenn die Wahrnehmungen dort auch ganz anderer Natur wären, so würde doch etwas, das hier als Einheit gesendet wird, dort auch als Einheit aufgefaßt werden. Wenn sich diese Signale gleichmäßig wiederholen, würden die Entsprechungen zwischen den einzelnen Signalen jedenfalls immer dieselben bleiben. Die Strukturentsprechung wäre keinesfalls gestört, gleichviel wie die Sinnesempfindungen beschaffen wären. Die Verständigung wäre nur schwierig, aber nicht unmöglich. Die Struktur ist ihrem Wesen nach etwas Mitteilbares. In astronomischen Kreisen wurde davon gesprochen, eine Zeichensendung geometrischer Figuren zu versuchen. Auch da würde es sich um Übertragung von Strukturen handeln.

Daß jede Art von Mitteilung immer eine Mitteilung von Strukturen ist und niemals etwas anderes, ersieht man auch aus dem Beispiel, wenn man sich selbst etwas mitteilt, eine Aufzeichnung macht, Zeichnungen entwirft etc., um sich frühere Erlebnisse später zurückzurufen. Sieht man seine Aufzeichnungen dann später an, so hat es keinen Sinn, davon zu sprechen, daß die Farbe, die man aufgezeichnet hat, um sie sich zu merken, *dieselbe* ist. Man kann auch hier wieder nur Aussagen machen, die sich auf die Form beziehen, das Verhältnis der Struktur betreffen.

Insofern die Geometrie reine Mathematik ist, beschäftigt sie sich nicht mit Gesichts- und Tastempfindungen, sondern will die räumlichen Verhältnisse, ›den Raum‹ darstellen, und ihre Zeichen und Zeichnungen sind dann nichts anderes als reine Strukturen; sie sollen nichts Sichtbares und Tastbares darstellen. Der reine Mathematiker interessiert sich nur für die logischen Beziehungen, die zwischen ihnen bestehen und die er selbst festgelegt hat; diese Festsetzungen sind die Axiome. Daher ist der Raum der Geometrie als reine Mathematik ein reiner Strukturraum. Er ist gewöhnlich so eingerichtet, daß er Gesichts- und Tastraum beschreibt; man kann aber auch Geometrien konstruieren, die das nicht leisten können, die nicht auf die Wirklichkeit anzuwenden sind. Die rein mathematische Geometrie unterscheidet sich also von der physikalischen, psychischen, technischen Geometrie dadurch, daß sie nur reine Formen betrachtet. In der analytischen Geometrie ist z. B. der Punkt nichts weiter als ein Zahlentripel, wie <8, 7, 16>, und die Geometrie untersucht dessen Beziehungen. Es ist das große Verdienst des Descartes, die geometrischen Beziehungen in die Arithmetik überführt zu haben. Beim Ausdruck der Struktur haben wir es also mit etwas völlig anderem zu tun als bei dem, was wir früher den Stoff oder Inhalt genannt haben.

Man könnte jemanden eine Sprache lehren, ohne daß der Betreffende etwas davon versteht, wenn man irgendwelche Zeichen gibt und dabei auf etwas hinweist. Der andere wird sich willkürlich Regeln bilden, die aber jedenfalls den meinen entsprechen und so wird immer ein Sinn transportiert; es wird eine gewisse Struktur mitgeteilt, wenn vielleicht auch nicht gleich diejenige, die man mitteilen will.

Die Struktur eines Tatbestandes ist nicht etwas, das dem Tatbestand als solchem, von selbst, zukommt. Erst dann, wenn man den Tatbestand in gewisser Weise gliedert, schon Heraushebungen getroffen hat, bekommt er eine der vielen Strukturen, die bei einem Tatbestand möglich sind.

Die Struktur eines Ausdrucks ist nicht die des Satzes allein. Man muß nicht nur die Art und Weise ablesen, in der die Worte zusammengestellt sind, sondern auch auf die Bedeutung der Worte zurückgehen. Es gehören zur Struktur des Ausdrucks also auch alle Anwendungsregeln für die Worte, die man kennen muß. Dadurch wird die Struktur eines Ausdrucks ein sehr kompliziertes Gebilde.

Der Unterschied zwischen Inhalt und Norm, den wir eben gemacht haben, ist nahe verwandt mit dem Unterschied zwischen intuitiver und diskursiver Erkenntnis. Wir haben gesagt, daß alle Erkenntnis diskursiv sein muß und nicht intuitiv im Sinne der Phänomenologie oder Bergsons sein darf, denn sonst würde sie nicht den Zweck erfüllen, eine Ordnung in der Welt herzustellen. Bei einem Ausdruck wird etwas transportiert, eben das Mitzuteilende. Wir müssen dabei zwei Möglichkeiten unterscheiden. Man versteht unter Transport *meist* Ortswechsel in der Zeit, während der Gegenstand derselbe bleibt. In dieser Weise kann man, um eine Mitteilung zu transportieren, einen Brief nehmen und ihn einem anderen überbringen. Man kann die Mitteilung, die in dem Brief steht, aber noch auf eine *andere Weise* übermitteln, z. B. durch den Telegraphen. Da wird die sinnvolle Form der Mitteilung entnommen und langt in einer ganz anderen Form an. Trotzdem wird diesen verschiedenen Formen dieselbe Mitteilung entnommen. Man kann also den Gegenstand selbst verschicken oder die Mitteilung in ein anderes Material übersetzen; ihre Form bleibt dieselbe. Es wird in diesem Falle also dieselbe Form, Struktur, nacheinander verschiedenem Material aufgeprägt – Gedanken, Schriftzeichen, Bewegungen des Beamten, des Schreibhebels etc. Der Unterschied zwischen Struktur und Inhalt scheint nach unseren Überlegungen nun darauf hinauszukommen, daß, wenn man den Inhalt transportieren wollte, man diesen Inhalt selbst transportieren müßte, was natürlich ausgeschlossen ist. So etwas wie einen Transport im echten Sinne, nämlich Transport eines Gegenstandes, der dabei mit sich selbst identisch bleibt, gibt es nicht.

Es ist gewiß ein Unterschied, ob man einen Brief selbst sendet oder die in ihm enthaltene Mitteilung telegraphisch weitergibt; im Grunde genommen aber ist der Unterschied zwischen diesen beiden Arten des Transportes nicht prinzipiell, sondern nur graduell. Eine Einsicht der modernsten Naturwissenschaften besagt: »*Auch in der Naturwissenschaft gibt es keine Substanzen*« (Substanz wird dabei im alten Sinne verstanden als etwas, das mit sich selbst identisch bleibt). Es kann wohl etwas »gleich« sein im Sinne der Gleichheit in bezug auf eine Methode des Vergleichens, aber von »identisch« mit demselben Zustand zu sprechen, hat keinen Sinn, wenn man dieses Wort auf dasselbe Ding in einem anderen Augenblick anwendet. In diesem Sinne ist es natürlich unmöglich, ein mit sich selbst identisches Ding zu transportieren. Die moderne Naturwissenschaft lehrt, daß bei Fortbewegung eines Körpers es nicht dieselbe Substanz, sondern derselbe Zustand ist, der sich fortpflanzt. Es pflanzt sich also die Struktur durch den Raum fort und nichts anderes. Damit macht uns also auch die physikalische Analyse deutlich, was wir philosophisch eingesehen haben. Wir werden durch die physikalischen Verhältnisse auf eine logische Unmöglichkeit aufmerksam gemacht: Wenn etwas woanders ist, so kann es nicht mehr *dasselbe* sein. Jede Übermittlung ist daher nur eine Übertragung von Strukturen. Es stellt sich also immer mehr als Unsinn heraus zu verlangen, daß nicht nur die Struktur, sondern auch der Inhalt transportiert wird. Bei einer Struktur hat es wohl Sinn, von Identität zu sprechen, denn sie ist etwas Zeitloses, eine logische Regel, eine Festsetzung. So kann man z. B. sagen, daß die Gestalt eines Würfels dieselbe im Sinne von identisch ist.

Zwei Dinge aber können nie identisch sein, denn dann wäre es nur mehr ein Ding; sie müssen sich ja irgendwie unterscheiden, und wir wollen wissen, wann wir sie als gleich bezeichnen wollen, solange es eben *zwei* Dinge sind. Ebenso verhält es sich, wenn man einen Tatbestand erkennen will. Die Erkenntnis muß ein Bild des Tatbestandes, mit dem Tatbestand gleich, aber nicht dasselbe sein. Wir wollen ein Bild des Tatbestandes und nicht die Sache selbst, wie sie im Augenblick vorhanden ist. Darum ist es Unsinn zu sagen, daß Erkenntnis darin bestehe, daß man den zu erkennenden Gegenstand selbst inne habe, mit ihm eins werde. Wenn man also sagt, daß man den Inhalt nicht mitteilen kann, so heißt das eigentlich nichts anderes, als daß man zwei verschiedene Dinge nicht als identisch bezeichnen kann. So hängt die Frage von Form und Stoff mit der Frage von diskursiver und intuitiver Erkenntnis zusammen; es ist dieselbe Sache, von verschiedenen Seiten betrachtet. Die in diesen Kapiteln kritisierten Redeweisen sind die der Metaphysik immer gewesen und sind es heute noch.

Wir sehen nun ein, daß es nicht falsch, sondern überhaupt unsinnig ist, so zu sprechen.

18. Der Gegensatz von Schein und Wirklichkeit – Erscheinung und »Ding-an-sich«

Im folgenden wollen wir uns an das übliche Weltbild halten, die Anschauungsweise, daß wir selbst ein bewußtes Subjekt, ein »Ich« sind und daß es außer uns noch andere lebende und leblose Wesen gibt. Diese Anschauungsweise veranlaßt verschiedene Fragen, die man meist so zu formulieren pflegt, daß man fragt, ob es außer uns überhaupt noch etwas gibt? Diejenigen, die diese Frage bejahen, sind die *Realisten*, die sie verneinen, die *Solipsisten*. Die einen – wie z. B. Kant – meinen, daß wir nicht wissen können, wie die Dinge außer uns beschaffen sind; die anderen wieder behaupten, daß wir dies sehr gut wüßten. Wir sehen schon durch unsere früheren Überlegungen darüber, wann ein Satz etwas aussagt und wann nicht, ein, daß die Unterscheidung dieser verschiedenen Ansichten unsinnig ist. So sagt z. B. der Solipsismus gar nichts; er ist daher gar keine aussprechbare Meinung. Wir können allerdings die verschiedenen Sprechweisen so interpretieren, daß sie sinnvoll werden, aber dann verwandelt sich ihr philosophischer Charakter in einen empirischen. Jedenfalls müssen wir uns genau darüber klar werden, was da unterschieden wird. Wir stellen uns also vorläufig auf die Kantische (aber auch vor- und nachkantische) Ansicht ein und fragen, was die Redeweise zu bedeuten hat, daß wir die Erscheinung dessen, was da ist, erkennen können, nicht aber das Wesen der Dinge selbst. Kant behauptet, daß es außer unserem Bewußtsein noch etwas gebe, das »Ding-an-sich«, die transzendente Welt, und daß wir von diesen Außendingen überhaupt nichts wissen können, außer daß sie existieren.

Es wird bei diesen Ansichten dasjenige, das wir aus der Erfahrung wissen, von demjenigen unterschieden, das wir nur indirekt wissen, also das Immanente, die Erscheinungen vom Transzendenten, den »Dingen-an-sich«. Dieser Gegensatz zwischen Erscheinung und Wirklichkeit tritt wie bei Kant auch in allen modernen Diskussionen auf. Die Motive, die diesen Gegensatz hervorgebracht haben, wurden schon im Anfang behandelt. Die Wurzel dieses Gegensatzes ist bei den Eleaten zu suchen. Bei Plato hat das Reich des Transzendenten zugleich einen höheren

Rang als das des Immanenten. Was wir unmittelbar erleben, hat nicht ganz die Dignität dessen, was jenseits unseres Erkennens liegt. Diese Rangordnung der zwei verschiedenen Arten des Wirklichen tritt später immer deutlicher hervor. Das Immanente muß dabei nicht notwendig als ›Erscheinung‹ betrachtet werden, aber es wird am häufigsten so bezeichnet. Was wollten nun die Philosophen, die von »Erscheinung« sprachen, damit überhaupt sagen?

Wir wollen erst sehen, wie wir das Wort »Erscheinung« im täglichen Leben gebrauchen. Wann nennen wir eines die Erscheinung des anderen? Das Wort »Erscheinung« hat eine relative Funktion, d. h. es hat nur Sinn in bezug auf etwas, das da erscheint. Wir sagen z. B.: »Das Fieber ist eine Krankheitserscheinung«, »Ein roter Ausschlag ist die Erscheinung von Masern«, »Das Steigen des Thermometers ist eine Erscheinung des Temperaturanstieges« etc. Man spricht auch von »Naturerscheinungen« im allgemeinen, ohne daß das Wort »Erscheinung« dabei besonders betont wird, denn man meint damit eben etwas, das in der Natur vor sich geht. Alles das heißt weiter nichts, als daß das eine, die »Erscheinung«, eine Wirkung dessen ist, das da erscheint. Z. B. ist ein Lichtblitz gefolgt von einem Knall eine Erscheinung, nämlich die Wirkung einer Explosion. Der gewöhnliche, tägliche Gebrauch des Wortes »Erscheinung« bezeichnet also nichts weiter als das Verhältnis von Ursache und Wirkung. Ursache und Wirkung gehören im täglichen Leben derselben Erfahrungsstufe an, sind in bezug auf die Wirklichkeit also vollkommen gleichartig. – Wie ist es aber beim philosophischen Gebrauch? Es ist klar, daß eine Erscheinung die Erscheinung von etwas ist, das da erscheint. So auch bei Kant, wo es Erscheinungen der »Dinge-an-sich« sind. Es wird dann weiter jemand vorausgesetzt, dem etwas erscheint, also der Mensch oder das menschliche Bewußtsein. Diese drei Dinge werden auch bei den anderen Philosophen, die von Erscheinungen sprechen, so angenommen. Es ist auch nicht von der Hand zu weisen, daß der Gedanke an ein Ursache-Wirkungs-Verhältnis beim philosophischen Gebrauch mitgespielt hat; wir übertragen das Verhältnis eben von dem, was draußen ist, auf das, was drinnen im Bewußtsein ist. Im Bewußtsein ist die Erscheinung also Erscheinung von etwas anderem, das draußen ist und dessen Wirkung sie ist. Wenn nur dies der philosophische und wissenschaftliche Gebrauch des

Wortes »Erscheinung« wäre, läge in der Sache weiter keine Problematik, denn die Ursache draußen und die Wirkung drinnen stünden beide auf derselben Stufe der Wirklichkeit. Dieses einfache Verhältnis von Ursache und Wirkung reicht nicht für alle Kunststücke aus, die man in der Philosophie mit dem Unterschied zwischen »Erscheinung« und »Ding-an-sich« gemacht hat. Es muß noch etwas hinzukommen, denn das Ursache-Wirkungs-Verhältnis führt uns nicht zu dem typischen Unterschied zwischen zwei verschiedenen Graden der Wirklichkeit. Den Behauptungen über Erscheinung einerseits und »Ding-an-sich« andererseits liegt nämlich der Gedanke zugrunde, daß eines dieser beiden einen niedrigeren Grad von Wirklichkeit hätte.

In manchen Philosophien werden die Bewußtseinsvorgänge als etwas nur Sekundäres, weil Flüchtiges, daher nicht ernst zu Nehmendes gewertet, im Gegensatz zu dem draußen Liegenden, dem Kernhaften, Wirklichen. Dies ist die Ansicht des metaphysischen Materialismus; die Materie, die Körper, erscheinen als das eigentliche Wesen, die psychischen Vorgänge nur als etwas Vorübergehendes, nicht Greifbares, als etwas von zweiter Ordnung. Schon bei Plato findet man die Ansicht, daß sich die Körper unserem Erkenntniswillen besser zu fügen scheinen. Die Konstanz ist beim Physischen stärker gegeben als beim Psychischen, letzteres wird zu einem Epiphänomen herabgesetzt. So wird die Ursache als das Primäre, Dauerhafte, Konstante für in höherem Grade wirklich gehalten als die verschwommenen, sekundären Bewußtseinsvorgänge. Entsprechend der Ansicht des Materialismus sind die Bewußtseinsvorgänge nur Erscheinungen des Wirklichen, der Materie.

Warum aber nennen wir das eine flüchtig? Selbst wenn es vergänglicher wäre und gewisse Eigenschaften, die die physischen Dinge haben, nicht besitzt, ist das noch kein Grund, zwei verschiedene Arten der Wirklichkeit zu unterscheiden. Wir könnten zunächst also sagen: Es gibt eben physische und psychische Realitäten, das sind eben die Dinge, die existieren. – Es würde dem Standpunkt des Materialismus entsprechen, der die Materie für das Wirkliche, das Psychische bloß für die Erscheinung hält, daß mit dem Gegensatz von Erscheinung und Wirklichkeit nur der Gegensatz zwischen Psychischem und Physischem getroffen sei. Dieser Gegensatz aber muß noch etwas anderes bedeuten, denn die Systeme, in denen der Gegensatz von Erscheinung und

Ding-an-sich die größte Rolle spielt – wie bei Kant – sind nicht materialistisch. Es kommt bei Kant bei der Aufstellung dieses Gegensatzes noch etwas Wesentliches hinzu, nämlich daß die Erscheinungen erkennbar, die Dinge-an-sich aber gänzlich unerkennbar sind. Wir müssen wieder fragen, was das heißen soll, was diesem Gedanken zugrunde liegt, ob er uns auch die übrigen Eigentümlichkeiten dieses Erscheinungsbegriffes erklärlich machen kann. Kant hat gleich zu Beginn seiner *Kritik der reinen Vernunft* diesen Gedanken sehr deutlich ausgesprochen, indem er sagt, daß zur Erkenntnis eines Gegenstandes unmittelbare Anschauung gehöre, wobei Kant versucht, den Terminus »Anschauung« weiter zu erklären. »Anschauung« ist nichts anderes als die deutsche Übersetzung des terminus technicus »Intuition« und kommt von *intueri* = anschauen. Der Gedanke, daß die Erkenntnis am vollkommensten ist, wenn sie in Intuition, in unmittelbare Anschauung ausläuft, ist das Gegenteil dessen, was wir im vorigen schon festgestellt haben. Kant sagt: Die Erscheinungen sind uns unmittelbar gegeben, wir erleben sie, als Farben, Töne, Ausdehnung etc. Das andere, das uns nicht so gegeben ist, liegt jenseits; wir können davon nichts wissen, und es kann uns auch niemals bekannt werden. Bei Kant liegt also eine Vermischung des echten Erkenntnisbegriffes mit Intuition vor. Wir aber hatten gesagt, daß die Intuition uns die Bekanntschaft mit den Dingen liefert, niemals aber Erkenntnis. Das, was Kant das Un*erkennbare* der Dinge nennt, sollte besser das Un*kennbare* heißen, denn wir nennen eben das, was uns nicht unmittelbar gegeben ist, wovon wir keine Anschauung haben, *unbekannt*. Die Bekanntheit oder Unbekanntheit aber hat mit Erkenntnis nichts zu tun. Das Neue, das bei Kant zum Ursache-Wirkungs-Verhältnis noch hinzukommt, ist also Bekanntheit und Unbekanntheit; Kant macht aus der Unbekanntheit die Unerkennbarkeit.
Bei Kant tritt dieser Gedanke an erste Stelle und verdrängt den Gedanken an ein Ursache-Wirkungs-Verhältnis so sehr, daß Kant meint, die Begriffe Ursache und Wirkung seien auf den Gegensatz von Erscheinung und Wesen schlechthin unanwendbar. Nach Kants Ansicht findet das Verhältnis von Ursache und Wirkung innerhalb der Erscheinungen statt (oder innerhalb der Vorstellung, wie Kant die Erscheinungen auch nennt); mit diesem Verhältnis seien uns dann alle möglichen Erkenntnisse gegeben. Kant sagt, daß es gar nicht in Frage komme, daß die Erscheinun-

gen Wirkungen der Dinge von draußen seien, da wir von diesen Dingen gar nichts wissen, also auch nicht, daß sie die Ursache von etwas sein könnten, das in uns erscheint. – Wir müssen hier wieder fragen: Was ist das Verhältnis, wenn es nicht eines von Ursache und Wirkung ist? Wenn Kant sagt, es sei eben das Verhältnis zwischen Erscheinung und Ding-an-sich, so ist damit für uns nichts aufgeklärt und auch nicht, was Kant unter »Erscheinung« versteht. Da Kant ein Ursache-Wirkung-Verhältnis zwischen Erscheinung und Ding-an-sich negiert, so führt er alle möglichen anderen Termini ein, die aber auch nichts anderes bedeuten. Kant sagt z. B., daß die Dinge-an-sich unser Bewußtsein »affizieren«; das kann doch aber auch nichts anderes heißen als eine Wirkung ausüben. Schon die Zeitgenossen Kants haben gesehen, daß da ein Widerspruch vorliegt: Einerseits soll das Ursache-Wirkung-Verhältnis nur zwischen Erscheinungen bestehen, andererseits übt das Ding-an-sich doch eine Wirkung aus, wenn Kant auch leugnet, daß »affizieren« dasselbe bedeutet wie »eine Wirkung ausüben«. Der Gegensatz zwischen »Erscheinung« und »Ding-an-sich« ist also der Gegensatz zwischen Empirischem und Metaphysischem. Das ist auch Kants Lehre; da er aber die Erkenntnis des Transzendenten leugnet, so leugnet er die Metaphysik selbst.

Wir wollen nun überlegen, unter welchen Umständen man sich überhaupt das Recht genommen hat, von »Erscheinung« zu sprechen. Man muß dann zugeben, daß zwischen dem, was erscheint, und dem, das da erscheint, eine Korrespondenz besteht. Es ist wichtig festzuhalten, daß wir nur dann das Recht haben, von Erscheinung zu sprechen, wenn die Erscheinung die von etwas ganz Bestimmtem und nicht nur die Erscheinung von ›irgend etwas‹ ist. Dies ist die Voraussetzung für den Gebrauch des Wortes überhaupt. Es muß also durch die Eigenschaften der Erscheinung sofort auch über das etwas gesagt sein, wovon sie die Erscheinung ist. Damit die Erscheinung überhaupt etwas definiert, so muß sie eine besondere Beziehung haben. Wenn man behauptet, daß gewisse Gegebenheiten Erscheinungen seien, z. B. das Gesichtsbild eines Tisches die Erscheinung des Tisches-an-sich, so bedeutet das »an-sich« den Gegensatz zu »für-uns«. Und man kann mit Recht nur dann verschiedene Gesichtsbilder oder andere Wahrnehmungen mit »Erscheinung« bezeichnen, wenn man annimmt, daß die Dinge »an-sich« verschieden sind; denn

wäre das Zugrundeliegende dasselbe »Ding-an-sich«, fehlte die Möglichkeit, von Erscheinung zu sprechen, da man ja etwas voraussetzen muß, das da erscheint. Im Begriff der Erscheinung liegt es schon, daß dasjenige, das in einer besonderen Erscheinung erscheint, verschieden von dem sein muß, das in einer anderen Erscheinung erscheint, sonst fehlte ja die spezifische, eigentümliche Beziehung zwischen Erscheinung und dem, das da erscheint. Es ist daher eine nicht aufrecht zu haltende Sprechweise, wenn man sagt, etwas seien Erscheinungen von Dingen, die man nicht kennt, noch erkennen kann.
Damit wir sagen können, daß das, was wir »Erleben«, »Wahrnehmen«, »Natur« nennen, die Erscheinung von etwas sei, müssen wir eine bestimmte Art der Korrespondenz voraussetzen, so daß jedem einzelnen Punkte der Erscheinung eine Tatsache draußen entspricht; ansonsten hätten die beiden Mannigfaltigkeiten gar nichts miteinander zu tun, und man könnte überhaupt nicht von Erscheinung sprechen, ohne daß diese Korrespondenz bestünde, diese spezifische Beziehung vorausgesetzt wäre.
Wenn man – wie Kant – die Existenz von Dingen-an-sich behauptet, so müßte man doch wissen, wovon man die Existenz behauptet; die Behauptung hat nur dann Sinn, wenn über diese »Dinge-an-sich« sonst noch etwas gesagt werden kann. Kant sagt, die Dinge-an-sich seien durch das charakterisiert, als was sie erscheinen. Nun setzt aber Erscheinung Korrespondenz voraus, daß also jedem Merkmal der Erscheinung ein Merkmal am erscheinenden Ding entspricht; dies ist notwendig im Begriff der Erscheinung gelegen. Es kann etwas nur insofern die Erscheinung von etwas sein, dem es entspricht, als es ihm eben entspricht. Man müßte dann z. B. fragen können, ob ein Tintenfaß-an-sich etwas Analoges zu dem erscheinenden Tintenfaß sei. Kant würde verneinen, daß die Gestalt des Gefäßes der Erscheinung auch dem Tintenfaß-an-sich entsprechen muß. Dann aber besteht keine Korrespondenz zwischen den beiden, und man hat nicht das Recht zu sagen, daß das eine die Erscheinung des anderen ist. Nur insofern jeder Zug der Erscheinung jedem Zug dessen, wovon es die Erscheinung ist, entspricht, kann es die Erscheinung von diesem sein, sonst wäre es ja ein selbständiges Ding. Wenn in der Erscheinung etwas auftritt, was im Ding-an-sich nicht ist, so ist sie eben unabhängig, es fällt dann der Begriff der Erscheinung, die ja abhängig und unselbständig sein muß, überhaupt weg. (Ganz

primitiv ist die Ansicht, daß vom Ding-an-sich nur ein Stückchen in das Bewußtsein hineinfließt und dieses Stückchen die Erscheinung ist, während das andere draußen bleibt. Diese Ansicht ist auch nicht ernsthaft vertreten worden.)

Nur wenn die Mannigfaltigkeit des einen mit der Mannigfaltigkeit des anderen genau übereinstimmt, kann man also von Erscheinung sprechen. Es kann mit dem Worte »Erscheinung« nichts anderes gemeint sein, als was der Mathematiker »Abbild« nennt, ein gegenseitiges Entsprechen der einzelnen Züge. Die selbständigen Züge innerhalb meiner Erfahrung kann ich nicht als Erscheinung bezeichnen. Erscheinung ist also mathematische Abbildung, Korrespondenz. Die Metaphysiker sprechen aber gerade dort von »Erscheinung«, wo sie nicht annehmen können, daß sich die einzelnen Züge entsprechen, weil sie die Unerkennbarkeit des Dinges-an-sich annehmen.

Wenn wir mit Recht von »Erscheinung« sprechen, also eine gewisse Korrespondenz besteht, so ist das die Feststellung einer Strukturgleichheit. Nur wenn meine Wahrnehmung dieselbe Struktur hat wie ein bestimmtes Ding, kann ich sie Erscheinung von diesem Ding da draußen nennen. Auch die Bemerkungen Kants weisen Strukturgleichheiten nach; aber die Strukturgleichheit erscheint eben den Metaphysikern als etwas Äußerliches und Unwesentliches und für die Erkenntnis der Dinge-an-sich überhaupt nicht nützlich, da die Metaphysiker meinen, daß die Struktur nur eine äußere Form darstelle, die mit dem Wesen der Dinge nichts zu tun hat. Bei Kant z. B. ist es so, daß zu einer vollkommenen Erkenntnis auch die Kenntnis des Stoffes gehört, und deswegen, weil uns dieser Stoff nie bekannt werden kann, können wir nach Kant die Dinge-an-sich nie erkennen. Bei den Metaphysikern scheint das Wesen der Dinge im Stoff zu liegen; wir wissen aber aus unseren Überlegungen, daß es Unsinn ist, davon zu sprechen, daß es außer der Struktur noch einen Stoff gibt.

Wenn das, was wir wahrnehmen, wirklich Erscheinungen von etwas da draußen sind, so sind alle unsere Aussagen zugleich Aussagen über die »Dinge-an-sich«, und zwar ganz vollkommene Aussagen, denn außer der Struktur können wir nichts aussagen und abbilden. Daher ist das »Ding-an-sich« genau so erkannt wie die Erscheinung. Alles, was man z. B. von der räumlichen Anordnung der Dinge aussagen kann, sind zugleich Aussagen über die räumliche Anordnung der »Dinge-an-sich«.

Insofern also unserer eigenen Auffassung nach von dem Gegensatz »innen–außen«, »Erscheinung–Ding-an-sich« noch etwas übrig bleibt, bleibt keinesfalls das übrig, daß das Ding-an-sich als etwas Unerkennbares hingestellt werden kann. Denn sofern Erscheinungen gegeben sind, sind eben die Dinge-an-sich genauso erkennbar wie irgend etwas anderes, da die Erscheinungen nur Strukturgleichheit abbilden und sonst nichts.
Der Grund für die Aufstellung des Gegensatzes zwischen Erscheinung und Ding-an-sich war nur die Unerkennbarkeit des Dinges-an-sich. In unserer Auffassung spielt dieser Gegensatz keine Rolle, und wir finden es zweckmäßiger, von »Abbildung« statt von »Erscheinung« zu sprechen, denn für uns fällt das Motiv fort, das Philosophen wie Kant haben und das in dem Worte »nur« liegt: Kant sagt, wir hätten »nur Erscheinungen«, und das soll heißen, daß sie nur Ersatz, etwas Sekundäres seien. Auf diesen Gegensatz gründet Kant seine Metaphysik, Religionsphilosophie und Ethik. Wir haben nur Wirklichkeiten in der Welt, und das eine entspricht eben dem anderen; es bleibt nur der Gedanke der Korrespondenz übrig. Dieser Gedanke ist aber kein ausreichender Grund, von »Erscheinungen« zu sprechen. Für uns fällt jede Zweiteilung der Wirklichkeit in ein Reich des echten Seins und ein Reich des Scheins von vornherein weg. Wo dieser Gegensatz in der Philosophie aufgetreten ist, beruhte er immer auf Mißverständnissen, von denen wir eines hier aufgedeckt haben.
Damit hängt auch der Unterschied der primären und sekundären Sinnesqualitäten zusammen, einem anderen Philosophem in der Geschichte der Philosophie. Während Kant meinte, daß wir über das außer unserer Sinneswahrnehmung Stehende überhaupt nichts sagen können, tritt noch eine andere Meinung auf, die schon bei Demokrit und wieder in der neueren Zeit zu finden ist. Sie besagt, daß wir über die Dinge-an-sich dennoch Aussagen machen können, wenn auch vieles nicht gilt, was gewöhnlich darüber ausgesagt wird. In diesem Sinne werden primäre und sekundäre Sinnesqualitäten so unterschieden, daß die primären nicht als Eigenschaften den Dingen selbst anhaften, sondern nur Auswirkungen sind, die diese Dinge auf uns hervorbringen. Es liegt eine gewisse Wahrheit in diesen Behauptungen des Demokrit und auch des John Locke, der diese Ansicht besonders vertreten hat. Es wird weiter gesagt, daß es dann gewisse andere

Aussagen über die Wirklichkeit gebe, die von den Dingen selbst gelten, z. B. Aussagen über zeitliche und räumliche Beziehungen, Härte, Durchdringlichkeit etc., also Aussagen, die die Lage und gewisse andere Eigenschaften der Dinge betreffen. – Wir fragen uns, was das Richtige ist, das diesen Behauptungen zugrundeliegt. Dabei wollen wir nur die räumlichen und zeitlichen Beziehungen als wirkliche Qualitäten der Dinge betrachten, die im Gegensatz zu den anderen, bloß in unserem Bewußtsein bestehenden Qualitäten stehen, weil in bezug auf diese Lehre das das einzig Aufrechtzuerhaltende ist.

In irgendeinem Sinne können wir wirklich sagen, daß die räumlichen und zeitlichen Beziehungen die Vorgänge in der Welt zutreffend ausdrücken. Wenn wir eine objektive Beschreibung geben wollen, z. B. eine Farbe angeben, so müssen wir diese in räumliche und zeitliche Beziehungen auflösen. Man hat in der Wissenschaft schon das Gefühl, daß nicht die Angabe der Qualitäten, wohl aber die Angabe der räumlichen und zeitlichen Beziehungen die Gegenstände beschreibt. Dahinter steht die richtige Einsicht, daß der wahre Grund, warum etwas eine subjektive Beschreibung ist, darin besteht, daß durch alles, was wir sagen können, nicht der Stoff oder Inhalt wiedergegeben werden kann, nicht wiedergegeben wird, was wir nur erleben können. Es hat keinen Sinn, den Gegenständen einen Stoff oder Inhalt zuzuschreiben, denn wir können immer nur die Struktur der Qualitäten abbilden. Wenn wir nun sagen, daß die räumlichen und zeitlichen Beziehungen den Gegenständen selbst zukommen, so will diese Redeweise besagen, daß, wenn wir räumliche und zeitliche Beziehungen beschreiben, tatsächlich die Form der Gegenstände beschrieben wird – und diese ist das einzig Ausdrückbare. Die Art, wie wir von diesen Beziehungen sprechen, zeigt auch klar, daß wir damit wirklich nur die Veränderung, die Struktur wiedergeben wollen.

In der analytischen Geometrie wird ein Punkt durch 3 Zahlen als ein Bild des Punktes wiedergegeben. Die logischen Beziehungen zwischen diesen Zahlen in der analytischen Geometrie stellen die räumlichen Beziehungen zwischen den Gebilden dar, die durch die Ausdrücke der analytischen Geometrie beschrieben werden. Es ist klar, daß es sich z. B. in der analytischen Geometrie um eine Abbildung der reinen Form handelt und daß von einem Bezug auf einen Stoff hier nicht mehr die Rede sein kann. Es

scheint nur mehr die Struktur auf, die Loslösung vom Stoff ist schon vorgeschritten.
Die Lehre von den primären und sekundären Sinnesqualitäten ist ein Beispiel dafür, wie in der Geschichte der Philosophie oft ganz richtige Einsichten falsch ausgedrückt wurden und man dann aus der falschen Ausdrucksweise wieder falsche Schlüsse zog – wie Berkeley aus der Lehre Lockes, oder wie Kant, der sagte, daß die räumlichen Eigenschaften den Dingen selbst nicht zukämen und man daher nichts über sie aussagen könne. *Wörtlich* genommen ist die Lehre von den primären und sekundären Sinnesqualitäten falsch und primitiv; dahinter aber liegt die richtige Einsicht, daß es keinen Sinn hat, vom Stoff als Eigenschaft der Dinge zu sprechen, und daß wir da, wo wir über Dinge wirkliche Aussagen machen, nur Strukturen abbilden.
Wir haben schon früher ausgeführt, daß es keinen Verzicht bedeuten soll, wenn wir sagen, daß wir ›nur‹ Strukturen abbilden können. Es liegt im Wesen unseres analytischen Erkenntnisbegriffes, daß es eine Unmöglichkeit ist, das Transzendente in uns durch Intuition zu erfassen, also den Stoff der Wirklichkeit zu erkennen. Dies letztere aber gehört gerade zum Gedanken der Metaphysik. Das Eindringen des Gedankens der Intuition in den Erkenntnisbegriff – wie bei Kant – ist der eigentliche Grund dafür, daß man die Erscheinungen als sekundär betrachtet, weil sie ja nicht das ›eigentliche Wesen‹, den ›Stoff‹ widerspiegeln können. Dieser Gedanke setzt sich bis in die neuere Zeit fort; er wird auch von den Naturforschern vertreten, die z. B. behaupten, daß die Gleichungen der mathematischen Physik ›nur‹ die Struktur widerspiegeln und nicht den Stoff und daß wir deshalb das Wesen der Welt nicht kennen, da wir nur ihre Form abbilden können. Hier liegt natürlich ein philosophischer Irrtum vor. Es sieht immer so aus, als ob etwas fehle, noch etwas, nämlich der Stoff, draußenbliebe, uns nicht zugänglich sei. Wir haben aber schon früher klargelegt, daß man es als unsinniges Verlangen bezeichnen muß, den Inhalt oder Stoff erfassen zu wollen, da wir gar nicht darüber sprechen können; und so können wir in einem gewissen Sinne sagen, daß der Stoff für die Erkenntnis überhaupt nicht existiert. Das Wahre an Kants irrigen Gedankengängen über die Unerkennbarkeit des Dinges-an-sich bei gleichzeitiger Behauptung seiner Existenz war nur, daß er die Erkenntnis dieses Dinges-an-sich bloß für den Menschen, nicht aber prinzipiell für

unmöglich hielt. – Eine andere metaphysische Ansicht bezüglich Erkenntnis des Stoffes ist die von Schopenhauer, welcher behauptet, daß wir das Wesen der Dinge in uns selbst, als Wille, erkennen können. Schopenhauer glaubt dann mittels Analogieschlusses darauf schließen zu dürfen, daß das Wesen der Dinge auch dort, wo es uns nicht gegeben ist, von derselben Art, also Wille sei, der als das eigentliche Wesen der Dinge den Erscheinungen zugrunde liege. Diese Ansicht nennt man metaphysischen Voluntarismus. Eine andere Ansicht besagt, daß das Wesen des Seins als etwas Psychisches erlebt wird. Dies ist der metaphysische Idealismus. Auch hier wird behauptet, daß man den Stoff der Dinge in sich selbst erkenne. Wiederum liegt der gleiche Analogieschluß vor. Das Wesen der Dinge wird als Idee beschrieben.

Der zugrundeliegende Gedanke ist hier überall der gleiche: Die Metaphysik hat die Aufgabe, den Stoff der Dinge zu erkennen, und das ist nur durch unmittelbares Erleben möglich. Weiter wird dann aus dem Erleben auf das Wesen der Dinge geschlossen, die nicht erlebt werden. Kant hat wenigstens diesen Schluß abgelehnt, aber auch er hatte die Vorstellung, daß zur Erkenntnis unmittelbare Anschauung des Stoffes nötig sei. – Das Ziel der Metaphysik ist also, das eigentliche ›Wesen‹ der Dinge zu erkennen, und damit ist gemeint, so zu erleben, wie wir ein Grün erleben; es ist also Erkenntnis des Stoffes verlangt. Da wir aber von einem Stoff in keiner Weise sprechen können, ist dieser Gedanke unsinnig und somit die ganze Metaphysik unmöglich. Es gibt also keine Metaphysik; aber nicht deshalb, weil es für uns zu schwer wäre, das Transzendente zu erkennen, sondern deshalb, weil die Metaphysik ein sich selbst widersprechendes Verlangen stellt, unsinnig ist. Den Worten »Erkenntnis des Stoffes« entspricht nichts.

Wir halten aufrecht, daß die Redeweise von dem Gegensatz zwischen Ding-an-sich und Erscheinung auch innerhalb der Philosophie nicht dazu führt, daß dieses Ding-an-sich unerkennbar wäre; denn es handelt sich immer um die Struktur, und diese können wir erkennen. Wenn der Physiker nun Gleichungen aufstellt – vorausgesetzt, daß sie vollständig und richtig sind – und wir aus diesen Gleichungen die Struktur der Vorgänge ablesen und uns danach richten können, so haben wir damit die Vorgänge selbst vollständig erfaßt, kennen ihr ›Wesen‹; daneben gibt es nichts mehr, das nur intuitiv zu erfassen wäre. Noch immer aber wird das Verhältnis der mathematischen Formulierung zu den Vorgängen der Wirklichkeit von vielen Naturforschern philosophisch untersucht, weil sie dennoch meinen, daß man durch die Wiedergabe der Form nicht alles wiedergeben könne. Dieser Gegensatz von Form und Inhalt oder Struktur und Stoff war immer – wenn auch meist unbewußt und unterirdisch – wirksam in den verschiedenen metaphysischen Systemen. Es hat eigentlich die ganze Metaphysik verschuldet, daß man diesen Trennungsstrich gezogen hat. Schon Aristoteles hat diesen Trennungsstrich zwischen Form und Stoff, noch ganz naiv, gemacht. Kant hat dann schon besser gesehen, was dieser Gegensatz für die Philosophie bedeutet, zog den Trennungsstrich aber falsch. In Wirklichkeit ist die Linie so zu ziehen, daß das rein Logische, das, was wir sagen können, die Form oder Struktur ist; sie allein ist ausdrückbar, während vom Stoff oder Inhalt nichts in unsere Aussagen eingehen kann, er bleibt ein reines Nichts, solange wir überhaupt von etwas sprechen können. Im Gegensatz zu gewissen Meinungen, die sich zum Teil unserer Auffassung anschließen, aber bemerken, daß es sich z. B. in Kunst oder Religion anders verhalte und der Stoff dort wohl eine Rolle spiele, sagen wir, daß auch für die Kunst, Religion, Ethik, Ästhetik etc. kein Unterschied zu machen sei, denn wenn man von einer Sache nicht sprechen kann, so kann man von ihr eben in keiner Weise sprechen.

19. Von den Existenzaussagen

Existenzaussagen sind diejenigen Aussagen, die behaupten, daß ein Gegenstand existiert, real oder wirklich ist (diese Ausdrücke bedeuten alle dasselbe). Beispiele solcher Aussagen sind: »Eine Seeschlange existiert«, »Eine Seeschlange ist wirklich«, »Eine Seeschlange ist«. Derartige Aussagen sind im täglichen Leben vollkommen äquivalent, sie sagen dasselbe. Man kann im Sinne von Existenz auch das Wort »sein« gebrauchen. Dieses Wort hat aber verschiedene Bedeutungen: Erstens »ist« im Sinne von »existiert«, zweitens »ist« im Sinne der Kopula und drittens »ist« im Sinne des Gleichheitszeichens ($2 \times 2 = 4$). Diese drei Bedeutungen des Wortes »sein« haben zu großen und typischen Irrtümern in der Philosophie geführt, insbesondere bei Hegel, der diese verschiedenen Bedeutungen ständig verwechselt.
Wir wollen uns über das Wort »sein« in seiner ersten Bedeutung klar werden, also über den Sinn der Existenzaussagen. Mit diesen Aussagen hängen eine Reihe philosophischer Probleme zusammen, die sehr beunruhigend gewirkt haben, so z. B. die Probleme der Existenz Gottes und der Existenz der Außenwelt, Probleme, die sich nicht in Fragen der Einzelwissenschaften überführen lassen, also echte philosophische Probleme sind. Sie verschwinden aber, sobald wir den Sinn der Existenzaussagen klargelegt haben. Man sagt in der Metaphysik, daß sie die »Lehre vom Sein«, Ontologie sei; in der neueren Metaphysik, so z. B. in der ›Existenzphilosophie‹ Heideggers und Jaspers', heißt es, daß die Philosophie zu lange ihre Aufgabe, das Sein zu erforschen, vergessen habe und sich wieder darauf besinnen müsse.
Wir haben festzustellen, was mit Aussagen über Existenz, Realität, Wirklichkeit gemeint ist. Wir gehen von der Bedeutung solcher Aussagen im täglichen Leben aus, um dann zu sehen, wie der Übergang zum philosophischen Gebrauch vollzogen wird, ob dieser legitim ist, was vorausgesetzt wird und ob und wie solche Voraussetzungen, wenn vorhanden, begründet sind.
Jede Aussage drückt einen Tatbestand dadurch aus, daß sie die Struktur des Tatbestandes abbildet. Bei Existenzaussagen scheint es anders zu sein; es scheint, daß die Existenz bestehen müsse, *bevor* der Gegenstand eine Struktur haben kann, oder, anders

ausgedrückt, die Tatsache muß bestehen, bevor sie eine Form haben kann. Wir haben aber schon festgestellt, daß *alle* Aussagen Strukturen wiedergeben, also auch die Existenzaussagen. Man muß allerdings den eben angeführten Einwand bezüglich der Existenzaussagen besonders erwägen.

Man hat in der Logik die Existenzaussagen und die übrige Art von Aussagen in merkwürdiger Weise verwechselt. Die Logik, wie sie früher betrieben wurde, schloß sich sehr eng an die Ausdrucksweise unserer gewöhnlichen Sprache an. In dieser haben wir Gelegenheit, dieselben Dinge in ganz verschiedener Weise auszudrücken, und in der Logik zeigte sich von jeher das Bestreben, diese verschiedenen Arten von Ausdrücken auf eine Grundform zurückzuführen, auf die des Subjekt-Prädikatsatzes, und zwar in der Weise, daß mit Hilfe der Kopula »ist« durch das Prädikat vom Subjekt etwas ausgesagt wird. Die Existenzsätze scheinen demselben Schema zu gehorchen. Nimmt man z. B. »Gott ist wirklich« oder »Gott existiert«, so scheint man dem Subjekt »Gott« das Prädikat der Wirklichkeit beigelegt zu haben. Tatsächlich aber ist hier die Subjekt-Prädikatform nicht die logische Form des Satzes, sondern nur seine sprachgrammatische Form. Andere Philosophen, wie Brentano z. B., meinten hingegen, daß nicht die Subjekt-Prädikatform, sondern die Existenzaussage die Urform der Aussagen sei. Man kann nämlich »Diese Rose ist rot« zu »Diese rote Rose existiert« transformieren. Dies alles sind erlaubte Annahmen, erlaubte Sprechweisen. In der älteren Logik wurde dabei nicht beachtet, daß die Existenzaussagen logisch eine völlig andere Struktur haben als Aussagen, die einem Gegenstand eine Eigenschaft zuschreiben, behaupten, daß jemand eine Tätigkeit ausübt etc. Man meinte, daß es bloß ein inhaltlicher Unterschied sei, ob man von einem Gegenstand Existenz oder irgendeine Eigenschaft aussagt. Wir wollen uns nun klarmachen, daß es nicht richtig ist, diese beiden Arten von Aussagen auf dasselbe Niveau bringen zu wollen, weil sie *logisch* völlig verschiedenen Sinn haben.

Wo kommen im täglichen Leben oder in der Wissenschaft Aussagen über Existenz oder Wirklichkeit vor und was bedeuten sie? Schon in der Formulierung »Was heißt es, wenn wir von einem Gegenstand sagen, daß er existiert?« liegt eine Schwierigkeit. Denn wie könnte man von einem Gegenstande überhaupt etwas sagen, wenn er nicht existierte? Schon das erzeugt die Versuchung, die Existenzurteile so aufzufassen wie Eigenschaftsurteile, wodurch eben die große logische Verwirrung entstand. Es hat Philosophen gegeben – z. B. Brentano –, die meinten, wenn man sage »Ein rundes Viereck existiert nicht«, dann müsse so ein rundes Viereck doch etwas sein, denn sonst könne man nicht davon sprechen. Dabei wurde nicht gesehen, daß diese Aussage nichts anderes heißt, als daß die *Worte* »rundes Viereck« keinen Sinn haben; es ist eine Aussage über die Wortverbindung, eine mathematische Aussage, die die Regel aufstellt, daß die Zeichen »rundes Viereck« in Verbindung keinen Sinn haben. Eigenschaften werden in derselben Weise angegeben, in der man bei Definitionen vorgeht. Mit dem Satz: »Unter Drachen will ich ein Krokodil mit Flügeln verstehen« wird eine bloße Definition gegeben, man hat eine Sprechweise festgelegt, aber noch nicht ausgesagt, ob es so ein Tier wirklich gibt, nichts über die Existenz ausgesagt. Es ist typisch für eine Definition, daß man ein Wort für einen Komplex anderer Worte angibt. Ebenso hat man mit dem Satze »Pentagramm will ich eine Figur nennen, die so und so aussieht« noch nicht gesagt, daß so eine Figur gezeichnet wird; man bewegt sich nur im Rahmen der Sprache. Will man aber zu den Eigenschaften nun auch die Existenz als Eigenschaft hinzunehmen, so merkt man sofort den Unterschied. Denn sagt man z. B.: »Ein Drache ist ein Krokodil mit Flügeln und existiert«, so ist das keine Definition mehr, sondern eine Behauptung. Die Behauptung der Existenz kann nicht in die Definition als charakteristisches Merkmal des Gegenstandes aufgenommen werden, denn die logische Grammatik des Wortes »existieren« ist völlig verschieden von der Grammatik der Eigenschaftsworte.

Kant hat richtig gesehen, daß man die Wirklichkeit nicht auf diese Weise als Merkmal auffassen kann, und dies so ausgedrückt: »Hundert wirkliche Thaler enthalten um keinen Thaler mehr als hundert mögliche Thaler«. Damit drückt er aus, daß sich die wirklichen Taler von den bloß gedachten nicht dadurch unterscheiden, daß noch ein Merkmal hinzukommt.

In die Angabe der Verwendungsregeln der Worte kann man nicht aufnehmen, daß man es nur bei wirklichen Gegenständen verwenden will; die Existenz ist keine Eigenschaft. Das wurde schon in der scholastischen Philosophie in einer Weise gesehen, indem man zwischen *essentia* und *existentia* unterschied. In den Begriff sollte alles aufgenommen werden, was zur *essentia* des Gegenstandes gehört, die *existentia* sollte etwas davon ganz Unabhängiges sein.

Ein typisches Beispiel aus der Philosophie, wo Existenz fälschlich als Eigenschaft aufgefaßt wird, ist der ontologische Gottesbeweis des Anselm von Canterbury und Descartes: Gott ist das vollkommenste Wesen (*ens perfectissimum*), hat also alle Eigenschaften, die dazu gehören, und zu diesen Eigenschaften muß auch die Existenz gehören, denn ein Wesen, das existiert, ist doch vollkommener als ein Wesen, das nicht existiert (!), *folglich* existiert Gott. Wenn man dieserart die Existenz als Eigenschaft in die Definition aufnimmt und dann aus der Definition wieder auf die Existenz schließt, so ist das ein Mißbrauch der Sprache, denn man verwendet das Wort entgegen der Festsetzung.

Spinoza, der denselben typischen Fehler macht, glaubt, ihn gleichsam dadurch wieder gut zu machen, daß er an die Spitze eine Definition stellt, von der er meint, daß sie nun den Mißbrauch des Wortes »Existenz« gestatten würde. Spinoza beginnt seine *Ethica* mit der Definition der *»causa sui«*: *»per causam sui intelligo id, cuius essentia involvit existentiam ...«*. Er macht also in demselben Satze den Unterschied zwischen *essentia* und *existentia* und hebt ihn gleichzeitig wieder auf. Der Widerspruch liegt darin, daß Spinoza die Worte *»essentia«* und *»existentia«* einerseits in derselben, andererseits in verschiedener Weise gebrauchen will, und es ist kein Wunder, daß daraus große Irrtümer entstehen müssen.

Worte, die wir in so verschiedener Weise gebrauchen, wie einerseits die Eigenschaftsworte, andererseits Worte wie »wirklich« oder »existieren«, sollten auch im Formalismus verschieden dargestellt werden. Das geschieht in der gewöhnlichen Sprache nicht, und daher bemerken wir bei Verwendung solcher Worte in anderen Gebieten, wie z. B. den philosophischen, nicht, daß wir gegen die festgesetzten Regeln des Sprachgebrauches verstoßen. Die moderne Logik ist sich dieser Unterschiede klar bewußt und berücksichtigt in ihrer zeichenhaften Ausdrucksweise den ganz anderen Charakter der Existenzaussagen. Im Gebrauch der Existenzaussagen werden *nur* in der Philosophie Fehler begangen, da der Sinn dieser Aussagen im täglichen Leben und in der Wissenschaft feststeht. Letzterer ist hier ein und derselbe, denn Aussagen wie: »Der Schilling in meiner Tasche ist wirklich« oder »Die Atome sind wirklich«, sind von ganz derselben Art.

Fragt man, was mit dem Satze »Der Schilling in meiner Tasche ist wirklich« gemeint ist, so muß man sehen, wie die Wahrheit dieses Satzes festgestellt wird, denn für jeden Satz ist die Angabe seines Sinnes mit der Angabe der Art seiner Verifikation identisch. Der Gebrauch ist der Sinn des Satzes, ansonsten haben die Sätze keinen Sinn; dahinter immer noch etwas anderes zu suchen, ist sinnlos, und unsere Aufgabe ist es, dies zu zeigen. Man überzeugt sich auf höchst einfache Art davon, daß der Schilling wirklich ist: Man greift in die Tasche, nimmt das Portemonnaie und sieht und fühlt darin etwas Rundes, Glänzendes. Es wird also festgestellt, daß in meiner Erfahrung gewisse Tatsachen auftreten und dann sagt man eben, daß der Schilling wirklich sei. Das Kriterium für die Wirklichkeit sind also gewisse Wahrnehmungen.
Hier ist aber noch einiges hinzuzufügen. Die vorliegende kleine Schwierigkeit hat dazu geführt, daß man über Existenz, Wirklichkeit, Realität, philosophiert hat. Man hat die Schwierigkeit verkannt und über ihren Bereich hinaus erweitert. Es kann z. B. auch sein, daß man diese Wahrnehmungen von einem Gegenstande geträumt hat und beim Erwachen sieht, daß dieser Gegenstand *wirklich* nicht da ist. Die Worte Wirklichkeit, Existenz, Realität dienen also im täglichen Leben und in der Wissenschaft dazu, einen Gegensatz zwischen Geträumtem und tatsächlich Festzulegendem zu betonen. Der Unterschied zwischen Traum und Wirklichkeit ist damit aufgedeckt, daß wir im allgemeinen Kriterien besitzen, diese Unterscheidung zu machen. Es kommt allein darauf an, wie es tatsächlich gemacht wird, und die Bestimmungen, die wir im täglichen Leben treffen, reichen dafür auch aus. Man kann nicht Kriterien erfinden, nach denen man sich richten will, denn diese Worte (»existieren«, »wirklich«, »real«) wurden eingeführt, weil man den Gegensatz machen wollte, weil sie einen bestimmten Gebrauch haben. Nicht die Worte waren zuerst da, so daß man nun über ihren Sinn nachdenken müßte.
Die Gesetzmäßigkeiten der Wirklichkeit unterscheiden sich von denen des Traumes auf eine bestimmte Weise; das Traumleben hat eben eine andere, wenn auch sehr ähnliche Struktur. Der Hauptunterschied ist, daß das Traumleben diskontinuierlich verläuft, da es ein Erwachen kennt; das wirkliche Erleben kennt das nicht, es hat Kontinuität. Wären die Gesetzmäßigkeiten des Traumes dieselben wie die der Wirklichkeit, so könnte man sagen, daß der Mensch in zwei verschiedenen Wirklichkeiten lebt.

Das ist aber nur eine Sprechweise; man würde dann eben zwischen diesen beiden Wirklichkeiten nicht unterscheiden. Die Erfahrungstatsachen müssen also in einem gewissen gesetzmäßigen Zusammenhange stehen, auf den es ankommt, um Traum von Wirklichkeit zu unterscheiden. Dieser Zusammenhang läßt sich schwer beschreiben, wir besitzen jedoch im täglichen Leben ausreichende Kriterien dafür. Daher sind auch Existenzaussagen von der Art, daß sie, wie alle übrigen Aussagen, Strukturen von Tatsachen abbilden und sonst nichts. Dieser Tatbestand hat scharfsinnigen Philosophen natürlich nicht entgehen können; z. B. beschreibt Kant den Existenzbegriff ganz richtig und geht nur in die Irre, indem er davon einen neuen, philosophischen Existenzbegriff unterscheidet. Kant sagte, die Wirklichkeit oder Realität ist eine Kategorie. Das bedeutet aber nichts anderes, als daß zwischen unseren Wahrnehmungen ein ganz bestimmter Zusammenhang besteht.
Wenn z. B. der Physiker sagt: »Die Atome existieren«, so hat er damit auf einen gewissen Zusammenhang der Tatsachen hingewiesen. Wenn man vom geträumten Schilling spricht, so heißt das, daß er in einem Zusammenhang auftritt, aus dem wir plötzlich erwachen. Schwierigkeiten entstehen nun dadurch, daß gewisse Beziehungen zu anderen, auch üblichen Redeweisen gesetzt werden und der Zusammenhang dann nicht klar erkannt wird. So kommt man z. B. zu den Fragen nach der Existenz der Außenwelt, ob sie existiert oder ob alles nur ›Bewußtseinsinhalt‹ ist.
Wovon kann man Existenz eigentlich aussagen? Wenn man von einem Gegenstand behauptet, daß er existiert, so muß uns dieser Gegenstand schon durch Beschreibung gegeben sein. Es ist von großer Wichtigkeit, sich darüber klar zu sein, daß ein Gegenstand uns nicht durch bloßes Bezeichnen gegeben sein kann; die Existenz kann nicht durch eine Geste angegeben werden. Das Wort »Wirklichkeit« oder »Existenz« hat im Leben nicht die Aufgabe, auf etwas hinzuweisen – das würde man als Tautologie auffassen –, sondern es ist damit etwas gemeint, das man beschrieben hat. Wenn es heißt, daß man über die ›Dinge-an-sich‹ nichts aussagen kann, sie nicht beschreiben kann, so sagt diese Aussage über die ›Dinge-an-sich‹ gar nichts aus, ist sinnleer. Sagt man: »Die Atome existieren«, so muß man die Atome beschreiben können. Man kann dann feststellen, ob gewisse Tatsachen zutreffen, festsetzen, wann man sagen will, daß diese Atome existieren. Und die

Aussage, daß die Atome existieren, heißt dann nur, daß diese Tatsachen beobachtet wurden. Ein Beispiel ist z. B. die Auffindung des Planeten Pluto. Man nahm seine Existenz an, da sich zwischen den anderen Planeten gewisse Störungen bemerkbar machten; später wurde der Planet tatsächlich gefunden. Die Aussage über seine Existenz hatte vor- und nachher dieselbe Bedeutung, den Zusammenhang gewisser Tatsachen, eben eine ganz bestimmte Struktur der Welt.

Sichtbarkeit hat nichts zu tun mit Existenz; die Atome sind nicht sichtbar, und wir können doch im selben Sinne sagen, daß sie existieren wie ein Schilling. Eine Existenzaussage wird ebenso verifiziert wie alle anderen Aussagen. Wir müssen irgendwelche Tatbestände im Kreise dieser Aussagen vorfinden. Wenn aber z. B. der Physiker sagt, daß es wirklich Atome gibt, so ist das eigentlich eine Abkürzung für verschiedene andere Behauptungen: Daß man unter diesen Umständen dies sieht, unter jenen Umständen anderes usw., und die Zusammenfassung aller dieser Aussagen ist dann die Aussage, daß es Atome gibt. Die Existenzaussage hat also nur den empirischen Sinn, daß die Tatsachen eine bestimmte Struktur haben. Wichtig dabei ist, daß der Zusammenhang, für den diese Aussage steht, ein viel komplizierterer ist als bei anderen Aussagen, denn eine Existenzaussage halten wir nicht durch eine einzige empirische Tatsache für verifiziert, sondern nur durch einen Komplex von solchen; sie kann aufgefaßt werden als eine Zusammenfassung und Umbenennung von ziemlich vielen Behauptungen und Verifikationen. Der Physiker R. P. Blondlot hat z. B. wegen eines beobachteten Lichtschimmers geglaubt, die N-Strahlen gefunden zu haben, was sich als Täuschung herausstellte; diese einzige Tatsache genügte eben nicht als Verifikation.

Was man als Verifikation einer Tatsache auffassen will, ist willkürliche Festsetzung. Eine Existenzaussage stellt gleichsam eine Abkürzung gegenüber einer ganzen Reihe von Behauptungen dar. Das Kriterium dafür, wann wir sagen wollen, daß eine Sache existiert, ist im täglichen Leben und in der Wissenschaft ein schwankendes; sogar in der strengsten Wissenschaft, der theoretischen Physik, ist es möglich, sich diesbezüglich immer noch einen Weg offenzulassen. Jedenfalls ist es immer willkürliche Festsetzung, wodurch eine Aussage als verifiziert gelten soll. Es könnte sogar festgesetzt werden, daß eine Existenzaussage nie als völlig verifiziert gelten soll, womit wieder eine ganz andere Situation geschaffen würde.

Im täglichen Leben denkt man nicht daran, nach etwas anderem zu fragen als nach den Kriterien, die uns das Vorhandensein eines Gegenstandes bezeugen, und die Behauptung, daß ein Gegenstand existiert, heißt also nichts anderes, als daß diese Kriterien zutreffen, daß die Welt die Struktur hat, wie wir sie in unseren Existenzaussagen abbilden. Im täglichen Leben hat es überhaupt nur einen Sinn, von Wirklichkeit zu sprechen, solange der Gegensatz von Wacherleben und Träumen einen Sinn hat. Ferner wird man von etwas, das direkt gegeben ist, nie sagen, daß es wirklich ist, da durch das bloße Vorzeigen schon jeder Zweifel an der Wirklichkeit abgeschnitten ist. Eine solche Aussage hätte höchstens den Sinn, den Gegensatz zum Traum zu betonen. Die Worte »es existiert« fügen einer hinweisenden Geste nichts hinzu, was man nicht ohnedies weiß; es wird nichts dadurch beschrieben. Ein Satz hat auch nur dann Sinn, wenn sein Gegenteil Sinn hat, und man kann doch nicht auf etwas hinweisen und sagen, daß es nicht existiert, es sei denn, es wäre damit etwas ganz anderes gemeint, daß man sich nämlich getäuscht habe, eine Suggestion vorliege etc. Daraus ergibt sich, daß das *»cogito, ergo sum«* Descartes' eine unsinnige Wortzusammenstellung ist, denn diese Aussage teilt nichts mit. Spricht man aber in dem Sinne von der Wirklichkeit, in dem auch Träume wirklich sind, dann kann man auch vom Traume nicht sagen, daß er wirklich sei, denn dann ist der Traum auch gleichsam durch hinweisende Gebärden gegeben. Auch die gegenteilige Behauptung kann sich dann nicht als richtig erweisen, sonst hätte man überhaupt nicht davon sprechen können.

Es ist überhaupt sinnlos, die Existenzaussagen auf das anwenden zu wollen, was man die »gegenwärtigen Bewußtseinsinhalte« nennt. Es ist damit nichts ausgesagt, man kann nicht beschreiben, wie es wäre, wenn diese Aussage falsch wäre, also die Bewußtseinsinhalte nicht existierten. Es wird nichts ausgesagt, was wahr oder falsch sein könnte, sondern es ist etwas jenseits jeder Mitteilung Liegendes. Es wird auch von allen, die sich dieser Ausdrucksweise bedienen, nie erläutert, was diese Existenz der Bewußtseinsinhalte heißen soll – auch nicht von Descartes, der von dieser Ausdrucksweise ausgeht.

Man kann auch sinnvoll von Bewußtseinszuständen sprechen und

z. B. sagen: »Ist es wahr, daß ich mich gestern gefreut habe?« Denn die Freude ist ja ein Gemütszustand. Das Wort kann definiert werden durch die Zusammenhänge, in denen es steht; diese Sätze sind also zu verifizieren. Auch die Frage: »Freutest Du Dich gestern wirklich?« ist sinnvoll. Diese Frage richtet sich auf die Existenz eines Bewußtseinszustandes, läßt sich aber verifizieren. Für den so und so beschaffenen Zustand gibt es durch seine Beschreibung ein Kriterium, ob er existiert oder nicht; das Hauptkriterium ist natürlich die eigene Aussage, aber auch der Psychologe kann feststellen, ob eine Freude simuliert oder wirklich ist.

Durch eine gleichsam beschreibende Geste allein – wie bei Descartes – kann man aber keine Existenz behaupten. Diese Geste beschreibt nichts, und es ist schon eine Fehlerquelle, wenn ein Wort anstelle einer Geste tritt. »*Cogitatio*«, das ist Bewußtseinszustand, sollte bei Descartes eben *alles* sein, was er kannte; die Aussage, daß das Ich, die Bewußtseinszustände existieren, steht am Beginn der Philosophie von Descartes. Sie spielt nicht die Rolle einer Beschreibung, sondern einer hinweisenden Geste, unterscheidet sich somit von anderen Existenzaussagen, so z. B. von sinnvollen, die einen *bestimmten* Bewußtseinszustand herausgreifen und behaupten, daß er existiert. Von »Bewußtseinsinhalt«, »Ich« im allgemeinen zu sprechen, ist ein Mißbrauch des sonst sehr wohl verstandenen Wortes »existieren«. Der Gebrauch des Wortes »Existenz« wurde also auf eine Weise erweitert, daß dadurch dieses Wort seinen Sinn verliert, und der Philosoph versucht nun, einen anderen Sinn zu konstruieren, was zu den schlimmsten Fehlern der Metaphysik geführt hat.

Es hat sich damit schon das Problem des »Ich« ergeben, da wir mit unseren Überlegungen an einem Punkte angelangt sind, wo sich die Hauptprobleme (Problem der Realität der Außenwelt, psycho-physisches Problem etc.) schwer trennen lassen. Alle diese Probleme sind unserer Methode zugänglich.

20. Die Frage der Realität der Außenwelt

Die Frage der Realität der Außenwelt ist die Frage, ob außer den eigenen Bewußtseinsinhalten überhaupt noch etwas existiert und was man darüber sagen kann. Diese Frage ist eine in der Geschichte der Philosophie berühmte und gleichsam berüchtigte. Für uns hängt diese Frage mit der im vorigen behandelten über die Existenzaussagen zusammen. Wir müssen schon verschiedene weitere Einsichten gewonnen haben, um einzusehen, daß diese Frage dort, wo sie in der Philosophie ernstlich aufgestellt wird, gar keine wirkliche Frage ist. Die Fragen nach dem Gegensatz zwischen Körper und Seele, vom Bewußtsein, vom Ich u. a. hängen zusammen und müssen eigentlich alle auf einmal beantwortet werden. Wir können sie nur nacheinander vornehmen, und kommen zur endgültigen Klärung daher erst am Schluß. Dennoch können wir bereits jetzt feste Formulierungen gewinnen.

Die Solipsisten sagen, im Gegensatze zu anderen Anschauungen, daß es nur Bewußtseinsinhalte gebe. Wenn der Gegensatz Bewußtseinsinhalt – Außenwelt überhaupt aufgestellt wird, so muß das Wort »Bewußtseinsinhalt« schon eine ganz bestimmte Bedeutung haben, sonst hat die Aufstellung dieses Gegensatzes keinen Sinn; und eben dies trifft für die Weise zu, in der diese Worte zum philosophischen Gebrauch eingeführt wurden.

Es wird gewöhnlich in folgender Weise gefragt: »Existiert eine Außenwelt oder nicht?« Was ist mit dem Worte »außen« gemeint? Es ist der Gegensatz zu »innen«, und diese Worte sind zunächst räumliche Termini. Will man diese Worte anders gebrauchen – wenn man z. B. sagt: »Das ist außer meiner Kompetenz« –, so muß man den neuen Sinn immer erst angeben, ihn erläutern; denn diese Worte haben nur dort Sinn, wo man ihn verifizieren kann. Man kann sagen, daß etwas innerhalb oder außerhalb eines Raumes ist. Aber man kann nicht sagen, daß etwas außerhalb der Welt oder außerhalb ›des‹ Raumes ist etc., denn niemand kann erläutern, was das heißen soll, wie man das verifizieren könnte. Es müßte erst festgesetzt werden, wo die Raumbegriffe keine Anwendung mehr haben sollen.

Den Gegensatz Außen- und Innenwelt können wir im täglichen Leben und in der Wissenschaft ganz legitim machen. Wir betrachten Hoffnungen, Vorstellungen, Erinnerungen etc. als zur Innenwelt gehörig; dazu im Gegensatz steht, was wir gewöhnlich die Außenwelt nennen – die Häuser, Bäume, Wolken etc. Im Sinne von Außenwelt als den räumlichen Erscheinungen ist der Gebrauch dieses Wortes einigermaßen bestimmt. In diesem Sinne aber ist die philosophische Frage nicht gemeint. Der Philosoph macht darauf aufmerksam, woher wir überhaupt wissen, daß diese Dinge der Außenwelt existieren, da wir ja nur die Empfindungen davon haben. Er will nicht, daß man sagt: »Nun, das nenne ich eben Außenwelt«; er will vielmehr zeigen, daß alles, was eigentlich Außenwelt genannt werden kann, vielleicht in der Außenwelt gar nicht existiert. Wir müssen nun zusehen, ob die Bedeutungsänderung des Wortes »Außenwelt« in einem erlaubten Sinne geschehen ist.

Die Ausdrücke »Innenwelt« und »Außenwelt« werden allerdings noch in einem weiteren guten Sinne gebraucht, und zwar so, daß sie nicht nur die Gegenüberstellung von Räumlichem außer- und innerhalb des Körpers Befindlichem bedeuten. Wenn wir von Außen- und Innenwelt in diesem zweiten Sinne sprechen, so wollen wir auf eine bestimmte Bedeutungsverschiedenheit von Worten wie Haß, Freude, Gefühl und Worten wie Gräser, Bäume, Flüsse hinweisen, die sich in zwei Klassen teilen lassen: Die eine bedeutet Psychisches im Gegensatz zur zweiten, die die Außenwelt darstellt und der in dieser Bedeutung z. B. auch die Organe des eigenen Körpers angehören; es wird also Körperliches und Seelisches einander gegenübergestellt. Daß man die Worte »außen« und »innen« in diesem Sinne verwendet, also einen Vergleich mit dem Räumlichen macht, ist erlaubt, solange man sich genau bewußt bleibt, in welcher Weise man diese Worte verwenden will. Aber diese Bedeutungsverschiedenheit ist doch Anlaß zu vielen schweren Fehlern geworden, indem diese beiden Begriffe in feiner, also noch gefährlicherer Weise miteinander verwechselt wurden. Man neigte nun dazu zu sagen, daß die Gefühle im Körper seien, ja, Schopenhauer sagte sogar, die Vorstellungen seien im Kopfe – so wie die Alten sagten, der Mut sitze im Herzen oder, wie man in der neueren Zeit sagt, dieser Platz sei im Gehirn. Da wir aber nur physikalische Vorgänge feststellen können und nichts weiter, so hat es keinen Sinn, von einer Lokalisation der seelischen Vorgänge zu sprechen; das steht im Zusammenhang mit dem psycho-physischen Problem.

Wir wollen uns über den Begriff der Außenwelt klar werden. Im täglichen Leben heißt die Behauptung, daß die Außenwelt existiert, nichts anderes, als daß es nicht nur Gefühle, Vorstellungen etc. gibt, sondern auch Berge, Häuser, Räume etc. In dem Sinne, in dem wir im täglichen Leben von der Außenwelt sprechen (ich sehe, fühle es etc.), existiert die Außenwelt natürlich, und es wäre töricht, das Gegenteil zu behaupten. Wir können alle gemeinsam von Bergen, Häusern etc. sprechen, aber jeder nur von seinen Gefühlen. Daher haben die Ausdrücke, die sich auf die Außenwelt im empirischen Sinne beziehen, eine andere Grammatik: Sie sind intersubjektiv. Die Behauptung der Existenz der Außenwelt ist also eine Behauptung über die Verwendungsweise dieser Art Wörter. Die einen kommen nur in »ich«-Sätzen vor, die anderen nur in »er«-Sätzen. Es ist eine Erfahrungstatsache, daß es solche Wörter gibt, die intersubjektiv gebraucht werden; es liegt hier also keine Frage oder Unklarheit vor. Die Kriterien für die Existenz von Häusern, Bäumen etc. sind im täglichen Leben gegeben; wir wissen sie von geträumten zu unterscheiden, und das Wort »wirklich« hat im täglichen Leben und in der Wissenschaft nur den Sinn, auf diesen Unterschied hinzuweisen. Es hat nur Sinn, von Traum zu sprechen, wenn es etwas gibt, das nicht Traum ist. Wir unterscheiden innerhalb unseres Lebens die Träume vom wirklichen Leben und wissen, wie wir sie zu unterscheiden haben. Also haben diese Worte nur innerhalb dieses Kreises eine Bedeutung bekommen, und man kann sie nun nicht anders deuten, in der Weise etwa, daß man sagt: »Das ganze Leben ist ein Traum« u. a. Denn dieser Index für das Leben bedeutet gar nichts, wenn man nicht angeben kann, was durch dieses Wort »Traum« *nicht* bezeichnet wird, wovon sich der Traum unterscheiden soll. Durch Einführung der Analogie, daß sich dieser Traum, der das ganze Leben währt, zu einer dahinterliegenden Wirklichkeit verhalten soll wie der wirkliche Traum zum Leben, ist nichts erklärt, denn das vierte Glied fehlt, und es handelt sich um keine tatsächliche Feststellung. Diese Ausdrucksweise ist nur als eine poetische erlaubt.

Man kann nicht sagen, daß es keine Häuser, Bäume etc. gebe, sondern nur Gefühle, Empfindungen usw., denn dann hätten wir diese Worte nicht eingeführt, den Unterschied gar nicht gekannt. Daher kann der Philosoph, der nach der Realität der Außenwelt fragt, diesen Unterschied auch gar nicht meinen; er versteht unter

»Innen-« und »Außenwelt« auch tatsächlich etwas anderes, so daß die Frage nach der Existenz der Außenwelt wohl entstehen kann. Es wäre erlaubt, neue Begriffe ordnungsmäßig einzuführen. Aber der Bedeutungswechsel dieser Worte war den Denkern, die ihn behufs der behandelten Fragestellung vornahmen, meist nicht klar bewußt. Dennoch könnte er korrekt vorgenommen sein, was nun zu untersuchen ist, um zu sehen, ob das Problem der Realität der Außenwelt legitim entstehen konnte.
Der Philosoph kommt zu einem neuen Gebrauch der Worte »Außen-« und »Innenwelt«, indem er darauf aufmerksam macht, daß man von Sternen, Bergen etc. nichts Direktes weiß, nur die Wahrnehmungen von ihnen hat, die aber dem eigenen Bewußtsein angehören. Populär wird hier immer für »innere Welt« Bewußtseinsinhalt gesagt; das ist aber schon ein technischer Ausdruck und läßt Irrtümer leicht zu. Nicht alles, wovon man spricht, wie eben Bäume, Häuser etc., ist ›Bewußtseinsinhalt‹; aber der Philosoph sagt: »Das Grün kommt dem Baume nicht selbst zu, es ist nur in deinem Bewußtsein«, und er sagt weiter, daß uns Häuser, Bäume etc. auch nur durch Empfindungen, Wahrnehmungen gegeben sind, und diese müsse man zur Innenwelt rechnen, sie gehörten dem Ich an. Die Körper seien nur erschlossen und dieser Schluß könne trüglich sein. Das stimmt aber nicht, die Körper sind nicht erschlossen, sondern Gegenstände, die durch Worte bezeichnet werden, die einen intersubjektiven Gebrauch haben. So wird der Satz aufgestellt: »Alles, was wir wissen, ist Bewußtseinsinhalt«. Der Philosoph nimmt sich die Freiheit, den Begriff des Bewußtseinsinhaltes sehr weit zu fassen und das Wort in einer vom täglichen Gebrauche verschiedenen Weise zu verwenden. Indem der Gebrauch des Wortes »Bewußtsein« verschoben wird, erfolgt die Darstellung so, als ob alles zum »Ich« gehören würde. Daher wird die Außenwelt nun problematisch: Wenn man unter »Außenwelt« nur etwas versteht, das Empfindungen und Wahrnehmungen hervorruft, so kann man dann fragen, ob diese Dinge existieren, die sie hervorrufen, oder ob die Empfindungen und Wahrnehmungen nur im eigenen Inneren entstehen.
Diese Ansicht wird in den verschiedensten Wendungen zum Ausdruck gebracht. Der Philosoph fragt z. B. nach der Bedeutung von Aussagen, die die Existenz von Häusern, Bäumen und dergleichen behaupten, und meint, daß man diese Aussagen

zergliedern müsse, um ihren Sinn zu finden. Soweit ist das vollkommen richtig. Wir verifizieren diese Aussagen, indem wir sagen, daß wir Berge und Flüsse sehen, wir können hingehen, hinaufsteigen etc., sie sind wirklich. In der Metaphysik aber wird die Analyse dieser Aussagen anders durchgeführt und scheinbar mit einiger Plausibilität. Der Metaphysiker sagt: »Wir wissen von den Gegenständen nur durch unsere Wahrnehmung.«
»Wahrnehmen« ist ein komplizierter theoretischer Begriff. Im täglichen Leben sagt man meist: »Dort ist ein Berg« und nicht »Dort sehe ich einen Berg« oder »Dort nehme ich einen Berg wahr«. Erst auf einem höheren Niveau gibt sich der Mensch davon Rechenschaft, daß eine Wahrnehmung nötig ist, um zu wissen, daß ein Gegenstand da ist; der primitive Mensch unterscheidet niemals zwischen Gegenstand und Wahrnehmung des Gegenstandes. Der Metaphysiker aber sagt nun auf Grund einer philosophischen Theorie, daß uns von diesen Bergen, Flüssen etc. nichts als die eigenen Wahrnehmungen gegeben sind, und diese gehören der Welt an, die man die Innenwelt genannt hat. So bleibt dann von der Außenwelt scheinbar nichts übrig. Man sagt also, daß diese Wahrnehmungen auch nichts anderes als Vorstellungen sind. In der Psychologie war es so z. B. eine Zeitlang üblich – etwa bei Wundt –, von Wahrnehmungsvorstellungen und Phantasievorstellungen zu sprechen. Haben aber die Überlegungen zu dem Schluß geführt, daß nichts da ist als nur die eigene Innenwelt, so ist dieser Ausdruck eigentlich nicht mehr am Platze. Wenn man ihn aber doch beibehält, so muß man dieser Innenwelt eine konstruierte Außenwelt gegenüberstellen, und so kommt man zur »transzendenten Realität« – von der man im täglichen Leben gar nichts weiß –, zum Reich der »Dinge-an-sich«, der »wahren Realität« im Gegensatz zur Idealität des Bewußtseins.
Es kommt so also zu einer Gegenüberstellung der Innenwelt, der immanenten Welt, der Welt der Erfahrung einerseits und der transzendenten Welt, die man nicht kennt, von der man nichts weiß, andererseits – und *nun* erhebt sich die Frage nach der Realität der Außenwelt. Diese Frage existiert nicht für den empirischen Gegensatz der Worte Außenwelt und Innenwelt; sie existiert nur bei der Gegenüberstellung von transzendenter Welt und Bewußtseinswelt. So wird ein unpopulärer Gegensatz aufgestellt zwischen »Ich« (Bewußtseinswelt) und »Nicht-Ich« (tran-

szendente Welt). – Die Klarstellung der Grammatik des Wortes »Ich«, die eine sehr schwierige ist, bleibt späterer Untersuchung überlassen. In dieser Grammatik liegt die Lösung aller dieser Probleme beschlossen.

Der Philosoph behauptet, daß mit der Frage nach der Außenwelt die von ihm konstruierte transzendente Realität gemeint sei, was wir aber ablehnen. Der logische Fehler, der diesen unsinnigen Anschauungen zugrunde liegt, besteht darin, daß der Metaphysiker behauptet, daß die Existenzaussagen noch anderes bedeuteten als den Zusammenhang von Beobachtungsaussagen, die Gesamtheit von Qualitätsbehauptungen, also die Abbildung gewisser Strukturen der Dinge. Wir haben allerdings schon im vorigen Kapitel gezeigt, daß sich die Realitätsaussagen darin erschöpfen. Fragen der Art wie: »Was ist eigentlich ein Körper?«, sind gefährlich zu stellen und dürfen nicht direkt beantwortet werden. Man meint immer, man müßte bei einem Substantivum auf einen konkreten Gegenstand hinweisen können; daraus entstehen viele schwere Irrtümer. Man kann nichts andres tun, als erklären, was die Aussagen, in denen von diesem Körper die Rede ist, für einen Sinn haben, und diesen stellen wir fest, indem wir die Aussagen verifizieren. Weiter ist überhaupt nichts zu sagen über die Gegenstände der Außenwelt und alles andere, worüber wir sprechen. Daher ist z. B. die Frage: »Was ist ein Atom?« eigentlich falsch gestellt. Man meint damit nichts anderes als: »Was ist der Sinn der Sätze, in denen von Atomen die Rede ist, wie werden solche Sätze verifiziert?«

Der Metaphysiker möchte das anders sehen, er möchte ›mehr‹ sehen; er will nicht, daß die Behauptung der Existenz einer Sache sich in die angegebene Beschreibung auflösen läßt, und spricht lieber von Schein (oder Erscheinung) und Wirklichkeit. Zu dieser Ansicht kommt der Metaphysiker auf eine scheinbar plausible Weise. Er sagt, daß das, was wir angeben, nur Wahrnehmungsaussagen, also die Dinge nur insofern wirklich seien, als man sie wahrgenommen habe. Das widerstreitet aber der alltäglichen Sprechweise, denn auch wenn wir den Berg noch gar nicht gesehen haben, sind wir der Meinung, daß er existiert. Der Metaphysiker folgert weiter, daß Existenz der Außenwelt noch etwas anderes sein müsse, was sich nicht verifizieren lasse, da doch nur die Bewußtseinsinhalte existierten. Es werden dafür Worte gebraucht wie »diese Gegenstände existieren unabhängig von uns« oder »das unabhängige Sein« u. a. Also ist die Existenz der Außenwelt, das »unabhängige Sein«, für den Metaphysiker eine, wenn auch sehr wahrscheinliche, Hypothese. Es ist aber ohne Sinn, hier von Hypothese zu sprechen; im täglichen Leben wird dieses Wort ganz anders gebraucht.

Manche Metaphysiker meinen hinwieder, daß Sterne, Bäume etc. keine Hypothesen sind. Sie stellen sich also erst auf den solipsistischen Standpunkt, suchen dann aber andere Schlüsse, um ihn zu überwinden. In der Ausdrucksweise Kants würde es z. B. heißen: Die Erscheinungen können nicht so sein, wenn nicht da draußen die »Dinge-an-sich« sind, von denen sie eben die Erscheinungen sind. Descartes schließt zuerst aus dem Bewußtseinsinhalt auf die Existenz Gottes und meint dann weiter: Da Gott uns die Existenz von Körpern vorspiegelt und er uns doch nicht täuscht, so muß man also auch die Existenz dieser Körper annehmen.

Die modernen Metaphysiker sind um nichts besser oder weiter. Es liegt im metaphysischen Standpunkt beschlossen, daß die Verifikation nur durch das Bewußtsein möglich ist, nicht aus dem Bewußtsein herausführt. Von der transzendenten Außenwelt ist dann keine Verifikation mehr möglich, die Außendinge können nicht mehr absolut, d. h. losgelöst existieren. Um diesen Standpunkt aber einigermaßen verständlich erscheinen zu lassen, muß geleugnet werden, daß die Angabe des Sinnes einer Aussage allein darin besteht, daß man angibt, wie sie zu verifizieren ist. Da wir aber festgestellt haben, daß der Sinn einer Aussage nur die Methode ihrer Verifikation ist, hat es keinen Sinn, von einer transzendenten Existenz als von etwas Nicht-Verifizierbarem zu sprechen. Manche Metaphysiker schlagen als Verifikationsmethode vor, sich selbst in die Gegenstände hineinzuversetzen, was wohl heißen soll, daß man mit ihnen identisch wird; dann nämlich würde man die Existenz dieser Dinge so erleben, wie man die eigene Existenz erlebt. – Hier vergißt der Metaphysiker aber, daß das keine mögliche Verifikation ist, da man nicht angeben kann, wie man das macht. Es handelt sich um eine logische Unmöglichkeit. Denn wenn ich der Berg bin, dann ist er eben mein »Ich« und alles wieder so wie vorher; ein Berg ist voraussetzungsgemäß etwas anderes als ein Mensch.

Nur der Metaphysiker wirft also die Frage nach der Realität der Außenwelt auf. Er gebraucht die Worte »Außen-« und »Innenwelt« in einem anderen Sinne, als sie im täglichen Leben gebraucht werden. Der Metaphysiker meint nicht wie wir die intersubjektive Außenwelt, sondern er definiert seine nicht verifizierbare, transzendente Außenwelt so, daß er bei dieser Definition das Sinnkriterium aufgibt, das den Angelpunkt für alle Aussagen bildet. Für uns ist die Frage nach der Realität der transzendenten Außenwelt ein leeres Wort. Wir sagen nicht, daß diese transzendente Außenwelt nicht existiert, sondern wir sagen, daß die Redeweise von dieser Welt unsinnig ist.

Es bleibt nun noch ein Argument des Metaphysikers zu kritisieren, welches in allen Diskussionen eine große Rolle spielt und lautet, daß wir von den Körpern nur durch die Wahrnehmung wissen. In gewissem Sinne ist sicher richtig, daß wir von den Körpern durch unsere Wahrnehmungen wissen; denn ich sehe nur, daß der Baum grün ist, wenn ich die Augen offen habe, höre den Donner nur, wenn ich die Ohren nicht verstopft habe etc. Daß uns die Gegenstände durch Wahrnehmung bekannt werden, heißt aber nichts anderes, als daß die Aussagen über die Gegenstände abhängig sind von gewissen Zuständen unseres Körpers. Alle Verifikationen endigen in Wahrnehmungen, alle unsere Aussagen über Vorgänge in der Außenwelt in empirischem Sinne beruhen auf Wahrnehmungen, d. h. sie sind in gewissem Sinne von unseren Körperzuständen abhängig. Das heißt aber nicht, daß die Aussagen über Körper Aussagen über Wahrnehmungen wären! Verifikation durch Wahrnehmung bedeutet nicht, daß es nur Wahrnehmungen sind, von denen wir sprechen. Aussagen über Wahrnehmungen sind Aussagen über den Zusammenhang von gegebenen Zuständen mit Zuständen meines Körpers, Wahrnehmungszuständen. Es ist daher ganz irrig zu sagen, daß die Körper nichts anderes seien als »Komplexe von Empfindungen« – so Ernst Mach, der ansonsten aber sehr klar gesehen hat. Die Aussagen über die Außenwelt sind nicht Aussagen über Wahrnehmungen, sondern eben Aussagen über Häuser, Bäume etc., und diese werden durch Wahrnehmungen, z. B. Wahrnehmungen von Tischgestalten, Baumgestalten etc., verifiziert, aber nicht durch Sätze über Wahrnehmungszustände. In Verkennung dieser Tatsache kommt man zu dem Irrtum, die Empfindungen als das einzig Wahre zu betrachten, wozu aber kein Grund vorliegt. Wenn man alles in das subjektive Ich hineinnimmt und ein empirisches Nicht-Ich leugnet, kommt man eben zur Schaffung eines transzendenten Nicht-Ich.

Es hat Philosophen gegeben, die sagten, daß wir überhaupt nichts anderes behaupten dürfen als die augenblickliche Existenz unseres Ichs, unseres Bewußtseinsinhaltes; so beginnt Descartes mit seinem »Cogito, ergo sum«. Diese Redeweise könnte man mit einem Wort als Instantan-Solipsismus bezeichnen. Hier liegen dieselben, schon aufgezeigten Irrtümer vor. Die Kriterien für die Wirklichkeit liegen in der Gegenwart; sind sie aber da, so waren die Gegenstände auch schon früher da, und wenn wir diese Kriterien aufzeigen – z. B. Runen an alten Steinen etc. –, so meinen wir nichts anderes als dies. Wenn man die Wirklichkeit durch die Erinnerungen verifiziert, so heißt das eben nichts anderes, als daß die Vergangenheit wirklich war. Eine Frage, ob man etwas geträumt habe oder ob es doch wirklich war, kann hier nicht gestellt werden; die alltäglichen Kriterien sind die einzigen, die es dafür gibt. Wäre alles Bewußtseinsinhalt, so könnte man beispielsweise nicht fragen, ob die Erde schon vor uns da war; die Kriterien für die Existenz der Erde sind rein empirisch-physikalischer Natur. So verhält es sich gleichfalls bei allen übrigen Dingen.
Es ist nun noch auf den psychologischen Grund dieser Fehler hinzuweisen, der zur metaphysischen Schaffung des Transzendenten geführt hat: Es ist die Verwechslung von Stoff und Form, der Glaube an Inhalte ohne Verifikationen. Auch bei der Existenz wird immer geglaubt, daß ein Inhalt vorläge, der direkt intuitiv erfaßt werden könne, ohne daß wir einer Verifikation dazu bedürften, der eben unabhängig von jeder Verifikation da sei, oder von dem wir sprechen könnten, ohne zu sagen, was wir damit meinen. Davon aber kann keine Rede sein, denn wenn man etwas weiß, muß man es sagen können; wenn man etwas meint, so muß man es ausdrücken können, da Erkenntnis ja Ausdruck voraussetzt. Was man prinzipiell nicht sagen kann, das kann man auch nicht behaupten, das ist für unsere Erkenntnis, für unsere Sprache einfach nicht da. Es liegt also ein Mißverständnis der Erkenntnis vor, wie wenn Erkenntnis etwas vom Ausdruck Unabhängiges wäre. Der psychologische Grund der Irrtümer ist also, daß Erkenntnis immer wieder mit Intuition verwechselt wird; daß man nicht sieht, daß auch die Existenzurteile solche sind, die eine bestimmte Struktur wiedergeben und nicht einen Stoff oder Inhalt.
Sinnvolle Wirklichkeit können wir nur die verifizierbare, empiri-

sche Wirklichkeit nennen, und innerhalb dieser ist der Gegensatz von Innen- und Außenwelt so, wie wir ihn im täglichen Leben sehen. Die wirkliche Welt ist also so beschaffen, wie es uns die Wissenschaft und das tägliche Leben sagen. Eine andere ›Lehre vom Sein‹ kann es nicht geben. Die Wissenschaft soll uns doch eben sagen, wie die Welt ist. Das tut sie auch, und alles, was sie sagt, gilt wirklich von der Welt. Der Gegensatz von Erscheinung und Wirklichkeit fällt also völlig weg. Was wir in Astronomie, Geschichte und allen übrigen Wissenschaften feststellen, das ist die Beschreibung der Wirklichkeit; eine andere Beschreibung ist sinnlos, und es gibt das Problem nicht, wie die Welt beschaffen sein möge, die hinter dem allen ruht, denn man kann eine solche Welt nicht widerspruchsfrei definieren. Wir kehren gleichsam wieder zurück zum natürlichen Weltbegriff. Am stärksten verwandt mit diesen Ansichten ist die von Richard Avenarius, der auch meinte, daß die Philosophie mit Ausmerzung der Metaphysik wieder zur natürlichen Weltanschauung zurückkehrt. Man kann diese Lehre in gewissem Sinn auch einen Positivismus nennen; sie ruht aber auf dem alleinigen Grundgedanken, daß der Sinn der Aussagen durch ihre Verifikationsmethoden gegeben ist. Viele andere Formulierungen, die richtige Gedanken oft falsch ausdrücken, lehnen wir ab, wie z. B. »Es gibt nur das Gegebene« oder »Es ist in der Welt nichts anderes gegeben als Empfindungen und Gefühle«. Angriffe, die man gegen den Positivismus der Gegenwart richtet, können nur Formulierungen früherer Positivisten wie Hume, J. St. Mill, Comte treffen. – Durch die Bestimmung, daß unsere Aussagen nur den Sinn haben, den man verifizieren kann, wird jede Metaphysik unmöglich gemacht.

21. Vom metaphysischen Idealismus

Der Metaphysiker kommt von der Frage nach der Realität der Außenwelt auf die Frage nach der Beschaffenheit der Außenwelt, indem er wie folgt argumentiert: Ich kenne zwar von der transzendenten Welt nichts, aber ich kenne mein eigenes Ich, meinen Bewußtseinsinhalt. Was für Eigenschaften wird der Teil der Welt haben, den ich nicht kenne? Es ist sehr wahrscheinlich, daß er dieselben Eigenschaften hat, von derselben Art ist wie das, was ich kenne; es ist wahrscheinlich, daß also auch die transzendente Welt etwas Psychisches ist.

Gewöhnlich wird diese Ansicht in Form eines Analogieschlusses dargestellt. Es wird zunächst vorausgesetzt, daß die gesamte Wirklichkeit, die ich kenne, nämlich die Bewußtseinswirklichkeit, psychischer Art ist, und dann schließt man auf die übrige Wirklichkeit. Daher ist die Auffassung des metaphysischen Idealismus oder Spiritualismus (oder auch Psychomonismus), daß das innere Wesen des Seins psychischer Art ist.

Dieser Gedankengang ist schon deshalb unsinnig, weil der Gedanke der transzendenten Realität in sich widersprechend ist, mit ihm nichts gesagt ist. Dennoch wollen wir die spiritualistische Ansicht untersuchen. Wir haben schon festgestellt, daß das Wort »Bewußtsein« oder »psychisch« in der allgemeinen Bedeutung, in der der Metaphysiker es verwendet, keinen Sinn mehr hat, weil man es mit nichts mehr in Gegensatz stellen kann. Eine Bedeutung kann dieses Wort nur dort haben, wo man auf empirischem Wege dem Psychischen ein Physisches gegenüberstellt. Der Metaphysiker, der alles psychisch nennt, hat zwecks dieser Gegenüberstellung künstlich die transzendente Welt geschaffen. Es hat aber keinen Sinn zu sagen, daß die Welt psychischer Art sei, denn es wird dabei vorausgesetzt, daß man die Bedeutung des Wortes »psychisch« schon dadurch kennt, daß man mit dem zu erkennenden Gegenstande identisch wird. Hier wird unter Erkenntnis unmittelbares Gegebensein verstanden, was wir in keiner Weise Erkenntnis nennen können. Wir haben den Fall schon beleuchtet, wo man eine in einem Satz formulierbare Erkenntnis dadurch gewonnen zu haben glaubt, daß man sich in die Gegenstände hineinversetzt, so daß sie zum ›Bewußtseinsinhalt‹ werden. Es wird dabei übersehen, daß das Kennenlernen des Gegenstandes *vor* jeder Erkenntnis liegen muß. Es ließen sich wohl Festsetzungen treffen, daß mit derlei Behauptungen doch etwas gemeint sein soll – aber dann kommt jedenfalls keine Metaphysik heraus, sondern eine prüfbare, empirische Behauptung.

Die Behauptung des Spiritualismus ist also ungefähr folgende: Wenn ich mit dem Gegenstande (oder den Gegenständen der transzendenten Außenwelt) eins werden könnte, dann würde ich ihn erleben wie mein eigenes Ich, also finden, daß er psychischer Art ist. Hier finden wir wieder den Wunsch, des Inhaltes habhaft zu werden, nicht ›bloß‹ Strukturen abzubilden. Was heißt denn, »daß ich ihn erleben kann«? Das heißt, daß er zu meinem Bewußtseinsinhalte wird. Daß er dann aber psychischer Art, ein Bewußtseinsinhalt ist, das ist doch keine Erkenntnis, sondern eine Selbstverständlichkeit. Denn wie sollte man etwas erleben können, was nicht Bewußtseinsinhalt wäre? Die Feststellung, daß etwas, mit dem man ›eins werden‹ könne, psychischer Art ist, ist bestenfalls eine Tautologie, denn sie bedeutet: Wenn ich es erleben könnte, dann würde ich es erleben. Erleben können und es als Psychisches erleben, ist ein und dasselbe. Andererseits ist gegen diese metaphysischen Auffassungen noch einzuwenden, daß es widerspruchsvoll ist, von der transzendenten Welt zu sagen: »Wenn ich sie erleben könnte ...«, denn wenn dem so wäre, dann wäre sie per definitionem nicht mehr transzendent, da die transzendente Welt als jenseits unseres Bewußtseins liegend definiert wurde.

Man kommt zu den metaphysischen Unsinnigkeiten dadurch, daß man alles, was man erlebt, in das Ich hineinnehmen will. Durch Verwechslung des Sinnes der beiden Aussagen »Alle Wirklichkeitsaussagen werden an Wahrnehmungen geprüft« und »Alles Wirkliche ist Wahrnehmung« entstehen leicht Irrtümer. Einem solchen unterliegt Berkeley, der seine metaphysische Auffassung aus dem Wesen des Seins abzuleiten sucht; er stellt die Formel auf: *Esse est percipi* – Sein ist dasselbe wie wahrgenommen werden. Dadurch wird alles, was gesagt werden kann, mit Hilfe von Wahrnehmungen gesagt. Berkeley vergißt dabei aber, daß deshalb das Wahrgenommene doch nicht dasselbe ist wie das Sein. Atome, ferne Sterne, wie z. B. unsichtbare Begleiter eines Fixsternes, etc. können nicht wahrgenommen werden, haben aber für die Physik dieselben Wirklichkeitskriterien wie andere Gegenstände. Richtig ist allein, daß die Verifikation der Wirklichkeitsaussagen letzten Endes durch Wahrnehmungen erfolgt; es gibt keine andere Verifikation.

Ob also durch den primitiven Analogieschluß oder wie bei Berkeley durch Überlegung über die Verifikation der Existenzaussagen, es ist immer derselbe Fehler, zu meinen, daß alles, was existiert, Geist ist. Dies ist aber sinnlos, weil das Wort »psychische Wirklichkeit« oder »Geist« in der Art, wie es von den Metaphysikern eingeführt wird, sich von nichts anderem abhebt. Wollte man derlei Aussagen einen Sinn verleihen, so könnte dies nur auf empirischem Wege geschehen; dann käme man aber zu einer wissenschaftlichen Fragestellung und nicht zu einer philosophischen. Es ist sinnlos zu sagen, daß eine Sache vielleicht gar nicht da ist, wenn man sie nicht wahrgenommen hat. Die Existenz einer Sache läßt sich nur auf empirischem Wege ermitteln. Wir haben verschiedene Möglichkeiten, ganz gewöhnliche Kriterien, um festzustellen, ob eine Sache da war oder nicht. Berkeley hat dabei seine irrige Ansicht durch die Annahme zu stützen versucht, es sei immer ein Geist da, der die Dinge wahrnehme, denn diese würden eben immer von Gott wahrgenommen. – John St. Mill nennt die Gegenstände »Möglichkeiten von Wahrnehmungen«. Hier liegt wieder dieselbe Verwechslung vor. Es hat keinen Sinn, die Wirklichkeit durch die Möglichkeit erklären zu wollen. Sinnliche Wahrnehmbarkeit ist kein Existenz-Kriterium.

Der Spiritualismus kann auch so gefaßt werden, daß er die Welt zunächst in körperliche und geistige Welt aufteilt und dann die körperliche für Schein erklärt. Es gibt allerdings verschiedene Variationen des Idealismus, z. B. den Schopenhauers. Er ist denselben Einwendungen ausgesetzt, da auch er von intuitiver Erkenntnis ausgeht. Bei Schopenhauer wird das Wesen alles Wirklichen als »Wille« bezeichnet – während aber nach der gewöhnlichen Auffassung der Wille nur einen Teil der Bewußtseinsvorgänge ausmacht – und gesagt, daß *alle* Bewußtseinsvorgänge Willensvorgänge sind, wodurch dieser Behauptung jeder Sinn genommen wird, da dem »Willen« nichts anderes gegenübergesetzt ist. Dieser Voluntarismus – so auch bei Wundt zu finden – hätte nur dann Sinn, wenn er empirisch wäre, die Willensvorgänge also vor anderen irgendwie auszeichnet. Damit käme man aber von einer philosophischen wieder zu einer wissenschaftlichen Fragestellung.

Der Fehler aller dieser metaphysischen Überlegungen wurzelt darin, daß man immer glaubt, Inhalte, den Stoff, ausdrücken zu können, anstatt der Form, der Struktur. Dem intuitiven Erkenntnisbegriff, auf dem die ganze Metaphysik beruht, liegt der Wunsch zugrunde, den Stoff, den Inhalt, also das Unausdrückbare, ausdrücken zu können. Wir wissen aber gar nicht, was es heißen soll, einen Inhalt auszudrücken. Das ist logisch unmöglich, daher kann man es nicht einmal versuchen. Etwas sagen, heißt nur, die Struktur widerspiegeln.

Es gibt noch eine andere Art der monistischen Metaphysik, das ist der Materialismus; dieser behauptet, daß das transzendente Sein von der Art wäre, wie es die Körper sind. Auch hier wird versucht, über den Stoff, den Inhalt, etwas auszusagen. Auch der Materialismus verfährt so, daß er die Welt in Physisches und Psychisches aufteilt und dann behauptet, daß das Physische allein wirklich sei. Wenn der Materialist diese Behauptung aufstellt und sagt: »Alles was da ist, ist Materie«, so vermeint er, irgendeine intuitive Erkenntnis auszudrücken, da er unmittelbar zu wissen glaubt, was Materie ist, ohne davon eine Beschreibung geben zu müssen. Bei den meist verschwommen formulierten Argumenten der Materialisten ist das Wort »Materie« nur eine Bezeichnung für etwas, das wir Stoff oder Inhalt genannt haben, und insofern ist der Materialismus eine Metaphysik. Diese Anschauung ist meist in naiver Weise vertreten worden, erstmalig bei Demokrit. Er stellt die Atome raumfüllend, also anschaulich dar; es wird nichts weiter über die Raumerfüllung gesagt, aber wir wissen, daß sie uns – im Gesichts- und Tastfeld – anschaulich gegeben ist. Die Materialisten meinen, daß die Materie die Eigenschaft sei, die man anschaulich an den Körpern wahrnehmen kann; sie komme ihnen wesentlich zu.

Es gibt zwei psychologische Motive für den Irrtum des Materialismus. Erstens scheinen wir von der Körperwelt ein sichereres Wissen zu haben als von anderen Gebieten. Die Körper scheinen etwas Solideres, unveränderlich Bleibendes zu sein. Dies hängt mit einer Substanzvorstellung zusammen; auch Kant meint noch, daß es eine Einsicht *a priori* sei, daß die Substanz unveränderlich ist. Den Körpern scheint Permanenz, Substantialität, Konstanz innezuwohnen, auf die man alles zurückführen kann, während man das von den flüchtigen psychischen Vorgängen nicht behaupten kann. Die psychische Welt scheint den Bedürfnissen des

Erkennens nicht so sehr entgegenzukommen, und daher wird sie als etwas Flüchtiges, Unwirkliches vernachlässigt. Man bezeichnet sie als »Erscheinung«, als Epiphänomen. Die Welt des Psychischen scheint zweitens auch der Selbständigkeit zu ermangeln, weil die Beobachtung zeigt, daß alle diese psychischen Vorgänge von Vorgängen im Leibe abhängen. Es ist eine Frage, inwieweit man sagen kann, daß die psychischen Vorgänge im Gehirn liegen. Jedenfalls ist festgestellt, daß bei verschiedenen Verletzungen der Gehirnrinde verschiedene psychologische Vorgänge versagen. Die Materialisten zeigen die Abhängigkeit der psychischen Vorgänge von physischen auf. Das hat seine Richtigkeit; falsch ist aber, daß daraus eine Metaphysik abgeleitet werden kann, die das eine wirklich nennt und das andere nur Schein.
Was bleibt an den Formulierungen des Spiritualismus und Materialismus übrig? Die Worte »psychisch« und »physisch« schließen einen Gegensatz ein, und dieser hat nur einen empirischen Sinn. Man bezeichnet als »psychisch« nur eigene Vorgänge, während man von »physisch« ohne Beziehung auf ein Subjekt sprechen kann. Die eine ist also eine subjektive, die andere eine intersubjektive Sprache. Indem wir Vorgänge der Welt mit Ausdrücken der physischen Sprache beschreiben, gelangen wir zu Naturgesetzen, also Strukturaussagen. Wir können umgekehrt auch die Worte, mit denen wir die psychischen Vorgänge beschreiben (Lust, Unlust, Gefühle, Farben, Töne) zur Beschreibung von Tatbeständen und ihrer Gesetzmäßigkeit benützen; das ist die Sprache der Psychologie. Der Psychologie aber mangelt es noch sehr stark an Exaktheit, man hat in ihr noch nicht Strukturen von derselben Schärfe aufgefunden wie in der Physik. Wenn man den psychischen Vorgängen so wie den physischen eine bestimmte Struktur geben könnte, dann hätte man Beschreibungen von Natur und Geist, und könnte allen diesen Aussagen den Sinn unterlegen, daß es möglich ist, die Tatsachen und Beziehungen in der Welt mit Hilfe der psychologischen Gesetze zu beschreiben, die Strukturelemente der Welt wären dann psychologische Begriffe. Die Schein-Aussagen des Spiritualismus würden dann einen bestimmten Sinn bekommen, denn sie würden Strukturen beschreiben. Z. B. hieße dann »Alles ist Wille«, daß wir überall dieselbe Struktur wiederfinden, die wir schon zuerst aufgefunden und beschrieben haben. Aber in der Art des Voluntarismus sind es keine Beschreibungen, nur entfernte und schwa-

che Analogien, die uns kein Recht geben, die Vorgänge als Willensvorgänge zu bezeichnen; kein einziger Naturablauf wird so erklärt. Dann und nur dann wäre in diesen Formeln ein Sinn zu finden, wenn man dieselben Gesetzmäßigkeiten wiederfinden würde und sie beschreiben könnte. Dann wäre aber die Feststellung, daß die Strukturen in der Welt so beschaffen sind und nicht anders, keine Metaphysik, sondern eine wissenschaftliche Feststellung. Wir könnten dann die aus der menschlichen Bewußtseinswelt genommenen Formen und Gesetze zur Beschreibung der gesamten Naturvorgänge nehmen. – Davon ist aber tatsächlich keine Rede; wir wissen, daß die Welt *nicht so* beschaffen ist, daß man die Erscheinungen auf die Begriffe der Psychologie anstatt auf die Begriffe der Atomlehre zurückführen könnte; wir wissen das durch Erfahrung.

Ganz ähnlich kann man vom Materialismus sagen, daß der Sinn, den man in seinen Behauptungen finden könnte, der sei, daß wir, sind einmal die Gesetze der psychischen und physischen Vorgänge vollständig aufgestellt, die Formeln , welche wir im Physischen gefunden haben, nun im Psychischen wiederfinden, so daß man das Psychische mit Hilfe der physikalischen Begriffe und Gesetze beschreiben könnte. Das wäre wieder eine wissenschaftliche Aussage über die Struktur der Welt und deshalb keine Metaphysik, weil sie keine Aussage über ›Inhalt‹, ›Stoff‹ oder ›innerstes Wesen‹ wäre. Bisher ist das noch nicht gelungen, aber es spricht jedenfalls mehr für diese Möglichkeit – insbesondere wegen der beobachteten Abhängigkeiten zwischen Großhirnrinde und psychischen Prozessen –, weil die physikalischen Begriffe viel universaler sind.

Eine dritte metaphysische Anschauung, die sich mit den beiden anderen nicht vereint, aber doch verschiedene Momente der beiden Anschauungen verwendet, ist der Dualismus; er behauptet, daß es zwei Arten von intuitiv erfaßbarer Wirklichkeit gebe, Geist einerseits, das Körperliche andererseits, und daß beide miteinander in Verbindung stünden. Es war Descartes, der den metaphysischen Dualismus in die Philosophie eingeführt hat. Die Nachfolger des Descartes haben dann geleugnet, daß zwischen beiden Arten der Wirklichkeit eine Wechselwirkung besteht.

Alle diese metaphysischen Richtungen fallen für uns wegen der Art und Weise, wie sie die Worte gebrauchen, aus; bei allen diesen Behauptungen liegt ein Mißbrauch der Sprache vor. Läßt man diese Worte aber als Kennzeichen für gewisse Arten von Strukturen gelten, dann könnte man diesen Behauptungen einen Sinn unterlegen. Sie würden aber damit zu einer Angelegenheit der Wissenschaft, deren Aufgabe es ist, die Gesetzmäßigkeiten aufzudecken, und hätten nichts mehr mit der Sinnanalyse, also der Philosophie zu tun.

22. Vom Ich oder von der Psyche

Wir wollen die Grundbegriffe genauer betrachten, die in den metaphysischen Richtungen gebraucht werden. Die folgenden Überlegungen sind schwierig, weil ungewohnt. Sie beziehen sich auf die Bedeutung des Wortes »ich«. Die Ansichten über die Verhältnisse des Ichs zur genannten physischen Außenwelt sind grundlegend für den Aufbau der Weltanschauung.
Wir wollen erst einmal fragen, was wir mit den Sätzen, in denen das Wort »ich« vorkommt, meinen; und das wird so geprüft, daß man angibt, wie solche Sätze verifiziert werden. Wir unterscheiden dann die sinnvollen, verifizierbaren von den nichtssagenden, sinnlosen Sätzen. Auf diese Weise scheiden wir dann den metaphysischen, unsinnigen Gebrauch der Worte aus.
Der Metaphysiker sagt, daß wir von der Welt nur durch Wahrnehmungen wissen und diese sind in mir. Nun scheint es sinnvoll zu fragen, ob es außer mir überhaupt noch etwas gibt; bezüglich dieser Frage unterscheidet man Realisten und Solipsisten. Mit welchem Recht aber bezieht sich der Metaphysiker in dieser Annahme auf das eigene Ich? Er sagt: »Wir wissen nur von unseren eigenen Wahrnehmungen und sonst von nichts.« Gewiß hängt die Erkenntnis anderer Dinge von unseren Sinnesorganen ab; wenn ich die Augen schließe, sehe ich nichts etc. Damit wird aber nichts weiter gesagt, als daß eine gewisse Abhängigkeit besteht zwischen Tatsachen, die den eigenen Körper, und Tatsachen, die andere Körper betreffen; das ist ein feststellbarer, empirischer Zusammenhang. Wenn wir diesen Zusammenhang nun so ausdrücken, daß wir sagen, daß uns nur das ›Ich‹ gegeben ist, so ist der Gebrauch des Wortes »ich«, wie ihn die Metaphysik macht, illegitim; mit einem solchen Satze ist nichts mehr ausgedrückt. Dies sollen uns die folgenden Überlegungen zeigen. Es ist nicht leicht, hier den Fehler aufzuzeigen, da unsere ganze Sprache auf eine Ausnahmestellung des »ich« gegenüber anderen Personen eingerichtet ist. Eine genaue Analyse zeigt uns, daß diese Ausnahmestellung aber gar nicht besteht.
Das »ich« tritt in der Sprache in verschiedener Weise auf: Erstens im Zusammenhang von ich, du, er, ... als vollkommen gleichgeordnetes Personalpronomen (die Sätze »Ich sehe grün« und »Er

sieht grün« sind grammatisch vollkommen äquivalent). Zweitens im Zusammenhang der Possessivpronomina (mein Haus, mein Körper, das Haus eines anderen etc.); auch hier ist in der Sprache ein symmetrischer Gebrauch vorhanden, und alle diese Ausdrucksweisen haben ihren guten Sinn, d. h. wir wissen, wie zu verifizieren ist, was da behauptet wird.
Welchen Unterschied haben nun Sätze, in denen das Wort »ich« vorkommt gegenüber anderen Sätzen, in denen andere Pronomina vorkommen? Die grammatische Form dieser Sätze ist gleich. Wenn ich z. B. sage: »Ich war im Theater« und »Er war im Theater«, so heißt das immer, daß ein bestimmter Körper an dem und dem Platze des Raumes war. Man meint in beiden Fällen etwas Analoges, nämlich daß der Körper im Theater war. (Man würde sich nicht so ausdrücken, wenn man es nur in Gedanken gewesen wäre.) Das Wort »ich« hat hier die Bedeutung, auf einen gewissen Körper hinzuweisen, und dies ist der einzig sinnvolle Gebrauch dieses Wortes im täglichen Leben und auch in der Wissenschaft; jeder andere Gebrauch – wie der metaphysische – ist sinnlos, es ist ihm keine Verwendungsmöglichkeit gegeben. Zwischen dem eigenen Körper und dem des anderen ist ein bestimmter, empirisch feststellbarer Unterschied; man sieht z. B. seine eigenen Augen nur im Spiegel, die Glieder in einer anderen Perspektive. Es sind nur empirische Tatbestände, daß sich mein Körper auf diese leicht zu beschreibende Art von den anderen unterscheidet, aber es ist keine philosophische Angelegenheit. Bezüglich des »ich« handelt es sich also immer nur um meinen Körper, er ist immer bei mir, ich fühle Schmerz, wenn er verletzt wird, usw.
Um das Logische in dem Gebrauch des Wortes »ich« von dem Erfahrungsmäßigen zu trennen, ist es gut, die Methode anzuwenden, daß man sich die Welt einmal anders vorstellt, als sie tatsächlich ist, sich gewisse erfahrungsmäßige Tatsachen anders denkt und sich fragt, wie der Gebrauch der Worte »ich«, »du« ... dann ist. So wäre es z. B. denkbar, daß einem anderen etwas auf den Kopf fällt, aber ich den Schmerz fühle, oder daß der Schmerz auf verschiedene Personen verteilt wäre. Man könnte sich also vorstellen, daß unsere Erlebnisse auch dann auftreten, wenn an dem Körper anderer Personen Vorgänge stattfinden. Es würde die Beziehung zwischen dem »ich« und dem »du« eine ganz andere sein. So etwas ist nichts logisch Unmögliches, wird oft als

eine Art mystisches Erlebnis beschrieben, ist also etwas durchaus Vorstellbares. Das Ich wäre dann gleichsam eine Art abstraktes Auge, das keinen Körper besitzt; wenn eine bestimmte Person im Zimmer die Augen schließt, sehen ich und eventuell verschiedene andere Personen nichts mehr. Wäre die Welt so eingerichtet, dann würde der Gebrauch des Wortes »ich« eigentümlich verschieden sein, die Verwendung der Worte »ich« und »du« würde durcheinanderlaufen; die Regeln ihres Gebrauches – also die logisch-grammatischen Regeln – wären andere, kompliziertere, als sie es sind, wenn meine Erlebnisse nur mit einem Körper zusammenhängen. In diesem Beispiel könnte man mit gleichem Recht sagen: »Ich habe Schmerzen«, »Du hast Schmerzen«, »Er hat Schmerzen«; diese Ausdrücke stehen hier ganz gleichwertig nebeneinander. Man kann sich also einen Körper so aufgelöst denken, daß die empirische Zusammenfassung dessen, was zum Ich gehört, eine ganz andere wird. Wir lernen hieran zu sehen, wieviel Empirisches an der Zusammengehörigkeit gewisser Tatsachen zu einem bestimmten Ich ist.
Die gewöhnliche Vorstellungsweise, die durch die geringste philosophische Überlegung hervorgerufen wird, ist die, daß das Ich mit einem ganz bestimmten Körper verbunden ist. Es ist eben Erfahrungstatsache, daß ich nur dann etwas empfinde, wenn mit einem bestimmten, ausgezeichneten Körper etwas geschieht, daß ich nur sehe, wenn ich die Augen offenhalte etc. – aber es müßte nicht so sein. Nun denkt man sich aber dieses ›Ich‹, diese ›Seele‹, dieses ›Bewußtsein‹ *in* diesem bestimmten Körper und wird weiters noch dazu geführt, weil die Nerven alle dahin führen, ihm einen Platz im Körper anzuweisen, z. B. im Gehirn. Schon Descartes hat die Zirbeldrüse für die Verbindung zwischen Seele und Körper verantwortlich gemacht. Das Ich wird also dadurch als verbunden mit dem Körper gedacht, daß es *darinnen* ist. Daß dieser Gedanke unsinnig ist, hat schon Kant gesehen, aber schlecht formuliert, und speziell Avenarius polemisiert gegen diese Introjektion, d. h. die Hineinverlegung des Psychischen in den Körper. Man verstößt dabei nämlich gegen die Grammatik des räumlichen Terminus »in«, der hier auf psychische Gegenstände angewendet wird. Wäre das Empfangsorgan meines Schmerzes nicht an meinem Körper lokalisiert, so könnte ich die übliche Introjektion nicht vornehmen. Durch den Gedanken der Introjektion wird dann die Ansicht hervorgerufen, daß die Au-

ßenwelt auf verschiedene Körper wirken muß und man so Kenntnis von ihr erhält. (Diese naive Anschauungsweise ist auch die von James Jeans; er meint, das Kind wisse erst nur von sich selbst und lerne die Außenwelt erst dann kennen.) Dieses gänzlich unsinnige Weltbild entsteht durch die verschiedenen Anwendungsweisen des Wortes »räumlich«. Es wird vergessen, daß wir räumliche Ausdrücke wie das Wort »in« nur auf das anwenden können, was wir das Physische nennen, in der Weise, wie solche Ausdrücke in der Physik verwendet werden, nicht aber auf das Psychische.

Man sieht also, daß der Unterschied zwischen den Worten »ich« und »du« nur auf den empirischen Unterschied zurückzuführen ist und daß die Verwendung dieser Worte eine ganz andere wäre, wenn die empirischen Tatsachen anders wären. Es ist also ein ganz einfacher Gebrauch des Wortes »ich« gegeben: Er bezieht sich auf das, was mit meinem Körper zusammenhängt. Das Ich ist also nicht logisch, sondern empirisch ausgezeichnet. Daher ist jene Metaphysik nicht berechtigt, die dem Ich eine logische Ausnahmestellung gegeben hat (Solipsismus, Spiritualismus). Man bezieht das Wort »ich« dann nämlich auf etwas anderes, z. B. auf etwas, das die Philosophen das »transzendente Subjekt« genannt haben. Wir haben gezeigt, daß das nicht sinnvoll ist und kommen so zu einer anderen Auffassung des Psychischen.

Die gewöhnliche Verwendung des Wortes »ich« kennt allerdings einen logischen Unterschied; dieser ist aber nicht leicht zu sehen oder zu erklären. Es sind z. B. in Sätzen wie: »Ich habe ein Buch«, »Du hast ein Buch«, »Er hat ein Buch«, ich, du, er *gleichberechtigt, nebengeordnet*. Man kann auch sagen: »Er hat jetzt dasselbe Buch, das ich gehabt habe.« *Nicht gleichberechtigt* aber ist das Wort »ich« mit den Worten »du« und »er« in Sätzen wie »Ich empfinde Schmerzen«, »Er empfindet Schmerzen«. Man kann nicht sagen: »Er empfindet jetzt dieselben Schmerzen, die ich gehabt habe«; die Schmerzen, die man selbst hat, können nicht so auf einen anderen übergehen wie z. B. ein Buch. Das ist keine übliche Sprechweise, und sie einzuführen, wäre nicht opportun. Ich kann nicht Schmerzen eines anderen haben. Der Ort des Schmerzes kann ein Zahn des anderen sein, trotzdem bin ich es, der den Schmerz empfindet.

So schreibt Wittgenstein in einem unveröffentlichten Text: »Hätten die siamesischen Zwillinge eine gemeinsame Hand und würde diese gestochen, so müßte man nun festsetzen, ob man sagen wollte, sie fühlen beide denselben Schmerz oder verschiedenen«. Wir müssen eine Festsetzung treffen, wann wir sagen wollen, daß es sich um zwei verschiedene Schmerzen handelt, wann es nur ein Schmerz ist. Zwei Schmerzen könnten wir unterscheiden, wenn sie verschieden beschrieben sind. Die Frage, ob es sich um ein und denselben Schmerz handelt oder nicht, kann nicht eher entschieden werden, als gesagt ist, wie diese Schmerzen zu unterscheiden sind. Es handelt sich also um eine grammatische Festsetzung, eine Sprechweise und nicht um eine Tatsache; es kommt also auf die grammatische Struktur an, die die Beziehungen des Wortgebrauches wiedergibt.

Nun werden Sätze wie »Ich war im Theater«, »Ich habe ein Buch« – wie schon gesagt – in der Weise verifiziert, daß man zusieht, wo der Körper des Betreffenden sich befindet. Nun scheint man aber dieses Ich vom Körper loslösen zu wollen, indem man den Träger der Empfindung vom Besitzer der Empfindung trennt. Man pflegt dann den folgenden Satz auszusprechen, der für die ganze Metaphysik entscheidend ist: »Ich kann nur meine eigenen Empfindungen direkt haben, von den Empfindungen des anderen weiß ich nie, da kann ich immer nur vermuten.«

Hier kommt das Wort »wissen« mit dem Worte »ich« gemeinsam vor, und es scheint, als ob »etwas vermuten« ein Grenzfall von »wissen« wäre; das gilt aber nur für einen bestimmten Gebrauch dieser Worte, aber nicht für den, den der solipsistische Philosoph in oben erwähntem Beispiel macht. Man kann die Worte »vermuten« und »wissen« so gebrauchen. Man kann z. B. sinnvoll sagen, daß man vermutet, ein anderer habe Schmerzen. Man kann diesen anderen dann danach fragen und dann weiß man es. Hier haben die Worte »wissen« und »vermuten« einen ganz bestimmten Sinn; hier ist »wissen« der Grenzfall dafür, daß man etwas vermutet. Wenn der Philosoph aber sagt: »Ob ein anderer Schmerzen hat, kann ich prinzipiell immer nur vermuten«, dann ist es nicht mehr möglich, zu irgendeinem Wissen zu gelangen; das Wort »wissen« steht zu »vermuten« nicht mehr in derselben Beziehung, es ist eine neue philosophisch-grammatische Bestimmung.

Ein anderes Beispiel: Ich höre jemand im Nebenzimmer sich bewegen, herumgehen und sprechen. Nun kann ich die Sprechweise einführen zu sagen: »Ich weiß indirekt, daß der andere dort ist, ich vermute es.« Man kann dann in das Zimmer gehen und sehen, daß die Person tatsächlich dort ist, und anschließend sagen: »Jetzt weiß ich, daß die Person wirklich da ist.« Diese beiden Fälle lassen sich verifizieren; es steht also dem Vermuten, dem indirekten Wissen, ein Wissen gegenüber. Sagt aber der Philosoph, daß man immer nur vermuten und nie wissen kann, daß ein anderer Empfindungen hat, dann liegt ein ganz anderer Gebrauch dieser Worte vor, dann heißen »vermuten« und »wissen« nichts Ähnliches. Wenn man aber prinzipiell nie wissen kann, wie kann man dann überhaupt etwas vermuten? So wie das Wort »wissen« hier verwendet wird, kann man nie feststellen, ob eine Vermutung zu Recht besteht. Man hat also mit dem berühmten Satz des Solipsismus, der Schuld an diesen philosophischen Verwirrungen ist, nichts über die Wirklichkeit ausgesagt; man kann daher auch nichts über die Wirklichkeit schließen, man hat nur eine neue Sprechweise eingeführt.

»Meine eigenen Schmerzen kann nur ich direkt spüren«, heißt eigentlich nichts anderes, als daß ich eben meine Schmerzen spüre; die Worte »direkt« und »indirekt« sind hier unnütz hinzugefügt, denn von einem direkten und indirekten Wissen zu sprechen hat nur dann Sinn, wenn man zugleich auch das Gegenteil sagen kann. Man könnte auch die Sprechweise einführen: »Es gibt direkte und indirekte Schmerzen«, und letztere Sprechweise verwenden, wenn bei anderen Personen gewisse Anzeichen wahrzunehmen sind. Zu sagen: »Ich nehme nur meine Schmerzen wahr«, hätte nur dann einen Sinn, wenn man die Schmerzen eines anderen auch wahrnehmen könnte und es nur zufällig empirisch jetzt nicht geht. Man müßte aber einen Weg angeben können, auf dem eine solche Wahrnehmung möglich wäre. Sagt man also: »Alles, wovon ich direkt weiß, gehört zum Ich«, so ist dies nicht die Feststellung einer Tatsache, sondern eine Feststellung darüber, wie die Worte »ich« und »mein« verwendet werden sollen. Hat der Philosoph eine neue Sprechweise eingeführt, so ist damit nichts getan, was zur Grundlage von neuen Erkenntnissen dienen könnte.

Das Fazit dieser Betrachtungen ist, daß es überhaupt keinen Sinn hat, von den sogenannten Ich-Erlebnissen zu sagen, daß sie einen Träger oder Besitzer haben. Denn man kann von einem Träger oder Besitzer nur dann sprechen, wenn es logisch möglich ist, den

Träger oder Besitzer zu wechseln. Es hat daher keinen Sinn, vom »Ich als dem Träger der Bewußtseinsdaten« zu sprechen. In diesem Sinne haben die Bewußtseinsdaten keinen Träger. Sätze haben nur dann einen Sinn, wenn sie auch verneint werden können. Wenn man es also durch die Logik der Worte ausgeschlossen hat, daß der Träger gewechselt wird, dann hat es überhaupt keinen Sinn mehr, von einem Träger zu sprechen. In dieser Weise wird der Gebrauch des Wortes »ich« durch den Metaphysiker in unsinniger Weise erweitert.

Das Problem des Ich dreht sich also um die Frage, inwiefern wir sagen können, daß ein gewisser Tatbestand zum Ich gehört, inwiefern das Ich Träger oder Besitzer dieser Tatbestände, der Bewußtseinsdaten ist. Die Pronomina »ich«, »du«, »er« werden durch Beobachtung bestimmter Körper verifiziert, und insofern ist dieser Körper ›Träger‹ des in einem solchen Satze ausgesagten Tatbestandes. Wird das Wort »ich« aber nicht in dieser Weise verwendet, so führt dies zu der metaphysischen Konstruktion, die darin gipfelt, daß wir alles als zum ›Ich‹ gehörig bezeichnen, nämlich als ›Bewußtseinsinhalt‹. Das »Ich« ist eine besondere Bezeichnung eines menschlichen Wesens und kann wie alle solche Bezeichnungen nur eine empirische, also prüfbare Bedeutung haben. Und dennoch scheint es so, als ob die Sätze des Metaphysikers über das Ich etwas aussagen würden. Es scheinen sinnvolle Aussagen zu sein, sie scheinen über das Verhältnis z. B. bestimmter Schmerzen zu bestimmten Personen etwas mitzuteilen, und wir können uns schwer davon überzeugen, daß ein solcher Satz keinen Tatbestand ausdrückt, sondern nichts ist, als die Einführung einer Sprechweise. Es handelt sich hier um Fragen der logischen Grammatik, der Festsetzung der Struktur und nicht um Tatsachen, um Empirisches. Ob die so eingeführte Redeweise richtig oder falsch ist, kann nicht durch die Erfahrung entschieden werden, es hängt davon ab, wie man sie gebraucht.

Es scheint sich um ein schwer zu lösendes philosophisches Problem zu handeln, um eine geheimnisvolle Sache, ein Rätsel, das mit den Worten »ich« und »du« bezeichnet wird und das uns mysteriös bleiben muß, mit dem man sich nicht abfinden kann; diese Gefühle haben zu den metaphysischen Systemen geführt. Wir aber werden dieses Problem durch Überlegung los; seine Lösung besteht darin, daß man solche Fragen zu behandeln versteht und sieht, daß es sich um Probleme der Grammatik handelt. wir müssen unsere Sprechweise untersuchen und klarstellen, dann verschwindet das Problem. Die Verwirrung entsteht, indem man die Sprechweise des täglichen Lebens auf Gebiete überträgt, für die sie nicht geeignet ist. Der Metaphysiker ist einem Menschen zu vergleichen, der mit Gewalt durch eine verschlossene Tür hindurch will und nicht nach Wegen sucht, wie man sie öffnen könnte.

Alle Versuche, das »transzendente Ich« einzuführen oder zu sagen »Alles ist Bewußtseinsinhalt«, sind nur Anzeichen dafür, daß wir die Neigung haben, in bezug auf die sogenannten Bewußtseinsdaten die positive Sprechweise aufzugeben. Man tut dies aber nur auf Umwegen, indem man Sprechweisen einführt wie »direkt«, »indirekt«.

Zwischen den Worten »ich« und »du« liegt ein symmetrischer Gebrauch vor, und dieser wird verletzt, wenn der Metaphysiker dem Ich eine Ausnahmestellung gibt. Das Ich hört dann auf, ein Träger zu sein, weil ihm nichts entgegengesetzt wird; und so wird die Rede von dem Träger und Besitzer sinnlos, weil nun kein Tatbestand dadurch ausgeschlossen erscheint. Wenn wir sagen, ein Sinnesdatum habe einen Träger, dann können wir nur den Körper zum Träger ernennen; das hat einen guten, prüfbaren Sinn. Wir können aber nicht von etwas anderem, dem Ich, dem Bewußtsein sagen, daß es nun der Träger der Sinnesdaten sei. In diesem Sinne haben die Sinnesdaten keinen Träger mehr. Das sehen wir ein, wenn wir auf den Gebrauch der Worte genau achten.

Im empirischen Sinne haben die Bewußtseinsdaten einen Träger, aber das heißt nicht, daß sie etwa im Körper darinnen sind oder dergleichen, sondern sie sind logisch verbunden; d. h. die Beschreibung eines bestimmten Seelenzustandes tritt immer gemeinsam auf mit dem Hinweis auf einen bestimmten Körper. Die empirische Beziehung ist dabei z. B. die, daß ich das Rot nicht mehr sehe, wenn ich die Augen schließe, es wieder sehe, wenn ich sie öffne. Die Konstruktion eines anderen Ichs daneben, eines ›umfassenden Bewußtseins‹, ist nicht geglückt. Die metaphysische Sprechweise ist sinnlos, weil sie keinen Gegenstand vor anderen wirklich auszeichnet, da ihnen nichts gegenübergestellt ist. Wenn man das Du, die Außenwelt, auf diese Weise entfernt hat, gibt es keinen Weg mehr zu ihm zurück. Wenn man so allgemein spricht, wie z. B. Descartes, dann kann man nicht mehr sagen: »*Cogito, ergo sum*«, denn hier heißt das Ich nichts mehr, es ist ihm ja kein Du gegenübergestellt. Man müßte – wie Christoph Lichtenberg – sagen: »Es denkt«. Wenn wir das Wort »ich« nicht in empirischem Sinne verwenden wollen, dann wäre es besser, es aufzugeben.

Alle unsere Untersuchungen sind grammatikalischer Art; wir sehen zu, wo es noch zweckmäßig ist, das Wort »ich« zu gebrauchen, wo nicht mehr. Die ganze Philosophie reduziert sich hauptsächlich darauf, die Sprache in Ordnung zu bringen – wie auch Lichtenberg und Nietzsche meinten.

Wenn wir hier von dem Psychischen sprechen, von einem Ich als Gesamtheit dieses Psychischen, so verflüchtigen wir dieses Ich nicht wie der Metaphysiker, der sagt, daß alles Bewußtseinsinhalt sei. Wir betonen, daß hier eine besondere Grammatik vorliegt. Wir sagen, daß Worte dann Psychisches bezeichnen, wenn für sie ganz bestimmte andere Regeln gelten als für alle anderen Worte, die anderes bezeichnen und anderen Regeln gehorchen. Der Unterschied des Psychischen und Physischen ist ein grammatischer, er ist daher ein echt philosophischer Unterschied.

Was die Unterschiede dieser Grammatik im einzelnen sind, das sagen uns die Sprechweisen des täglichen Lebens und auch der Wissenschaft; und nur, wenn wir diese verschiedenen Sprechweisen verwechseln, entsteht das Problem, das wir das psychophysische nennen.

23. Das Verhältnis des Psychischen zum Physischen

Durch das Vorhergegangene haben wir uns schon die wesentlichste Voraussetzung zum Verständnis des psycho-physischen Problems erworben. Wir sind besonders bei der Frage des Ichs zur Einsicht gelangt, daß wir nicht wie die Metaphysiker sagen können, daß die Sinnesdaten im Ich einen Träger haben; das Bewußtsein ist vielmehr in einem gewissen Sinne gleichsam über die Welt ausgebreitet, es wird nicht mit einem bestimmten Ich identifiziert. Dadurch wird das, was der Metaphysiker ›Bewußtseinsinhalt‹ nennt, entpersönlicht.

Wie steht es nun mit der merkwürdigen Frage des Verhältnisses des Psychischen zum Physischen, der Seele zum Körper? Man muß vorerst angeben, was mit diesen Termini gemeint ist, bevor man über das Verhältnis der beiden zueinander spricht. Da man im täglichen Leben mit Recht den Unterschied macht zwischen dem, was dem Ich angehört, wie Gefühle, Vorstellungen, Erinnerungen etc. und den in der intersubjektiven Sprache zu beschreibenden Körpern, ist man geneigt zu glauben, daß man schon formuliert hätte, was mit diesen Termini gemeint ist. Es wird also zunächst vorausgesetzt, daß jeder wüßte, was mit »psychisch« und »physisch« gemeint ist, und man geht zu schnell zu der Frage über, wie das Verhältnis der beiden zueinander sei, sie gegenseitig einwirken. Hier liegt die Wurzel der Mißverständnisse. Wenn wir die Frage stellen, wie sich die beiden zueinander verhalten, so meinen wir mit dieser Frage bereits etwas anderes als im täglichen Leben. Der Sinn der beiden Termini muß also erst exakt klargestellt werden. Wie werden diese Worte im täglichen Leben und in der Wissenschaft verwendet?

Schon die Fragestellung nach *dem* Psychischen und *dem* Physischen ist gefährlich, denn das sind irreführende substantivische Formen, die oft zur Hypostasierung zweier Substanzen führen. Hier finden wir sogar die typische Anwendung des Substanzbegriffes; man nimmt an, daß zwei Substanzen da wären, und das ist die erste Stufe des Irrtums, der von Descartes in die neuere Metaphysik eingeführt wurde. Für Descartes ist klar, daß es zwei Substanzen sind, die durch die Zirbeldrüse aufeinander einwirken, zwischen denen also eine Wechselwirkung besteht.

Der Substanzbegriff wurde merkwürdigerweise zuerst auf dem Gebiete des Psychischen fallengelassen durch Aufstellung der sogenannten »Aktualitätstheorie«, nach der die Seele nur ein Sammelname für alle möglichen Prozesse ist, die in keiner Substanz stattfinden, sondern das Letzte sind, das zu beobachten ist. Diese Auffassung wurde erst später auf das Körperliche übertragen, und zwar in der modernen Physik: die letzten Elemente, aus denen die physische Welt aufgebaut ist, sind keine Substanzen, sondern Vorgänge, Ereignisse. »Körper« ist also ein Sammelname für gewisse Komplexe von Ereignissen. – Dies ist die zweite Stufe, auf der psychische und physische Prozesse einander gegenübergestellt werden.
Zur Zeit des Descartes fand man es unvorstellbar, wie diese beiden Substanzen aufeinander einwirken sollten, und seine Nachfolger entwickelten dafür eine Menge Theorien, so z. B. den *Occasionalismus*. Man meinte auch, daß diese Substanzen zu verschieden seien, um aufeinander einwirken zu können; dies ist aber ein trivialer Einwand. Warum sollten verschiedene Dinge nicht aufeinander einwirken? Das ist doch z. B. in der Chemie oft der Fall. Der Grad der Verschiedenheit spielt gar keine Rolle, er spricht nicht gegen ein kausales Verhältnis. Diese Unmöglichkeit wurde aber immer wieder geltend gemacht, und auch in der neueren Zeit wird dieser Einwand in anderer Weise wiederholt, so z. B. von Dubois-Raymond (»Man kann gar nicht begreifen, wie aus dem Gehirnvorgang eine Empfindung werden soll«). Diesen Schwierigkeiten wurde ein so großes Gewicht zugeschrieben, daß in der späteren Zeit die Meinung vorherrschend war, man könne von einer Wechselwirkung nicht sprechen, sondern müsse einen Parallelismus annehmen (Spinoza, Leibniz, neuere Physik). In der neueren Metaphysik war der Parallelismus sehr beliebt, bis in der neuesten Zeit die metaphysische Psychologie wieder die Wechselwirkungstheorie bevorzugte.
Die Philosophen, die die Wechselwirkungstheorie ablehnten, hatten wohl die Ahnung, daß in der Sprechweise etwas nicht in Ordnung sei, eine Schwierigkeit überwunden werden müsse. Der Anfang ist eben damit zu machen, daß man sich deutlich macht, was es heißen soll, wenn man die Worte »psychisch« und »physisch« verwendet; ist das klar, dann verschwindet das Problem und es bleiben höchstens einzelwissenschaftliche Fragen. Descartes hat selbstverständlich die Notwendigkeit nicht übersehen,

anzugeben, was die physische und was die psychische Substanz sein sollen, und sah folgendes als entscheidend an: Die körperliche Substanz solle charakterisiert sein durch die *extensio*, die geistige Substanz durch die *cogitatio*.

Es wird uns aber sofort klar, daß das keine nebengeordneten Eigenschaften sind – die Empfindung einer weißen Fläche z. B. hat doch eine Ausdehnung, ebenso eine Tastempfindung. Es ist dabei der Begriff »Raum«, der die Schwierigkeiten mit sich bringt. Bei der Sinnesempfindung eines weißen Stückes Papier hat das Weiß, das ich sehe, doch eine gewisse räumliche Ausdehnung. Nun ist aber das Wort »weiß«, die Farbe, ein im psychischen Sinne gebrauchtes Wort, während sich der Gegenstand, der diese Farbe besitzt, im physikalischen Raum befindet. Es scheint nun, daß auch die Farbe sich im Raume befinden müsse, aber das ist offenbar nicht der Fall. Der Physiker gibt nicht zu, daß das Weiß an der Stelle des Papiers ist; dort sind nur Wellen oder Quanten, elektrische Felder etc., und das Weiß entsteht erst im Bewußtseinsvorgang, es entsteht erst an der Retina oder im Gehirn. Dort sind aber auch nur Atomvorgänge beschreibbar. – Wo also ist der weiße Fleck?

Die eigentliche Schwierigkeit hier ist die der Lokalisation; deshalb hat auch Descartes das Psychische unräumlich gedacht. Das stimmt aber eigentlich auch nicht, denn man kann nicht sagen, daß das Psychische unräumlich ist und dann vielleicht erst in den ›Raum hinausprojiziert‹ wird; das wäre eine unsinnige Redeweise. Die Schwierigkeit ist also, das Psychische im physikalischen Raum irgendwo unterzubringen; so ist dann die unsinnige Redeweise entstanden, daß das Bewußtsein im Kopfe sei, der Mensch im Kopfe denkt. Die Schwierigkeiten liegen in den gebräuchlichen Formulierungen; hat man sich aber erst auf negative Weise klargemacht, daß es nicht möglich ist, die Existenz irgendwelcher psychischer Vorgänge im physikalischen Raume zu behaupten, so ist das schon ein großer Schritt vorwärts.

Der eigentliche falsche Schritt, der zum psycho-physischen Problem geführt hat und von Avenarius aufgezeigt wurde, geschah durch die von ihm so benannte »Introjektion«, d. i. die Hineinverlegung des Psychischen in den Menschen. Auch Kant hat Ähnliches gemeint, als er sagte: »Der Raum ist im Bewußtsein und nicht das Bewußtsein im Raume«; aber diese Formulierung ist noch anfechtbar.

Man muß zwischen zwei ganz verschiedenen Dingen unterscheiden, nämlich zwischen den anschaulichen Räumen (Gesichtsraum, Tastraum) und dem physikalischen Raum. Von physischen Gegenständen reden, heißt nur, daß wir von der Welt mit Hilfe derjenigen Begriffe sprechen, die wir an Hand dieser Strukturen gebildet haben. Sprechen wir vom Psychischen, so reden wir in einer Weise über die Welt, die sich an ganz anderen Strukturen orientiert.

Man hat oft gesagt, daß der Unterschied von »physisch« und »psychisch« kein von der Natur fest gegebener sei. (Wir wundern uns z. B. nicht, daß es so etwas gibt wie die Verschiedenheit der Farben, daß der Unterschied von gelb und blau eine letzte, von der Natur gegebene Tatsache ist.) Wäre es so, so wäre es kein Problem; es schien, daß es nicht das Letzte sei, etwas, das wir hinnehmen müssen, sondern daß es sich um eine von uns selbst eingeführte Verschiedenheit komplizierter Art handelt. Der Unterschied wird durch die Sprache hervorgebracht. Es gibt nichts Physisches und Psychisches so unmittelbar, wie es blau und gelb gibt. Vom physischen Raume sprechen heißt, über die *gemeinsame* Struktur *aller* anschaulichen Räume sprechen. Vom psychischen Raume sprechen heißt, über die Struktur *eines* Anschauungsraumes sprechen. Ernst Mach lehrte z. B., die Welt bestehe aus Elementen (so nannte er die Sinnesempfindungen). Davon gehören einige, a, b, c, der Außenwelt an, andere, k, l, m, gehören meinem Körper an, noch andere sind Erinnerungen, Gefühle etc. Bei Mach besteht die ganze Welt aus Zusammenballungen dieser Elemente, die unabhängig davon da sind, ob Menschen existieren oder nicht. Es sind eben Körper vorhanden, dann wieder menschliche Bewußtseine – hier ist schon ein Anfang gemacht, beide nicht allzu verschieden zu nehmen. Mach sagt dann weiter, daß ein und dasselbe Element entweder Körper oder Psychisches sei, je nachdem, in welchem Zusammenhang man es betrachtet. Weiß nenne ich z. B. in Beziehung zu meinen Augen psychisch, in Beziehung zum Tisch nenne ich es physisch. Diese Sprechweise Machs ist noch wirr, begrifflich nicht geklärt und zum Teil auch falsch. (Er sagt z. B.: »Körper sind Komplexe von Empfindungen«.) Jedoch ist richtig gesehen, daß es sich hier um einen von uns selbst eingeführten Unterschied handelt. Auch Kant meint, daß wir diesen Unterschied selbst eingeführt haben und uns dann wundern, daß er uns Schwierigkeiten bereitet.

Wir müssen diesen Unterschied eben so einführen, daß es zu keinen Schwierigkeiten kommt – nur dann haben wir unsere Begriffe widerspruchsfrei gebildet. Man hat das Psychische und das Physische eben falsch erklärt. Es handelt sich bei diesen beiden Begriffen tatsächlich um besondere Arten von Beschreibungen. Die physikalischen Beschreibungen sind ganz anderer Art als die psychischen.
Die Lokalisationsschwierigkeit lösen wir dadurch, daß wir überlegen, was der physikalische Raum eigentlich ist. Der physikalische Raum ist ein besonderer, abstrakter, von uns konstruierter Raum, in den man selbstverständlich nicht alles einordnen kann. Um zu sehen, wie hier vorgegangen werden muß, muß man sich die Methode der Naturwissenschaft, die Methode der Messung klarmachen. Der Anschauungsraum darf nicht in den physikalischen Raum eingegliedert werden, sondern der physikalische Raum ist die abstrakte Struktur des Anschauungsraumes. Die Tatsachen der Welt werden zerlegt und ihre Struktur herausgehoben und abgebildet; zerlegen wir die einzelnen Teile der Tatsachen verschieden, dann bekommen wir andere Bilder, die eben psychisch sind. So sind »psychisch« und »physisch« nur Sprechweisen.
Man kann Tatsachen, Gegenstände auf verschiedene Art beschreiben, dann sieht die Struktur anders aus, es ergibt etwas Verschiedenes. Es ist einem Gegenstande nicht eigentümlich, Objekt der Geographie zu sein; er kann auch in der Physik behandelt werden. Die psychischen Worte haben nur Sinn in Sätzen von bestimmter Struktur; die physischen nur in Sätzen von anderer Struktur. Versucht man aber, beide Sprechweisen zusammenzunehmen, dann stößt man eben auf Schwierigkeiten, so z. B. die Schwierigkeit der Lokalisation, die eine grammatische ist, weil man zwei verschiedene Sprachen miteinander vertauschen will.
Die räumlichen Zusammenfassungen führen zur physikalischen Sprechweise, die qualitativen Zusammenfassungen zur psychologischen Sprechweise. In beiden Fällen hat man die Tatsachen auf eine ganz verschiedene Weise geordnet. Man muß sich klar werden, wie unsere Begriffe gebildet sind, darf die beiden verschiedenen Grammatiken nicht miteinander vertauschen, so wie das bei zwei verschiedenen Sprachen auch nicht angängig ist; sonst entsteht eine Verwirrung.

Das psycho-physische Problem ist das beste Beispiel dafür, daß es sich bei jedem philosophischen Problem um Schwierigkeiten des Gebrauches der Worte, der logischen Grammatik handelt.

Editorische Notiz

Im Wintersemester 1933/34 hielt Moritz Schlick eine Vorlesung unter dem Titel »Die Probleme der Philosophie in ihrem Zusammenhang«. Schlick hielt diese Vorlesung – wie bei ihm üblich – auf Basis sehr weniger Notizen im Prinzip aus dem Stegreif. Seine Tochter berichtet, daß er – beim Frühstück am Morgen der Vorlesung auf und ab gehend – sich eine grobe Gliederung überlegt und dann auf wenigen Zetteln festgehalten habe. Schlick trug allerdings dafür Sorge, daß seine Vorlesung mitgeschrieben wurden, denn er plante, sie als Buch zu veröffentlichen. In einem Brief vom 4. November 1933 an David Rynin, seinen ehemaligen Assistenten in Berkeley, schreibt Schlick: »My lectures and the discussions in the seminar are now being taken down in shorthand by several students, and I am planning to publish them in book form.«

Die Mitschrift, die dieser Edition zugrunde liegt, geht auf Käthe Steinhardt zurück. Diese Mitschrift wurde von Schlick durchgesehen und mit einigen Korrekturen versehen; sie ist die einzige Mitschrift, die sich in Schlicks Nachlaß fand. Es gibt keine Veröffentlichung Schlicks, aus der so umfassend und bündig jene philosophischen Positionen deutlich werden, die er zwei Jahre vor seinem Tode einnahm. Man kann in der Vorlesung eine Art Zusammenschau der Schlickschen Spätphilosophie sehen.

Für die Edition der Vorlesung wurde die Mitschrift von den Herausgebern bearbeitet. Diese Bearbeitung erstreckte sich insbesondere auf die Korrektur von Interpunktions-, Kasus- und Tempusfehlern; darüber hinaus war häufiger die Korrektur von solchen Satzstellungen erforderlich, die zwar im mündlichen Vortrag mit seinen spezifischen Hervorhebungsmöglichkeiten zulässig sind, in geschriebener Fassung aber vom Leser als äußerst störend empfunden werden. Ansonsten wurde der Text unverändert belassen.

H.M. A.J.K. R.H.

Moritz Schlick: Bibliographie

Die folgende Bibliographie basiert auf jener, die von H. L. Mulder und Barbara F. B. van de Velde-Schlick im Band II von *Moritz Schlick, Philosophical Papers*, Dordrecht 1979 (hrsg. von H. L. Mulder und B. F. B. van de Velde-Schlick) zusammengestellt wurde. Für die folgende Bibliographie wurden lediglich die dort angegebenen englischen Übersetzungen in Deutsch verfaßter Arbeiten Schlicks *nicht* berücksichtigt.

1904 a *Über die Reflexion des Lichtes in einer inhomogenen Schicht*, Dissertation, Berlin.

1907 a ›Theoretischer Anhang‹ zu: Georg F. Nicolai, »Die Gestalt einer deformierten Manometermembran, experimentell bestimmt«, *Archiv für Physiologie, Physiologische Abteilung des Archivs für Anatomie und Physiologie*, Jahrgang 1907, 139-140.

1908 a *Lebensweisheit. Versuch einer Glückseligkeitslehre*, München.

1909 a »Das Grundproblem der Ästhetik in entwicklungsgeschichtlicher Beleuchtung«, *Archiv für die gesamte Psychologie* 14, 102-132.

1910 a »Die Grenze der naturwissenschaftlichen und philosophischen Begriffsbildung«, *Vierteljahrsschrift für wissenschaftliche Philosophie und Soziologie* 34, 121-142.

1910 b »Das Wesen der Wahrheit nach der modernen Logik«, *Vierteljahrsschrift für wissenschaftliche Philosophie und Soziologie* 34, 386-477.

1913 a »Gibt es intuitive Erkenntnis?«, *Vierteljahrsschrift für wissenschaftliche Philosophie und Soziologie* 34, 472-488.

1915 a »Die philosophische Bedeutung des Relativitätsprinzips«, *Zeitschrift für Philosophie und philosophische Kritik* 159, 129-175.

1916 a »Idealität des Raumes, Introjektion und psychophysisches Problem«, *Vierteljahrsschrift für wissenschaftliche Philosophie und Soziologie* 40, 230-254.

1917 a »Raum und Zeit in der gegenwärtigen Physik. Zur Einführung in das Verständnis der allgemeinen Relativitätstheorie«, *Die Naturwissenschaften* 5, 161-167, 177-186.

1917 b *Raum und Zeit in der gegenwärtigen Physik. Zur Einführung in das Verständnis der allgemeinen Relativitätstheorie*, Berlin; erw. Version von 1917 a (weitere Auflagen: 1919 a, 1920 a, 1922 b).

1918 a »Erscheinung und Wesen«, *Kant-Studien* 23, 188-208.

1918 b *Allgemeine Erkenntnislehre*, Naturwissenschaftliche Monographien und Lehrbücher 1, Berlin (2. Auflage 1925 a, Frankfurt 1979 a).

1919 a *Raum und Zeit in der gegenwärtigen Physik. Zur Einführung in das Verständnis der Relativitäts- und Gravitationstheorie*, 2. Auflage, Berlin; erw. Version von 1917 b.

1920 a *Raum und Zeit in der gegenwärtigen Physik. Zur Einführung in das Verständnis der Relativitäts- und Gravitationstheorie*, 3. Auflage, Berlin.

1920 b »Naturphilosophische Betrachtungen über das Kausalprinzip«, *Die Naturwissenschaften* 8, 461-474.

1920 c »Einsteins Relativitätstheorie«, *Mosse Almanach* 1921, Berlin, 105-123.

1921 a »Kritizistische oder empiristische Deutung der neuen Physik?«, *Kant-Studien* 26, 96-111.

1921 b »Vorrede« (zusammen mit Paul Hertz) und »Erläuterungen« zu Kap. 1 und 4 von Hermann von Helmholtz, *Schriften zur Erkenntnistheorie*, hrsg. von P. Hertz und M. Schlick, Berlin, v-IX, 25-37, 153-175.

1922 a »Helmholtz als Erkenntnistheoretiker«, *Helmholtz als Physiker, Physiologe und Philosoph*, Karlsruhe, 29-39.

1922 b *Raum und Zeit in der gegenwärtigen Physik. Zur Einführung in das Verständnis der Relativitäts- und Gravitationstheorie*, 4. erw. Auflage, Berlin.

1922 c ›Die Relativitätstheorie in der Philosophie‹, *Verhandlungen der Gesellschaft Deutscher Naturforscher und Ärzte. 87. Versammlung, Hundertjahrfeier*, Leipzig, 58-69.

1925 a *Allgemeine Erkenntnislehre*, 2. Aufl., Berlin.

1925 b »Naturphilosophie«, *Die Philosophie in ihren Einzelgebieten*, Lehrbuch der Philosophie II, hrsg. v. M. Dessoir, Berlin, 395-492 (teilweise abgedruckt in 1948 b).

1926 a »Erleben, Erkennen, Metaphysik«, *Kant-Studien* 31, 146-158.

1927 a »Vom Sinn des Lebens«, *Symposion* 1, 331-354.

1929 a »Erkenntnistheorie und moderne Physik«, *Scientia* 45, 307-316.

1930 a »Die Wende der Philosophie«, *Erkenntnis* 1, 4-11 (Nachdruck in 1938 c).

1930 b *Fragen der Ethik*, Schriften zur wissenschaftlichen Weltauffassung IV, hrsg. v. Ph. Frank und M. Schlick, Wien (Frankfurt 1984 a).

1931 a »The Future of Philosophy«, *Proceedings of the Seventh International Congress of Philosophy*, Oxford 1930, London, 112-116.

1931 b »Die Kausalität in der gegenwärtigen Physik«, *Die Naturwissenschaften* 19, 145-162 (Nachdruck in 1938 c und in 1948 a).

1932 a »Gibt es ein materiales Apriori?«, *Wissenschaftlicher Jahresbericht der Philosophischen Gesellschaft an der Universität zu Wien – Ortsgruppe Wien der Kant-Gesellschaft für das Vereinsjahr 1931/32*, Wien, 55-65 (Nachdruck in 1938 c).

1932 b »The Future of Philosophy« (verf. in Englisch; Text nicht identisch mit 1931 a), *College of the Pacific Publications in Philosophy* 1, Stockton, Calif., 45-62 (Nachdruck in 1938 c).

1932 c *»A New Philosophy of Experience«* (verf. in Englisch), *College of the Pacific Publications in Philosophy* 1, Stockton, Calif., 63-78 (Nachdruck in 1938 c).

1932 d »Causality in Everyday Life and in Recent Science« (verf. in Englisch), *University of California Publications in Philosophy* XV, Berkeley, Calif., 99-125.

1932 e »Positivismus und Realismus«, *Erkenntnis* 3, 1-31 (Nachdruck in 1938 c).

1934 a »Über das Fundament der Erkenntnis«, *Erkenntnis* 4, 79-99 (Nachdruck in 1938 c).

1934 b »Philosophie und Naturwissenschaft«, *Erkenntnis* 4, 379-396.

1934 c »Über den Begriff der Ganzheit«, *Erkenntnis* 5, 52-55.

1934 d »Ergänzende Bemerkungen über P. Jordans Versuch einer quantentheoretischen Deutung der Lebenserscheinungen«, *Erkenntnis* 5, 181-183.

1935 a »Über den Begriff der Ganzheit«, *Wissenschaftlicher Jahresbericht der Philosophischen Gesellschaft an der Universität zu Wien – Ortsgruppe Wien der Kant-Gesellschaft für die Vereinsjahre 1933/34 und 1934/35*, Wien, 23-37 (Nachdruck in 1938 c und in 1948 a).

1935 b »Facts and Propositions« (verf. in Englisch), *Analysis* 2, 65-70.

1935 c »Unanswerable Questions?« (verf. in Englisch), *The Philosopher* 13, 98-104 (Nachdruck in 1938 c).

1935 d »De la Relation entre les Notions Psychologiques et les Notions Physiques«, *Revue de Synthèse* 10, 5-26 (Übersetzung durch J. Haendler von 1938 b).

1936 a »Sind die Naturgesetze Konventionen?« *Induction et Probabilité, Actes du Congrès International de Philosophie Scientifique*, Paris 1935, IV, Actualités Scientifiques et Industrielles 391, Paris, 8-17 (Nachdruck in 1938 c und in 1948 a).

1936 b »Gesetz und Wahrscheinlichkeit«, *Induction et Probabilité, Actes du Congrès International de Philosophie Scientifique*, Paris 1935, IV, Actualités Scientifiques et Industrielles 391, Paris, 46-57 (Nachdruck in 1938 c und in 1948 a).

1936 c »Meaning and Verification« (verf. in Englisch), *The Philosophical Review* 45, 339-369 (Nachdruck in 1938 c).

1936 d »Über den Begriff der Ganzheit« (Text bis auf eine Fußnote identisch mit 1935 a), *Actes du Huitième Congrès International de Philosophie à Prague*, 2-7 September 1934, Prague, 85-99.

1937 a »Quantentheorie und Erkennbarkeit der Natur«, *Erkenntnis* 6, 317-326 (Nachdruck in 1938 c und in 1948 a).

1937 b »L'École de Vienne et la Philosophie Traditionnelle«, *L'Unité de la Science: la Méthode et les Méthodes*, Travaux du IXe Congrès International de Philosophie IV, Actualités Scientifiques et Industrielles 533, Paris, 99-107 (Nachdruck in 1938 c).

1938 a »Form and Content, an Introduction to Philosophical Thinking« (verf. in Englisch), zuerst publiziert in 1938 c.

1938 b »Über die Beziehung zwischen den psychologischen und den physikalischen Begriffen«; deutsches Original von 1935 d; zuerst publiziert in 1938 c.

1938 c *Gesammelte Aufsätze 1926-1936*, Vorwort von Friedrich Waismann, Wien; enthält: 1926 a, 1930 a, 1931 b, 1932 a, b, c, e, 1934 a, 1935 a, c, 1936 a, b, c, 1937 a, b, 1938 a, b (Nachdruck 1969 a).

1948 a *Gesetz, Kausalität und Wahrscheinlichkeit*, Wien; enthält: 1931 b, 1935 a, 1936 a, b, 1937 a.

1948 b *Grundzüge der Naturphilosophie*, posthum hrsg. v. W. Hollitscher und J. Rauscher, Wien; enthält aus 1925 b: 434-437, 406-422, 451-456.

1950 a »Note on Logical Empiricism« (verf. vermutlich zwischen 1933 und 1936), *Philosophen-Lexikon. Handwörterbuch der Philosophie nach Personen* II, hrsg. v. W. Ziegenfuss und G. Jung, Berlin, 462-463.

1952 a *Natur und Kultur*, posthum hrsg. v. J. Rauscher, Wien und Stuttgart.

1962 a *Aphorismen* (posthume Notizen), hrsg. v. Blanche Hardy Schlick.

1969 a *Gesammelte Aufsätze 1926-1936*, Hildesheim; Nachdruck von 1938 c.

1976 a »Vorrede« zu: Friedrich Waismann, *Logik, Sprache, Philosophie*, hrsg. v. G. P. Baker und B. F. McGuinness, Stuttgart, 11-23; geschrieben 1928 für die Originalversion des Buches, das als erster Band der »Schriften zur wissenschaftlichen Weltauffassung« (hrsg. von Ph. Frank und M. Schlick) erscheinen sollte.

1979 a *Allgemeine Erkenntnislehre*, Frankfurt; Nachdruck von 1925 a.

1984 a *Fragen der Ethik*, Frankfurt, hrsg. und eingeleitet von R. Hegselmann; Nachdruck von 1930 b.

Alphabetisches Verzeichnis der suhrkamp taschenbücher wissenschaft